観光と福祉

島川　崇　編著

米谷光正・竹内敏彦・伊藤　茂・徳江順一郎
安本宗春・冨樫正義・橋爪智子・増子美穂　共著

谷　麻衣香・松本　彩・板垣崇志　コラム執筆

成山堂書店

本書の内容の一部あるいは全部を無断で電子化を含む複写複製
（コピー）及び他書への転載は，法律で認められた場合を除いて
著作権者及び出版社の権利の侵害となります。成山堂書店は著
作権者から上記に係る権利の管理について委託を受けています
ので，その場合はあらかじめ成山堂書店（03-3357-5861）に
許諾を求めてください。なお，代行業者等の第三者による電子
データ化及び電子書籍化は，いかなる場合も認められません。

はじめに

「日本には『お・も・て・な・し』の心がある」とのプレゼンテーションで、2020年の東京にオリンピック・パラリンピックが舞い込んできた。

2020年に向けてバリアフリー、ユニバーサルデザインのハード対応は急ピッチで進められている。

しかし、日本人の心は果たして高齢者や障がい者にやさしいのだろうか。例えば、電車に乗って、高齢者や障がい者が乗車してきても、席を譲らない人はかなり多い。私がかつて暮らしていた英国や韓国では、さっと席を譲る人が必ずいる。そして、譲らなかったときの周囲からの白い目がある。最近出張で頻繁に訪れるマレーシアでも、街は段差だらけであるけれど、その段差を越える人の優しさがある。マレーシアはもともと多様な民族が集まり、違いを受け入れるってことが自然にできるから、余計に障がい者にもやさしい。

それに比べて日本は無関心があふれている。困っている人がいても、視界に入っていないかの如くふるまう人ばかりである。日本人は優しく親切だなんて過大評価もはなはだしい。日本人が誇っている「おもてなし」だって、一つひとつをよく見てみると単なるマニュアルをなぞっているだけのものに過ぎないのではないか。

バリアフリー、ユニバーサルデザインのハードの整備も、2020年が終わったらどうなることやら。今は特需に沸いているだけで、2020年以降、予算が付かなくなったらぴったりと止まってしまうのではないか。

そうならないように、そして2020年以降も多くの人に福祉に関心を持ってもらいたいと願って、本書を執筆した。

福祉を知ることは、生き方を考えることだと常々感じる。この生き方で果たしてよかったのだろうか。自分はちゃんと人間らしく生きているのだろうか。そもそも人間らしさとはいったい何なのだろうか。福祉から多くのことを学ぶことができる。特に第10章の板垣さんのコラムを是非一読してもらいたい。私も生き方に迷ったとき、花巻を訪れ、板垣さんに会う。これこそ、旅の醍醐味だ。

2019年9月

島川　崇

※本書では、障害の害の字を使うことをできるだけ避けています。ただし、法令や引用に関してはそのまま障害としています。

はしめに

目　次

はじめに *i* 目　次 *iii*

第1章　福祉と観光

1-1　福祉とは―福祉という言葉のもつ意味 ･･････････････････ *1*

1-2　観光と福祉を結びつける用語 ･･････････････････････････ *2*

　コラム　ロナルド・メイスがデザインという言葉に託した想いとは　*6*

1-3　福祉の考え方の国際比較 ･･････････････････････････････ *9*

1-4　観光に関係する日本の福祉の法整備 ･･････････････････ *12*

1-5　すべての人々を幸せにする観光のあり方

　　　―受け入れ側の視点から ･･････････････････････････････ *18*

1-6　観光地に住む地域住民からも求められる

　　　観光の福祉的対応 ･･････････････････････････････････ *25*

第2章　旅行会社の取り組み

2-1　旅行業法、旅行業約款との関連 ･･････････････････････ *31*

2-2　現状の取り組み状況 ･･････････････････････････････････ *37*

2-3　バリアフリー旅行の取り扱い事例 ･･････････････････････ *52*

2-4　ホールオブライフ、生涯を通した観光の実現 ････････ *62*

　　　コラム　チックトラベルセンターの取り組み　*66*

第3章　空港の福祉的対応

3-1　空の福祉とは ･･ *69*

iv 目　次

3-2　空港の福祉的対応 ……………………………………… *71*

3-3　空港ユニバーサルデザインの先駆者─中部国際空港 … *81*

3-4　「2020年」を見据えた空港ターミナルビル
　　　の福祉的対応─羽田・成田の新たなる挑戦 ……………… *85*

第4章　航空会社の福祉的対応

4-1　健康状態に起因する航空機への
　　　搭乗不可・搭乗制限ケース …………………………… *91*

4-2　制度・サービス面での福祉的対応 ……………………… *94*

4-3　航空実務における福祉的対応について ……………… *97*

4-4　これからの福祉的対応に期待すること ……………… *111*

　　　コラム　プライオリティ・ゲスト・カードのアイディア　*112*

第5章　陸上交通の福祉的対応

5-1　鉄道の福祉的対応 ………………………………………… *115*

5-2　バスの福祉的対応 ………………………………………… *121*

第6章　宿泊施設の取り組み

6-1　宿泊施設に関する法令─旅館業法 ……………………… *128*

6-2　宿泊施設における福祉的対応に関する法令 ………… *131*

6-3　宿泊施設の福祉的対応 ………………………………… *133*

6-4　宿泊施設における福祉的対応の現状 ………………… *145*

第7章　福祉的対応を考えた観光まちづくり

7-1　観光と福祉 ………………………………………………… *147*

7-2　観光とまちづくり ………………………………………… *149*

目　次　v

7-3　移動弱者の旅行ニーズ ……………………………… 150
7-4　観光まちづくりと福祉的対応 ……………………… 152
7-5　観光まちづくりの福祉的対応に向けた制度作り …… 153
7-6　高山における観光まちづくりと福祉的対応 ………… 155
7-7　福祉的対応としての観光まちづくりと今後 ………… 162
　コラム　特定非営利活動法人 湘南バリアフリーツアーセンターの取り組み 166

第8章　サービス介助士の実践

8-1　サービス業で活躍するサービス介助士 …………… 171
8-2　サービス介助士広がりの背景 ……………………… 171
8-3　超高齢社会の進行とサービス介助士 ……………… 174
8-4　合理的配慮の提供とサービス介助士 ……………… 177
8-5　サービス介助士資格所得講座とは ………………… 178
8-6　サービス介助士が身につける介助技術 …………… 180
8-7　心のバリアフリー …………………………………… 187
8-8　サービス介助士の観光分野への展開 ……………… 188

第9章　身体障がい者補助犬の対応
―身体障がい者補助犬を理解する

9-1　身体障害者補助犬法とは …………………………… 190
9-2　盲導犬とは …………………………………………… 190
9-3　介助犬とは …………………………………………… 192
9-4　聴導犬とは …………………………………………… 193
9-5　サポートの方法 ……………………………………… 194
9-6　身体障害者補助犬法による認定 …………………… 195
9-7　身体障害者補助犬法成立のきっかけ ……………… 196
9-8　補助犬同伴受け入れについて ……………………… 197

vi 目　次

第10章　障がい者とアートの可能性
―観光へのまなざし

10-1　障がい者とアートの関わり方 ……………………*200*

10-2　アール・ブリュットとは ……………………*201*

10-3　障がい者アートで共生社会の実現へ ……………*207*

10-4　ソーシャル・インクルージョンとアート ………*213*

10-5　アートで目指す共生社会―観光へのまなざし………*218*

コラム　るんびにぃ美術館の事業と、その目指す社会について　*224*

第11章　ホスピタリティを学ぶ対象としての福祉

11-1　ホスピタリティ＝おもてなし？ ………………*228*

11-2　安心保障関係 ……………………………*229*

11-3　相互信頼関係 ……………………………*230*

11-4　福祉の現場から着想を得た新たな関係性としての
　　　「一体関係」 …………………………………*233*

11-5　既存学問からのインプリケーション ……………*235*

11-6　先を行く福祉施設のマインド ………………*238*

第12章　福祉的対応の今後の展開

12-1　旅行会社における今後の展開 ………………*240*

12-2　公共交通機関の今後の展開 …………………*244*

12-3　宿泊施設における今後の展開 ………………*251*

12-4　まちづくりにおける今後の展開 ………………*252*

12-5　補助犬を巡る新たなる問題点 ………………*253*

おわりに　*261*　索　　引　*265*　執筆者略歴　*269*

第1章
福祉と観光

1-1　福祉とは　―福祉という言葉の持つ意味

　福祉という熟語を漢字の元の意味からたどってみる。「福」という字も「祉」という字も「さいわい」すなわち「幸せ」という意味である。部首で分解してみると、福という字の偏はしめすへん、すなわち神に捧げる供え物を置く三本足の台である。つくりは腹部の膨れた酒樽を表す。すなわち、酒樽にいっぱいあふれた豊かな神の恩恵を示す。また祉という字の偏もしめすへん、すなわち神様が止まっている状態を指す。豊かな神の恩恵がそこに留まっている[1]。福祉とは大変幸せな状態を表した言葉なのであり、本来は「恵まれない人に施しを与える」といった意味はない。

　日本国憲法においても、「公共の福祉」という表現が見られる。これはすべての人々が幸せに生きていくことができる状態を指している。また日本国憲法における「公共の福祉」とは、人権と人権がぶつかったときには、すべての人々が幸せに生きていくことができるかどうかという観点から検討して[2]、片方の人権を制限することができるということであり、「公共の福祉」はすべてにおいて優先されるという考え方である[3]。

　現在では少子・高齢化の進展、家庭機能の変化、障がい者の自立と社会参加の要請に伴って、福祉がより身近になり、人々の関心も高まっているものの、一般的な会話の中で、「福祉の世話になる」といった使われ方をされていることからも、「福祉」は「恵まれない人に施しを与える」といった意味で捉えられていることも少なくない。

　産業福祉の分野では、福祉という言葉を「すべての人々が幸せに生きていくことができる状態を作り上げること」と解している。本書ではこの考え方に立脚し、福祉の対象を介護・介助の必要とされる高齢者・障がい者等に限定せず、すべての人々に対する幸福追求の試みとして扱っていく。

　また、健常者にとってみたら、障がいはどこか他人事として考えていることが多い。そして、障がい者に対して、生まれながらに障がいを持っている人と

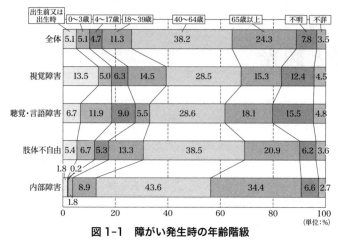

図 1-1　障がい発生時の年齢階級

(出典) 厚生労働省「障害者白書（平成 24 年版）」

考えているフシがある。だが、この資料を見るとその考えは思いこみに過ぎないということが理解できる。

　この資料から、生まれながらにして障がいを持った人がいかに少ないかということが理解できるであろう。障がい者全体では 5.1％、視覚障がいは 13.5％、聴覚・言語障がいは 6.7％、肢体不自由は 5.4％、内部障がいは 1.8％である。大学生以前から障がいを持った人は、たった 15％なのである。いま健常者であっても、誰でも一生涯の中で障がいを持つようになることがあるということを考えて欲しい。そして、障がいを他人事ではなく、自分事として考えてもらいたい。

1-2　観光と福祉を結びつける用語

　観光と福祉の結びつきを語る際、明確にしておきたい用語を以下に示す。

(1) ノーマライゼーション、ソーシャル・ロール・バロリゼーション

　ノーマライゼーションとは、障がい者と健常者とが特別に区別されることなく、社会生活を共にできるような社会を実現するための取り組みである。もともと 1950 年代からデンマークのバンク・ミケルセンによって提唱され、スウェーデンのニーリエによって大きな運動となって広がった[4]。

その後、米国のヴォルフェンスベルガーが、バンク・ミケルセンとニーリエの定義を再構成し、障がい者等も社会的に価値のある役割を作り出し、それを維持できるような援助をしていくこととして、ソーシャル・ロール・バロリゼーションがノーマライゼーションの展開形態として提唱された。

北欧で展開したノーマライゼーションは、ノーマルではない生活条件や社会環境を改善するといった文脈で展開された。それに対して、米国で展開されたソーシャル・ロール・バロリゼーションは個人の能力を高めあい、認め合うことと社会的なイメージの向上という文脈が出てきたと言える。

この方向での最も進んだ法的な整備の代表例として、米国の「障害を持つアメリカ人法」（ADA法）が挙げられる。米国ではノーマライゼーションという用語が「黒人と白人の対等の権利」を語る場面でも用いられており、米国社会における長年の人種差別撤回運動の展開も踏まえた法律である。そのため、ADAはあらゆる差別の禁止という考え方で貫かれていると言える。

違反した場合罰則規定が設けられているADAが制定されたことで、米国では、目に見える差別を撤廃するためにそれぞれの主体に責任があることや、暗黙のプレッシャーのようなものが深く根付いている[5]。そのおかげで、米国ではホテル、公共交通機関等の観光分野においても世界一バリアフリーな環境が整備されていると言っても過言ではない。

（2）バリアフリー ————————————————

バリアフリーとは、高齢者、障がい者等が社会生活をしていくうえで、障壁（バリア）となるものを除去（フリー）することであり、物理的、社会的、制度的、心理的な障壁や情報面での障壁など、すべての障壁を除去するという考え方である。

バリアフリーという用語は、1974年6月の国連障害者生活環境専門家会議の報告書『バリアフリーデザイン』から世界で広く使われるようになった。この報告書では、障壁を「物理的障壁」と「社会的障壁」とに分類し、特に社会的障壁に関しては人々の意識の変革が必要だとしている。

バリアフリーという言葉は、英語ではあるが、特に日本において広く普及している。英語では、「高齢者や障がい者でも利用しやすいもの」という意味で「アクセシビリティ」（accessibility）という用語が使われることが多い。UNWTO（国連世界観光機関）でも、観光分野で実現すべき目標の一つに、アクセシブル ツーリズム（Accessible Tourism）を取り上げている。

（3）ユニバーサルデザイン

　ユニバーサルデザインとは、文化・言語の違い、老若男女といった差異、障がい・能力のいかんを問わずに利用することができる施設・製品・情報の設計（デザイン）を言う。米国ノースカロライナ州立大学のユニバーサルデザインセンター所長であったロナルド・メイスが提唱した考え方で、デザイン対象を障がい者に限定せず、すべての人にとって利用できるものとする、すなわち「共用」を目指しているところがバリアフリーからさらに発展した考え方に基づいている。バリアフリーはいかにバリアを除去するかというところに視点が置かれているが、ユニバーサルデザインは、もともとバリアのない世界を最初から構築することを目指しているので、バリアフリーとは、そのような世界への移行期間または臨時措置とみなされる。

　ロナルド・メイスはユニバーサルデザインの基本的な考え方を次の7原則としてまとめている。

原則1　利用における公平性（Equitable use）

　　能力の異なるさまざまな人々が利用できるようにデザインされており、市場性が高く、だれでも容易に入手可能であること。

原則2　利用の柔軟性（Flexibility in use）

　　個々の好みや能力に幅広く対応できるようにデザインされていること。

原則3　シンプルかつ直感的な使い勝手（Simple and intuitive）

　　利用者の経験・知識・語学力・利用時の集中の度合いのいかんを問わず、使用方法を簡単に理解できるようにデザインされていること。

原則4　わかりやすい情報提供（Perceptible information）

　　利用者の周囲の状況や感覚能力に関わらず、必要な情報を効果的に伝達できるようにデザインされていること。

原則5　ミスに対する許容性（Tolerance for error）

　　事故や不慮の操作によって生じる予期しない結果や危険性を最小限にするようにデザインされていること。

原則6　身体的労力を要しないこと（Low physical effort）

　　効率的かつ快適に、弱い力でも使用することができるようにデザインされていること。

原則7　接近と使用のための十分なサイズと空間の確保（Size and space for approach and use）

利用者の体格、姿勢、移動能力のいかんを問わず、対象に近づき、手が届き、操作・利用ができるようなサイズと空間を確保できるようにデザインされていること。

図 1-2　ユニバーサルデザインの 7 原則

(出典) The Center for Universal Design, North Carolina State University 日本語訳は「日本の交通バリアフリー」をもとに一部修正

　このユニバーサルデザインの運動は、日本でも「共用品、共用サービス」の普及という形で文脈を同じくして展開されている。1999 年に財団法人 共用品推進機構が設立され、以降、缶入りアルコール飲料への点字表記、シャンプーとリンスを識別するための側面のぎざぎざ（図 1-3 矢印➡部分）、プリペイドカード識別のための切り込み（テレホンカードは丸い切り込み、交通系カードは三角の切り込み、その他のプリペイドカードは四角の切り込み）、温水洗浄便座の一般化等、日本独自の共用化のアイデアを次々に実現してきた。共用化は、図の通り、もともと福祉機器は対象者の専用品であったものを一般化するという流れと、一般製品を誰でも使いやすいように工夫を施すという二つの流れに分類される。

図 1-3　ユニバーサルデザインのシャンプーとリンスのボトル

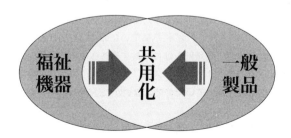

図 1-4　共用化への二つの流れ

6 第1章 福祉と観光

コラム **ロナルド・メイスがデザインという言葉に託した想いとは？（島川　崇）**

　ユニバーサルデザインとはまさに秀逸なネーミングをしたものだと改めて思います。ユニバーサルとは、もともとは、宇宙の、宇宙的、全世界的、といった意味ですがそこから転じて、一般的な、普遍的といった意味もあります。そこから、ユニバーサルデザインとは、障がいの有無とは関係なく、すべての人にとって使いやすいデザインを持つものという意味で使われていますが、デザインという言葉が少し限定的な印象を持つため、ユニバーサルという言葉のほうが多用されているように思います。すべての人にとって訪れやすい観光づくりを考えることを、UNWTO（国連世界観光機関）では、アクセシブルツーリズム（Accessible Tourism）と称していますが、日本では、バリアフリーツーリズムとか、ユニバーサルツーリズムと言ったりもします。

　でも、あくまでも個人的な印象ですが、私は、ロナルド・メイスは、ユニバーサルデザインという言葉を編み出した際、あくまでも、ユニバーサルとデザインをセットで考えていたように感じています。日本の観光庁等がユニバーサルだけ取りだして、ユニバーサルツーリズムという言い方をしたのは、デザインという言葉を、プロダクトの意匠くらいの意味に矮小化してしまっているように思えてなりません。

　私は、ロナルド・メイスはデザインという概念に強いこだわりを持って、敢えてデザインという言葉を選んだんだと思います。なぜ、彼はデザインという言葉を敢えて選んだのか、それを考えるとき、従来の福祉の課題も見えてきます。私はユニバーサルデザインを授業で教えるとき、デザインという言葉はどういう力を持っているのか、学生に徹底的に考えさせます。その際、NHK Eテレで子ども向けにデザインの面白さを伝える「デザインあ」という番組があるのですが、それを教材として使って、「デザインとは何か」を考えさせます。そして、そこから、ロナルド・メイスがなぜデザインという言葉を選んだんだろうということをディスカッションさせます。

　そのときに出てきた学生の意見を以下に紹介します。

　　デザイン（Design）という単語は名詞として日本語に直訳すると"設計"という意味になりますが、動詞として訳すと"描く"という意味にもなります。ロナルド・メイスがわざわざユニバーサルとデザインという単語を組み合わせて造語した背景には、全世界を描く、つまり「全ての人が平等に使えるものを設計する（描く）必要がある」との想いを"デザイン"に込めていたのではないかと考えます。米国における福祉のはじまりが人種差別をはじめとするあらゆる差別からの脱却だったことからも、米国出身のロナルド・メイスは「全ての人の平等」を願い、それが当たり前になるような未来を描いていたのではないかと思います。

　　デザインは自由、デザインは可能性、デザインは楽しい、デザインは象徴、デザインは意味付け、デザインはより便利にする工夫。以上のことからロナルド・メイ

スは「ユニバーサルデザイン」という言葉をより身近に感じて欲しいという想いと、デザイン一つ変えるだけで誰もが使いやすいものを作ることができる、共用の世界を造るのはそう難しいものではないという希望や可能性の意味をこめて「デザイン」という言葉を使ったのだと考えます。

　デザインの言葉に託した想いとは、「発想」であると思う。小学校の図画工作の時間に正解はなかった。よく先生に褒められる作品は、人とは違う、自分のオリジナリティが強い作品だった。しかし、デザインは全く自分のやりたい放題とはいかない。私は「デザインあ」でやっていた丸と四角の違いや、計算機をバラバラにしていく様子を見て、デザインの根本には規則性があることに気づいた。色だって、紫を作るときは基本的に赤と青を混ぜる。オレンジと黒しかないのにそこから紫を作りたいという無謀な自由はきかない。根本に規則性があるが多くの人はその規則性に関心を持たない、もしくは気づかないまま作品を作る。だからどこか人と似通った作品ができ上がってしまうことがあるのだと思う。その規則性に気づくという発想、そこから自分の自由を効かせて作品を作っていく発想。それがデザインに込められた想いだと思う。

　デザインとは、完成したものにプラスし、一見機能や美しくみせる為などという考え方があるが、デザインはその結果や見た目だけでなく、作る工程、未完成のもの同士を組み合わせ、目的を達成させるという意味だと考える。ユニバーサルデザインでのデザインでは特に、結果ではなく相手の問題点を考えるという工程自体にデザインという意味があるとロナルド・メイスは考え、デザインという言葉をつけたのではないかと考える。

　デザインとは、あるものを装飾するものであり、それに対して私は「かっこいい」だとか「オシャレ」「かわいい」など外見的な観点からしか見る事がなかった。しかし、「デザインあ」を見て、デザインはただオシャレなのではなく、人が日常で面倒だと感じている部分や不便に感じている事がある人のために、一つ工夫を加え、より快適に不便なく過ごせるようにするためのものであると考えた。今回の気づきから、ロナルド・メイスがデザインに託した想いとは、人間が不便なく過ごせる事、またそのデザインが人を幸せにする事ができたり、人々の生活をより豊かにしたいという願いを「デザイン」という言葉に託したのではないかと考えた。

　ロナルド・メイスは、「すべての人に優しく、伝わるものを届けたい」という思いを託したのだと思う。デザインというのは、文字ではなくてあくまで形であるので、老若男女誰が見ても触ってもわかるようにしたのだと考えた。また、先程視聴

した番組を見て、デザインをする側もしている側も、楽しそうかつ自由であるというイメージを持った。このことから、デザインというのは人種や性別、年齢など、様々な枠を超えて愛されるものだと捉えた。

デザインという言葉だけを取り除いて、ユニバーサルだけでバリアフリーの意味を持たせて、ユニバーサルツーリズムとか、ユニバーサルサービスとか、ユニバーサル○○と称する使われ方をしていたのでは、ロナルド・メイスの想いは伝わらない。デザインという言葉にこそロナルド・メイスの福祉に対する熱き想いがほとばしっていると私は信じます。自身も障がい者としてあらゆる不具合を感じてきた中で、デザインこそがそれら不具合を打破する切り札となると信じて、名付けたに違いない。そのデザインに込めた想いこそ、我々も共有して伝えていく責務があるように思えてなりません。

（4）インテグレーション

日本語では統合を意味するが、インテグレーションとして、福祉の現場ではよく使われる言葉である。これは、高齢者や障がい者等に対して、他の人と差別なく地域社会の中で生活ができるような状況を構築することである。

（5）インクルーシブ、インクルージョン

インクルーシブ、インクルージョンという言葉も福祉の現場では多く耳にすることがある。これは、インテグレーションをさらに発展させ、障がいの有無、種別や能力にとらわれることなく、ともに助け合って生きていくことを指す。特に学校教育の現場でよく使われ、障がい児と健常児が同じ教室で学ぶ場合にもインクルージョン教育と言ったりする。

インクルーシブは、オールインクルーシブ、インクルーシブツアー運賃等、観光でもよく使われる言葉であるが、日本語では包含という意味である。

（6）介護と介助

介護とは、食事、入浴、排泄といった、生きていくために必要な日常生活の支援を指す。このような、生きていくために必要なことが自分だけではできない人への支援を介護と言う。これに対して、介助とは、上述したような日常生活の支援は基本的には不要ではあるが、生活の質（QOL：Quality of Life）の向上のために必要な支援を指す。

例えば、視覚障がい者が白杖を持ち、駅の階段を一段ずつ確かめながら、ゆっくり下りようとしているとき、この階段を下りるお手伝いをすることで、視覚障がい者は安全かつ速く下りることができる。これは介護ではなく、介助である。

1-3　福祉の考え方の国際比較

　福祉用語を概観すると、欧米は進んでいて日本は遅れているといった印象を受けるのではないだろうか。確かに欧米の先進的な取り組みは見習うべき点が多いのは事実ではあるが、欧米が優れていて日本が劣っていると一概には言い切れない。それは、福祉の発展プロセスが異なっているからであり、その意味では、欧米とひとくくりにはできず、欧州と米国もその発展プロセスは異なっていることを理解しなければ、見方が偏ってしまう。ここで、それぞれの地域の福祉の発展プロセスを簡単にまとめておく。

（1）欧　　　州

　欧州は 18 世紀の後半から産業革命が相次いで起こった。このことにより、農民の比率は減少し、鉱工業に従事する労働者の数が大幅に増えた。この流れはさらに加速し、工業の従事者も、工場を持つ資本家層と労働者層の階層格差が広がった。

　労働者は劣悪な労働環境で働くことを余儀なくされ、労働者の生活水準は極めて低いものとなり、児童労働の問題も発生した。

　それらの問題を解決するために労働者が立ち上がり、労働運動が発展した。その中で、労働災害に遭った場合の保障や、疾病保障、傷害老齢保険等の権利が勝ち取られてきた。欧州では、福祉は労働者の権利保護から発生し、働けない人に対しても、生きる権利を認めるという文脈で福祉が発展していった。ノーマライゼーションも、人間としての権利を主張することで広がった。

（2）米　　　国

　それに対して、米国は人種差別等あらゆる差別からの脱却という文脈で福祉が発展してきた。南北戦争終結後の 1862 年に米国は奴隷解放宣言を行うが、人種差別は全く改善しなかった。そのような中、アフリカ系アメリカ人たちが、主に 1950 年代から 1960 年代にかけて、公民権の適用と人種差別の解消を求めて大衆運動を大々的に行い始めた。有名なキング牧師の演説「I Have a Dream」は 1963 年だった。この大衆運動を受けて、事態は大きく動き、1964 年に、人種、肌の色、性別、出身国、信仰に基づく差別を禁止した「公民権法」が制定された。しかし、公民権法では障がいに対する差別には言及されていなかった。そこで、1973 年に公民権法の適用がされなかった障がい者に対して、不十分ながらも公民権法的な役割を果たす「リハビリテーション

法」が制定された。そして、この公民権法とリハビリテーション法の二法を包含して、1990年に「障害を持つアメリカ人法（ADA法：Americans with Disabilities Act of 1990)」が制定された。このことからも分かるように、米国では障がい者を「保護」するのではなく、「平等」に扱うという接し方なのである。

―（参考）　ADA 法 ―

　ADA法（障害を持つアメリカ人法：Americans with Disabilities Act of 1990）は、障がい者に対する差別の撤廃のための明確かつ包括的な国家指令を提供することを目的に、1990年に制定された。

　ADA法制定のきっかけとなったのは、米国障害者評議会が1986年に発表した「自立に向かって」という答申書である。米国障害者評議会とは、リハビリテーション法に基づいて設置された政府機関であり、その任務は、米国の障がい者に関する法律、制度、事業を調査し、大統領や議会へ提言することである。この答申書において、障がい者の差別を禁止する法律の必要性が主張された。1988年に最初の差別禁止をうたった法案が議会に上程されたが、このときは成立には至らなかった。その後、障がい者団体が団結してロビー活動を行い、ブッシュ大統領（父）[6]をはじめとする多くの国会議員の賛同を得て、1990年に成立した。

　ADA法は、官民を問わず、雇用、公共サービス（交通）、公共的施設、電話通信の4分野で差別を禁じ、平等にサービスを享受できる機会を保障している。

　特に、雇用に関しては、従業員15人以上の事業体は、採用、解雇、報酬、昇進、その他の雇用条件に関して障がい者を一切差別してはならないと定めた。そのために施される必要な配慮として、車いすが通れる幅のある通路を設けることのようなハード面と、採用試験や勤務時間にも配慮を求めるソフト面の両面で定められている。

　ADA法の特筆すべき点は、罰則規定が設けられていることである。違反した場合は、賠償金、懲罰的賠償金が課せられたり、金銭以外の合理的配慮をするよう勧告したりすることが定められている。

　また、ADA法は2008年に内容が一部改正された。これは、ADA法成立後、アメリカ連邦最高裁判所が障がいの定義を大きく狭める判決を4回下したことにより、2004年にはADA法に基づいて雇用差別を主張した訴訟の97%が原告側の敗訴に終わるという結果となってしまっていた。このことから、ADA法が制定された当初の立法者意志を再度思い出し、障がいの定義を再確認することで、本来の目的である障がい者の雇用機会の拡大につながる内容となった。

（3）日　　本 ―――――――――――――――――――――

　日本で福祉という熟語がはじめて使われたのは、戦後まもなく GHQ が日本国憲法草案を日本語訳する際、英語の「welfare」に相当する言葉として編み出されたものである[7]。折しも戦争が終わり、多数の傷病兵、戦争被災者、働

1-3 福祉の考え方の国際比較　*11*

き手を失い生活に困窮する家族たちを保護する必要があった。1946年に（旧）生活保護法、1947年に児童福祉法、1949年に身体障害者福祉法等が次々に整備されていき、それに従って福祉という言葉も一般的になった。

　日本の福祉の特徴として、現在、公共交通機関では障がい者に対して割引運賃が設定されている点が挙げられる。各航空会社では身障者割引運賃として最大45％割引がなされている。JRやフェリーでも身体障害者割引として100kmを超えた区間に対して運賃を5割引、他の民鉄、バスでもおおむね5割引が相場となっている。あまり知られていないが、貸切バスも障害者団体の運賃は3割引と規定されている。

　この運賃の割引に関しては、法律で定められているわけではなく、慣習的にこのような形に落ち着いたと言っていい。1949年身体障害者福祉法が制定され、1950年障害者に対する旅客運賃の割引方という省令が発せられた。これは主に負傷兵や戦災で負傷した人々等の社会復帰が目的であった。これを受けて、国鉄が1952年に身体障害者運賃割引規則を定めて、民鉄がそれに随っているというのが経緯である。

　よって、法的拘束力がないので、会社で設定を解除すればそれで障害者割引はなくなってしまう。例えば新規参入の航空会社では、シニア割引や介護割引に取り組んでいないところも多い。彼らは誰でも使える安い運賃をすでに設定運航しているので、大手のように普通運賃を高めに設定して対象者に制限を掛けた割引運賃を多数設定するよりも、シンプルにしたほうがお客様にとっても都合がいいとの考え方である。

　しかし、障害者割引も先述の通り、法律で定められているわけではないので、シンプルにしたほうがいいとの理由で設定を解除することも、可能性としてないわけではない。ここで考えて欲しいのは、障害者割引の性格である。障がい者は容態の急変もありうるので、予約の取消し・変更・払戻しに関して、柔軟に対応できる運賃が望まれる。一般的な割引運賃は予約の取消し・変更・払戻しに関して制限がついている場合が多い。そこで、これらに関しては普通運賃と同様の扱いを受けることができる障害者割引運賃の存在が重要となっているのである。

　筆者は、障害者割引という特別扱いがあることについての考えを実際に障がいを持つ人々にヒアリングしたところ、全員がありがたいもので今後も継続し

て欲しいとの考えを持っていることが分かった。評論家の竹村健一氏はよく障害者運賃などという特別扱いは米国では行われていないので、自立をするためにはこのような運賃は不要であるとの持論をよくメディアで展開していた。

しかし、日本の障害者割引が先の第二次世界大戦での敗北による傷病兵や戦災で負傷した人に対する支援から生まれたという、戦争の負の側面から社会の問題に気づいた日本独自の社会福祉の進化と、あらゆる差別からの開放という米国の社会福祉の進化のプロセスの違いであり、一概に米国が優れていて、日本が劣っているというステレオタイプで叩き斬るべきものではないと、筆者は考える。自立をするためにもできるだけ外出したいと思える施策を社会全体で考えていくことに全く問題はなく、社会全体で支えていく意味において障害者割引運賃は今後も残っていって欲しいと筆者は願うばかりである。ちなみに、米国でもサンフランシスコ国際空港から市内、ベイエリアを結ぶ新交通システム BART などはちゃんと障害者割引があることを付け加えておく。

1-4　観光に関係する日本の福祉の法整備

（1）改正旅行業法と標準旅行業約款における福祉的対応 ————

2005 年に旅行業法および標準旅行業約款が大幅に改正された。この改正が旅行業の福祉的対応が前進する大きな変化であった。

それまでの約款では、旅行の参加に際して、「特別な配慮を必要とする旅行者は契約の申し込み時に申し出てください。このとき当社は可能な範囲内でこれに応じます」と規定されていた（主催旅行契約約款第 5 条第 4 項）。新約款でも、この点はそのまま維持されている（募集型企画旅行契約約款第 5 条第 4 項、受注型企画旅行契約約款第 6 条第 4 項）。2005 年改正では、これに引き続き「前項の申し出に基づき、当社が旅行者のために講じた特別な措置に要する費用は、旅行者の負担とします」（募集型、受注型約款各条 5 項）との条項が加えられた。

これは、従来、特別な措置に要する費用負担が明確になっていないことから、旅行者との間のトラブルが絶えなかったためである。第 3 章で紹介するが、公共交通機関、特に航空においては搭乗に際し、特別な配慮を行ったとしても基本的には追加料金は必要ない。車いすを借りても、PBL（パッセン

ジャー・ボーディング・リフト：車いすのお客様で階段の昇り降りが不可能な
お客様がタラップを利用せずとも航空機の入口まで届けることができる特殊車
両）を利用しても、追加料金は基本的には不要である。（ただし、ストレッ
チャー（キャスター付簡易ベッド）を利用した場合、機内では座席を数席占有
しなければならないので、その場合は追加座席分の運賃（AB運賃）は支払う
ことになる。）（LCCではその限りにあらず）そのような慣習からも、旅行会
社も追加料金無料で取り扱うべきという要望が少なくなかった。しかし、公共
交通機関と旅行会社はその公共性において質を異にすることから、無料で引き
受けると利益に繋がらず、また、約款に追加費用についての記載が全くないこ
とから、追加費用の支払いは求めづらい雰囲気であり、結局そこまでは関われ
ないということで、「可能な限り」の文言によって、「当社としては特別な措置
を行う余裕は全くありません。不可能です。」と言ってしまうことになってい
た。これでは、結局、旅行会社にとっては大切なお客様を失ってしまい、特別
な配慮が必要なお客様の立場においても、旅行の機会そのものを失ってしまう
ことになるので、双方にとって不幸な事態となっていた。

　今回の改正は上記の様な機会損失を防ぐと同時に、車いすなどの特別な配慮
を必要とする旅行をしようとする旅行者も、必要な追加費用を負担すれば気兼
ねすることなく旅行に参加できることを明確化したという意義は大きい。

　さらに、今回の改正では「旅行者が病気、必要な介助者の不在その他の事由
により、当該旅行に耐えられないと認められるとき」は、旅行開始前でも、開
始後でも旅行会社は契約を解除できることになった（募集型企画旅行契約約
款、受注型企画旅行契約約款第17条第1項第2号及び第18条第1項第1
号）。旅行会社は公共交通機関と異なり、不測の事態に備えて申し込み時に希
望がなくてもいつでも車いすを同行させているわけではない。そのような事態
になったとき、旅行が円滑に行えないと判断したときは、旅行会社側からキャ
ンセルができることになった。しかし、だからといって、現地で旅行者を放り
出すわけではなく、帰国に対しては、「旅行開始後に募集型（受注型）企画旅
行契約を解除したときは、旅行者の求めに応じて、旅行者が当該旅行の出発地
に戻るために必要な旅行サービスの手配を引き受けます。」（募集型企画旅行契
約約款、受注型企画旅行契約約款第20条）と規定されている。また、企画旅
行に参加していれば、不測の事態が起こったときには特別補償規定というのが
あり、旅行傷害保険に入っていなくても、一定の補償金・見舞金が支払われる

ことになっている。しかし、これだけでは、例えば海外においては医療費が驚くほど高額である場合も多く、またその場で現金がなければ治療を拒否される場合も多いので、特に海外旅行に行く場合は、旅行傷害保険には必ず入っていったほうがいい。

（2）ハートビル法・交通バリアフリー法からバリアフリー新法へ

① ハートビル法

　1981 年、国連が国際障害者年を定めたことにより、我が国でも障がい者に対する配慮を国民的課題としてとらえるようになってきた。続いて 1983 年から 10 年間にわたり、「国連障害者の 10 年」が制定され、その間、各地域において福祉のまちづくり条例が次々に制定されるようになった。[8] 国レベルにおいては、縦割り行政のもと、建築物、道路、公共交通機関等それぞれがばらばらにガイドラインを制定してきたが、1994 年に建設省から生活福祉空間づくり大綱が発表されたことで、建築物のバリアフリーガイドラインの統一化の動きがおこり、同年、「高齢者、身体障害者等が円滑に利用できる特定建築物の建築の促進に関する法律」通称「ハートビル法」が制定された。

　ハートビル法では、デパート、スーパー、ホテル等不特定多数のものが利用する建築物を特定建築物とし、その建築主は、建物の出入り口や階段、トイレなどに、高齢者や身体障害者などが円滑に利用できるような措置を講じるよう努めなければならない、と定められている。

　また 2002 年の改正において、その範囲を学校や事務所、共同住宅まで特定建築物とするよう拡大された。さらに、不特定多数の者または主に高齢者や身体障害者等が利用する特定建築物を特別特定建築物とし、その建築等について、利用円滑化基準に適合することを義務づけるとともに、認定を受けた特定建築物について容積率の算定の特例、表示制度の導入等の支援措置の拡大が行われた。

② 交通バリアフリー法

　交通分野においても、1981 年の国際障害者年を契機に、ガイドラインとモデルデザインが鉄道、バス等について策定されていってはいたものの、義務づけがなかったことから、公共交通機関のバリアフリー化は遅々として進まなかった。しかし、高齢化社会が急速に進んだことから、公共交通機関のバリアフリー化も社会からの要請が無視できないところまで高まってきた。そこで、2000 年には公共交通機関と駅等の旅客施設周辺の歩行空間のバリアフリー化

を促進するために、「高齢者、身体障害者等の公共交通機関を利用した移動の円滑化の促進に関する法律」通称「交通バリアフリー法」が制定された。ここでは、駅などの旅客施設や車両等を新たに設置したり、導入したりする場合には、設定された基準に適合することを義務づけることが定められた。

この交通バリアフリー法により、公共交通機関の旅客施設および車両のバリアフリー化と、市町村が作成する基本構想に基づいた旅客施設と周辺施設、道路の一体的なバリアフリー化が推進されることとなった。その結果、エレベーター等の設置により、段差なくアクセスできる大規模駅の比率は、2000年度末には28.9％だったものが、2005年度末には56.5％まで増加した[9]ことからも、バリアフリー化にこの交通バリアフリー法が大きな役割を演じたことが分かる。

③　ハートビル法と交通バリアフリー法の問題点

その後、バリアフリーの概念をさらに進化させたユニバーサルデザインの考え方も広まり、世論の視点もさらに高度なものとなってきた。海外在住・滞在経験のある国民も増え、欧米先進国と比較して日本のバリアフリー化はまだまだ不十分であることが認識されてきた。

不十分であることの原因の一つに、縦割り行政の弊害がある。ハートビル法（旧建設省）と交通バリアフリー法（旧運輸省）というように法律がばらばらに制定されていることで、バリアフリー化自体が施設ごとに独立して進められ、実際は公共交通機関を使って街にアクセスし、道路を歩いて施設にたどり着くと言った行動をとるにもかかわらず、連続的なバリアフリー化が実現できていないこと、また、駅等の旅客施設を中心とした地区のみにバリアフリー化がとどまっていること等の問題が明らかになってきた。また、交通バリアフリー法は「移動」に重点が置かれており、駅や空港というのはその結節点という考え方だが、最近では「エキナカビジネス」が花盛りとなったように、駅や空港が単なる交通結節点ではなく、目的地として位置づけられるようにもなってきた。

他にも、ハードの整備だけでなく、国民一人ひとりが高齢者・障がい者の自立的な生活に理解を深めるための「心のバリアフリー」を進めるための施策も不十分であること、また段階的、継続的に取組を進めるプロセスが確立していないこと等も指摘された。

④ バリアフリー新法の制定

これらの問題点を解決するために、ハートビル法と交通バリアフリー法を統合・拡充した法制度の構築が必要と考えられるようになった。建設省と運輸省が合併し国土交通省となった（2001年の中央省庁再編による）ことで、図らずも以前よりも環境は整ったことから、国土交通省で「ユニバーサルデザインの考え方に基づくバリアフリーのあり方を考える懇談会」が立ち上がり、「ユニバーサルデザイン政策推進本部」が設置され、バリアフリーの新しい法制度の検討が進められた。その結果、2006年12月より「高齢者、障害者等の移動等の円滑化の促進に関する法律」通称「バリアフリー新法」が施行されることになった。最近ではこれを「バリアフリー法」と呼んでいる。

バリアフリー法の制定で、新たに盛り込まれた内容は次の通りである。

ア）対象の大幅拡大

ハートビル法、交通バリアフリー法とも、法律の名称として「高齢者、身体障害者等」とされていた。すなわち、精神障がい者、知的障がい者、発達障がい者等は含まれてなかったのである。新法では、「高齢者、障害者等」となり、すべての障がい者が対象となることが明確化された。また、国土交通省は「高齢者、障害者等」の「等」の表す意味として、妊産婦、けが人等が含まれるとの見解を示している。その意味では、対象範囲は統合前よりかなり広がった。

イ）生活空間にもバリアフリー化

バリアフリー新法では、バリアフリー化の義務を負う対象者として、ハートビル法の建築主、交通バリアフリー法の公共交通事業者に加え、道路管理者、路外駐車場管理者、公園管理者等も規定された。これにより、バリアフリーか基準に適合するように求められる施設等の範囲は、公共交通機関、建築物にとどまらず、駐車場、公演まで広がった。これは高齢者や障がい者が日常生活で利用する施設を広くバリアフリー化することがねらいとなっている。

ウ）福祉タクシーも基準に適合させる

交通バリアフリー法では対象とされていなかったが、現在では多くの高齢者・障がい者が利用するようになってきた福祉タクシーも新たに導入する際には基準に適合することが求められることになった。

しかし、一般タクシーに関しては、中小零細の事業者が多く、福祉タクシーの導入はコスト負担が増加し、輸送効率が悪く収益の増加に直接結びつくものではないことから、福祉車両導入の義務づけは見送られた。

エ）駅がない地域も重点整備地区に指定可能

　交通バリアフリー法では 1 日あたり 5,000 人以上の利用客数を得る大規模な駅の周辺のみ対象としていたが、バリアフリー法では、利用客数が 5,000 人に満たない場合や、そもそも旅客施設が存在しない地区でも基本構想を策定できるようにした。

オ）当事者の参画と心のバリアフリー

　バリアフリー法では、バリアフリー化の促進に関して、国民の理解をさらに深め、協力を求めるために、「心のバリアフリー」について明文化された。また基本構想を策定する際、利用者の視点を十分反映させるために、当事者の参画を進めることが謳われた。そのために、協議会制度を法定化し、当事者が具体的に市町村に提案できる制度を設けることになった。このように当事者の参加のもとで検証が行われ、その結果に基づいて新たな施策や措置が講じられることによって、段階的かつ継続的な発展を図る「スパイラルアップ」が導入されるようになった。

（3）障害者差別解消法の制定

　2006 年 12 月の国連総会本会議で採択された「障害者の権利に関する条約」は、障がい者への差別禁止や障がい者の尊厳と権利を保障することを義務づけた国際人権法に基づく人権条約であり、日本政府も、2007 年 9 月に同条約に署名し、2013 年 12 月 4 日の参議院本会議において条約の批准が承認された。

　それを受けて、障がいを理由とする差別のさらに根本的に解消し、すべての国民が、障がいの有無によって分け隔てられることなく、相互に人格と個性を尊重し合いながら共生する社会の実現に資することを目的として、「障害を理由とする差別の解消の推進に関する法律」（通称「障害者差別解消法」）が 2016 年 4 月 1 日から施行された。

　この法律では、次のことを定めている。

① 　国の行政機関や地方公共団体等及び民間事業者による「障害を理由とする差別」を禁止すること。

② 　差別を解消するための取組について政府全体の方針を示す「基本方針」を作成すること。

③ 　行政機関等ごと、分野ごとに障害を理由とする差別の具体的内容等を示す「対応要領」「対応指針」を作成すること。

　ここで言う「障害を理由とする差別」とは、障がいを理由として、正当な理

18　第1章　福祉と観光

由なく、サービスの提供を拒否したり、制限したり、条件を付けたりするような行為を言う。また、障がい者から何らかの配慮を求める意思の表明があった場合は、負担になり過ぎない範囲で、社会的障壁を取り除くために、必要で合理的な配慮（合理的配慮の事例は177ページ、「8-4　合理的配慮の提供とサービス介助士」参照）を行うことが求められる。こうした配慮を行わないことで、障がい者の権利利益が侵害される場合も、差別に該当するようになる。

　ここでは、障がい者への合理的配慮に関しては、国の行政機関や地方公共団体等は、法的義務を負い、民間事業者は努力義務を負うと記されている。ということは、個人として障がい者と接している場合に関してはこの法律の対象外ということである。具体的に観光分野でどのように応用されるかは、それぞれの章で紹介することとするが、例えば、旅行業では、障がいだけを理由に一律にツアーの参加拒否をすることは「差別的取り扱い」に当たるが、障がい者側から障がいの状況や必要な条件・措置に関して申込時に申告がなく、適切な対応が確保できない場合の参加拒否や旅程の一部制限は、不当な差別的取り扱いには当たらないとされている。航空業では、機内で食事や排泄の介助に関して客室乗務員に依頼するという行為は、客室乗務員の本来業務ではないということから、不当な差別的取り扱いには当たらない。

　法的環境は劇的に整ったが、まだ障がい者側の立場に立った場合、差別的取り扱いと感じる場面はまだ残っている。最終章で改めてその点について考究を深めていきたい。

1-5　すべての人々を幸せにする観光のあり方
－受け入れ側の視点から

（1）観光の効果

　そもそも、最近なぜ観光が注目をされてきているのか、ここで受け入れ側の視点から観光の効果を整理しておく。Cleverdon がまとめた「四つの観光の効果」に筆者が独自に一つ加えて、五つの観光の効果を紹介する（Cleverdon, 2000 島川, 2000, 2001, 2006）。

　まず一番大きな効果として、「直接的経済効果」が挙げられる。すなわち、観光消費に伴う観光産業の売上により、原材料等の調達を通じ地域産業に発生

する需要創発効果である。このように観光産業から卸小売業、農林水産業、工業、サービス業、建設業等様々な産業に需要創発効果が波及していくことを「観光のリンケージ効果」と呼ぶ。

　２番目に、直接的経済効果により、雇用を新たに創出することができる。観光で創出される雇用は他業種と比較して老若男女すべての人々にそれぞれ役割が分担できるという特徴を持つ。また、新たに創出された雇用のおかげで雇用者所得が生み出され、これが域内消費に回ると、またさらに地域の直接的経済効果へとつながっていく。

　３番目に、アントレプレナーシップ（起業家精神）の昂揚という効果も挙げられる。観光はアイデアさえあれば小資本で起業することができる。

　４番目に、観光の発展により地域の人々に間接的な利益がもたらされるという効果もある。観光地化することで道路、橋、水道など社会インフラが整備される。最近ではよりよい景観を求めて電柱の地中化への要望も高まってきているが、すべての電柱を地中化することはもはや不可能であり、優先順位として人が集まる観光地から工事が行われているという傾向が見られる。また観光客向けのアトラクションが地域住民のために無料招待券を配布するといったこともこの間接的な利益に当てはまる。

　最後に、アイデンティティのアピールができるという効果が挙げられる。外部に対してその存在をアピールすることで、地域の人々もその住んでいる地域に誇りを持つことができる。観光振興のおかげで、失われつつあった伝統芸能や民俗文化を残すことができた例は世界中でも数多く報告されている。

（２）観光は両刃の剣　負のインパクト ─────────

　しかし、この観光の五つの効果が果たしていつも受け入れ側の観光地を利する結果になっているのかどうか検証してみると、五つの効果に対してそれぞれ負のインパクトが存在することが明らかになっている。

　まず、直接的経済効果は、観光から得る利益がすべて地元に残るわけではない。介在する旅行会社には多額の手数料を取られるのはもとより、もし、地元以外のディベロッパーが大規模に観光開発を行った場合、地元産業へのリンケージ（Linkage、波及）効果はあまり期待できなくなる。特にこの傾向は開発途上国では顕著であり、ツーリズムコンサーンの調査によると、タイの観光地では観光収入の70％は西側先進国の企業に流れていってしまっている。このように折角観光客が落としていった収入が地元に残らず、マーケット側に流

れてしまっている傾向を「観光のリーケージ（Leakage、漏洩）効果」という。

2番目に紹介した雇用機会の創出という点も、結局新たに創出されたのは、季節労働、単純労働のみで、マネージャー職はすべて先進国からの派遣という形をとる場合が多い。そして、観光業へ労働力が流れ、今まで脈々と続いていた地元の伝統産業の担い手がいなくなり、地元の産業構造がいびつになるという悪循環も生まれる可能性も否定できない。

3番目のアントレプレナーシップも新たに立ち上げた企業はよほど独自性を発揮し続けなければ、大資本を投下することができる大企業と真っ向から勝負を挑まれた場合に競争負けする場合が少なくない。最近の人気のある温泉地の傾向を見ても分かるが、結局大資本を投下してそのときのトレンドにあったリノベーションをしなければ、すぐ顧客に飽きられてしまうという傾向があるのも事実である。

4番目の間接的効果もよい面だけではない。観光客目当ての犯罪が増加し、結局、平和だった地域の治安の悪化を招く可能性も十分に考えられる。例えば、最近は観光客相手のカジノを設立することが以前に増して議論されるようになってきているが、イスラエルの Felsenstein[10] (1999) らが行ったカジノと犯罪の関係の研究によると、イスラエルはもともとカジノを非合法扱いにしているが、毎年20万人以上のイスラエル人が合法カジノのあるエジプト、キプロス、トルコに賭博目的で旅行し、5億米ドル分が海外へと消えている現状を何とか食い止めるために、Eilat という都市に船上カジノを承認した。そこで、この Eilat と同規模な都市と犯罪発生率を比較したところ、人口1000人当たりの犯罪発生率は Naharia 市が45.3、Tiberas 市が70.1に対して Eilat 市は121.2にも跳ね上がる。

以上のように、犯罪は観光客を狙う犯罪者が増えるだけでなく、不法滞在等、観光客も犯罪者になることがあることも念頭に置かなければならない。

5番目のアイデンティティのアピールも、マーケットがそのイメージを決めた場合、その作られたイメージが現実の姿と乖離する場合が数多く見られる。本当に発信したいメッセージが伝わらないことが極めて多いので、結局観光で誤解を増長させてしまうことになってしまう[11]。

最後に、観光の5つの効果に唯一対応していない負のインパクトとして、環境負荷が挙げられる。観光客を受け入れれば絶対に環境負荷がかかるということを看過している場合が極めて多い。エコツーリズムを振興する議論の中で、

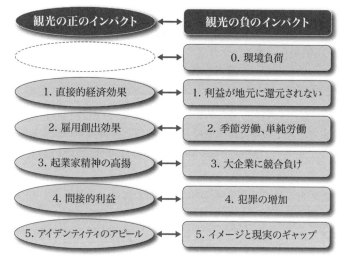

図 1-5 対応する観光の正のインパクトと負のインパクト

　エコツーリズムを振興したらエコ意識が高い人が訪れ、地域住民との交流によりさらに意識が高まるという意見がよく出されるが、結局エコツーリズム振興によって環境が破壊されている例は世界中に枚挙に暇がない[12] (島川, 2002)。観光を語る際に忘れていけない大前提として、観光は基本的にお客様を選べないのである。お金を払って来て下さったお客様はすべてお客様として歓迎しなければいけない、それが観光なのである。もちろん、より求める顧客像に近づけるために徹底的なマーケティング戦略を策定するのは言うまでもないが、それでも来たお客様はお客様として歓迎をしなければいけない。その大前提をないがしろにして理想論を並べたら、結果的に環境が荒らされて「そんなはずではなかった」ということがよくある。観光とはそういうものであり、それを理解したうえで、それでも観光開発をするという選択肢がその地域にとって最善であれば観光開発をすればよいのである。その覚悟がなければ、また、その対策を最初から講じることができないのならば、観光開発は負のインパクトが勝ってしまうことは言うまでもない。

　結局、観光は発展の「打ち出の小槌」ではなく、使い方を誤れば「両刃の剣」になることをもっと切実に認識しなければならない。そして、これらを検証して分かることは、結局観光開発を地元に根ざしていない大企業や中間者に主導権を握られて、地元の人々が地域の将来を冷静にイメージができなかった

ときに、このような問題が生じるということである。

（3）観光に蔓延するいちげんさん商法とブーム至上主義

　1990年代頃から、マスツーリズムから生じた弊害を是正するため、サステナブル・ツーリズムという考え方が広がり始めている。これは、ただ単にエコツーリズムやグリーン・ツーリズムを流行らそうというようなものではなく、観光産業によって、観光デスティネーションである受け入れ側も経済的にも政治的にも社会・文化的にも持続的に発展することを最大の目的として考えようという動きである[13]（Mowforth&Munt, 2003, Holden, 2000 島川, 2002 ほか多数）。

　サステナブルに発展できる観光地になるためには、リピーターの獲得が不可欠である。観光地でがっかりすることのひとつに「ぼったくり」が挙げられる。このぼったくりは、今目の前で接している観光客は今回だけの訪問（いちげんさん）だとみなしているから、「取れるときに取っておこう」という発想からなる。そこまで露骨にぼらなくても、地域住民が日常的に購入する価格よりも高めに設定している場合がしばしば見受けられる。受け入れ側にこのような気持ちが少しでもあった場合、観光客は敏感に察知して、心の交流は生まれず、結局リピーターとはならない。リピーターが増える（初訪率が低下する）ためには、観光地といえど、地域住民と接するときの感覚での適正価格が求められる。

　さらに、観光振興において最近では行政も事後評価が求められてきており、

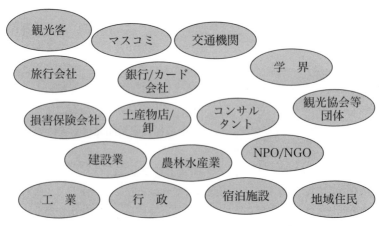

図1-6　観光に関わる多様なステイクホルダー

その意味で入り込み客数の対前年比でこの観光地の成功不成功を評価する傾向が見られる。しかし、この入り込み客数の対前年比を金科玉条のようにしてしまうと、後のことを考えずに、ブームを起こそうという発想が生まれてしまう。キャンペーンという売り出し方がそのいい例であるが、だいたいブームというものは、ひとたびブームが過ぎ去ると、ブームが起こる前よりも落ち込むのが常である。

観光には図1-6のように多様なステイクホルダーが関わってくる。

この中で、ブームを巻き起こしたいと思っているのは、紛れもなくマスコミである。マスコミは視聴率を基準とした広告収入で成立しているので、一瞬の視聴率が稼げれば、後のことは全く気にしないということが徹底している。また、旅行会社も、それぞれの観光地というのは取り扱っている多くの地域のうちの一つ、すなわち"one of them"なので、ブームが過ぎてしまえばまた別の観光地をプロモーションすればよいと考える。マスコミや旅行会社は別の地域をまたプロモーションすれば一つの地域が疲弊したとしても痛くも痒くもないのが現実の姿である。そして、本来地域住民の世論の代弁者でもあるはずの自治体も、前述の通り行政評価が定着してきたおかげで、マスコミや旅行会社とタイアップしてブームを巻き起こす動きをするところが後を絶たなくなってきた。

一方、ブームをいやがるステイクホルダーはまぎれもなく観光客、特にリピーターである。リピーターを大切にするためにマスコミの取材を一切断っている銘店もあるように、あまりにマスコミに踊らされると、本当に大切にしなければいけない主体を見失ってしまう。

サステナブルという言葉には、単に持続的にという意味だけでなく、普段から乱高下なくという意味も含まれる。ブームを巻き起こすという手法は、短期的には認知度を高め、入り込み客数を増加させるのには都合がよいが、長期的に見ると観光地を疲弊させ本当に愛されるターゲット層を見失うという側面を持つことを認識しておく必要がある。その意味でも、サステナブル・ツーリズムを実現するためには、ブームに頼らず、地道に積み上げていくことが求められる。

（4）観光客・観光関連企業・地域住民の三方一両得 ——————

サステナブル・ツーリズムを実現するために、筆者は「観光客・観光関連企業・地域住民の三方一両得」という概念を提唱している。

24 第1章 福祉と観光

先ほどのブームが巻き起こった場合の弊害を考えた場合、観光客の中でも特にその地域を永続的に愛してくれるリピーターがブームを敬遠する。さらに、ブームが過ぎ去り、疲弊した地域が残ったとしても、観光地に住む地域住民にとってはかけがえのない故郷である。地域に根ざした住民はそのまま住み続けなければならない。観光振興によって観光客、地域住民どちらかが幸せにならない状況が生まれるのであれば、それは本末転倒である[14]。観光振興は福祉、教育、治安維持、公衆衛生等のような行政として必ず行わなければならない政策課題ではない。最近は「一地域一観光」とか、「住んでよし、訪れてよし」などといったキャッチフレーズが先行して、観光振興は地域活性の打ち出の小槌のような扱いをされ、あたかも観光振興をしなければならないかのように言われているが、観光の負の側面を直視し、そこに永続的に住む住民が観光振興によりデメリットが多いと判断して「観光地にしない」という選択肢もあっていい。どちらにしても地域住民の意思を無視して観光振興に走ることは許されない。

さらに、もともと観光は、福祉や教育と異なり、それだけで商業的に成立できるものである。補助金を投入しなくても本来はやれるはずのものである。やれるところから小さくはじめたほうが、結局愛されるターゲットを見極めることができるので、観光地としての発展が持続的になる。

しかし、最近では観光が政策課題として注目されてきたおかげで観光に補助金がつくようになった。このような変化によって新たに起こってきたことは、観光関連企業は今まではお金をいただく先がお客様だったので、少なからずお客様の意向を無視しては商売が成立しなかったのだが、補助金という新たな金の出所を得て、補助金申請と実績報告に多大なる労力を要することになり、それに係る間はお客様への視点が全く失われてしまうということである。特に地方の観光地でヒアリングをした場合、お客様の需要やニーズよりも、補助金が出る事業へと視点がぶれてしまっている現状をよく目の当たりにするようになった。

ここで三方一両得の一つの主体として観光関連企業を入れているのは、純粋に観光から収入を得て商業的に成立させる状況を作らなければならないという意味である。補助金が導入されれば報告義務が生じ、行政が喜ぶ報告を行わんがために、観光地、観光客の思いが無視される場合が生まれてくる。筆者が三方一両得の主体に行政を入れないのはその理由からである。マスコミを入れな

いのも同様である。

結局、観光によって利益を享受できるのは観光客、地域住民、観光関連企業であり、行政やマスコミは三方一両得の主役では決してなく、その三方一両得を実現させるためのサポート役に徹さなければならないという役割を自覚する必要がある。自分たちの実績ではなく、目先の視聴率稼ぎではなく、観光地が子や孫の代までその魅力を増し続けていけるような観光開発・観光振興を関わる主体すべてが協力して進めていかなければならない。そのためには、何が幸せかを理解し、観光開発・観光振興によって誰が幸せになるのかを常に意識しながら状況判断を行うべきである。

1-6　観光地に住む地域住民からも求められる観光の福祉的対応

観光地に住む一般市民が観光客を受け入れる際どのような意識を持っているかインターネット調査した結果[15]がある。

(1) 調査結果

① 要介護の観光客の訪問状況

図1-7からも分かるとおり、今回インターネットアンケートに回答した観光地に住む人のうち、要介護の観光客が訪れていると答えている人は69.5%にのぼっている。

図1-8より、回答者の住む観光地に要介護の観光客が訪れる理由としては、ハードが整っているホテルや交通機関等の施設があるためと答えた人が33.5%、ついで、自治体のハードが充実しているためと答えた人が32.1%となっている。ハードの整備が観光客訪問の要因となっていると認識されている。

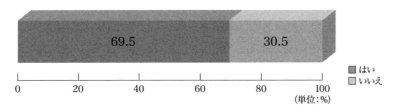

図1-7　要介護の観光客が訪れているか

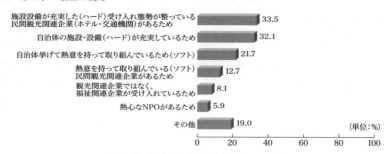

図 1-8　要介護の観光客が訪れる理由

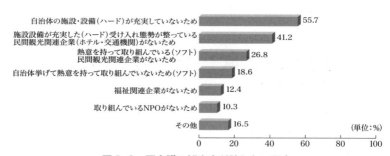

図 1-9　要介護の観光客が訪れない理由

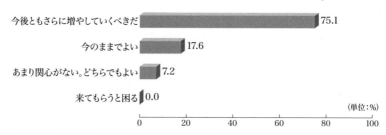

図 1-10　要介護の観光客が訪れる観光地の住民が考える今後の福祉観光の方向性

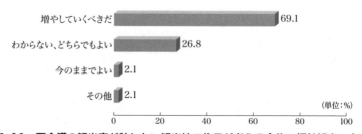

図 1-11　要介護の観光客が訪れない観光地の住民が考える今後の福祉観光の方向性

また、図1-9より回答者の住む観光地に要介護の観光客が訪れない理由としては、自治体のハードが充実していないためと答えた人が55.7%にのぼった。ついで、民間観光関連企業のハードの充実が41.2%となっている。ここからも、ハードの未整備が要介護観光客訪問を阻害していると認識されている。

② 今後の方向性

図1-10より、要介護の観光客が訪れる観光地の住民は、今後とも要介護の観光客の来訪をふやしていくべきだと考えている人が75%と圧倒的で、来てもらうと困ると答えた人は皆無であった。

一方、図1-11より、要介護の観光客が訪れない観光地の住民も、今後要介護の観光客を増やしていくべきと考えている人は69.1%にのぼり、現状維持を希望している人は2.1%にとどまった。

また要介護の観光客を増やしていくべき理由としては、社会的によいことなのでと答えた人が83.7%いたが、自由記述の中には平等意識や官民双方の意識向上をあげる声とともに、ユニバーサルデザインのものは健常者にとっても便利なのでといった健常者からの積極的な導入要請も見られた。「誰にでも使いやすい」という発想がユニバーサルデザインの基本的考え方である。この考え方が多くの健常者にも受け入れられているとみていいだろう。

③ 来て欲しい観光客、来て欲しくない観光客

来て欲しい観光客を尋ねてみたところ、家族連れが64.2%、熟年が54.4%、欧米からの外国人が45.9%となっている。障がい者に対しても39.9%の人が積極的に来て欲しいと願っており、アジアからの外国人とビジネスマンよりも高い結果が出ているのが興味深い。

一方、来て欲しくない観光客を尋ねてみたところ、アジアからの外国人が16.4%、修学旅行が13.5%、学生・若者が11.3%となっている。障がい者が来て欲しくないと答えた人は0.9%でこの数字は熟年についで低く、家族連れや高齢者よりも低いという結果が出ている。

このことから、観光地に住む人々は障がい者の来訪に対してネガティブな印象はほとんど持っていないということが明らかになった。

この調査より、ユニバーサルデザインの考え方で整備されたハードは障がい者に対してだけでなく、健常者にとっても便利で、住民に対しても優しい街になれるということが理解できたことは大きい。また、観光地に住む人々も、今後福祉観光はさらに増やしていくべきだという認識は共有しているという結果

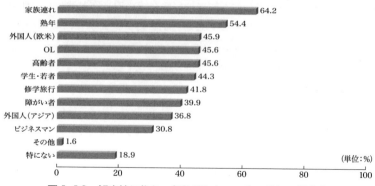

図 1-12 観光地に住む一般住民にとって来て欲しい観光客

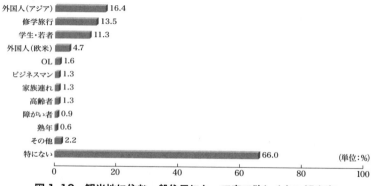

図 1-13 観光地に住む一般住民にとって来て欲しくない観光客

は、福祉観光を推進していくうえで、大変心強いと言える。観光振興を図る際、地域に住む人々に対して、その重要性を説得するというプロセスはもう達成されていると考えてよい。

　最近は凶悪犯罪が増え、地域コミュニティの脆弱化が叫ばれるなど、他人に対する優しさ、思いやり、まごころが急速に薄れてきている。他人だけではない。家族に対しても、他人の始まりになっているのではなかろうか。ここで、福祉観光に取り組むことにより、誰もが今一度すべての人々に対する優しさや思いやり、まごころを見直すきっかけになってもらいたいと願わずにはいられない。

【参考文献】

・山縣文治・岡田忠克編（2004）「よくわかる社会福祉」、ミネルヴァ書房
・財団法人共用品推進機構（2001）「バリアフリーと広告」、電通
・和平好弘（2002）「誰でもわかる交通のバリアフリー」、成山堂書店
・戸崎肇（2005）「交通論入門」、昭和堂

---

1) 辻井京雲(2005)「漢字の成り立ち事典」、教育出版
   加納喜光(1998)「漢字の成立ち辞典」、東京堂
   白川静(2004)「字統」、平凡社
2) 例えば、表現の自由を標榜するマスコミが、プライバシーを無視して取材をした場合、両者の人権は衝突している。
3) 古代ローマの政治家キケロはその著作『法について』(De Legibus) において「Salus populi suprema lex esto」（人民の福祉が最高の法たるべし）と唱えて以来、公共の福祉は統治の主要な論点であった。「福祉」の内実がどのようなものであれ、あらゆる政治思想家がこの格言を政治哲学の主要な眼目としてきた。
4) ノーマライゼーションの考え方は、デンマークの知的障がい児の親の会から始まった。もともと、隔離された巨大な施設で生活していた知的障がい児を彼らが生まれた地域に帰すこと、施設を街の中に作ること、小さな施設にすることを提唱した。それまで、健常者中心の考え方で知的障がい施設が作られてきたものに対して、障がい者の人間性や生きる意義を感じることができる施設づくりを求めた大きな運動になって広がった。その結果、デンマークでは世界に先駆けて、知的障害者及びその他の発達遅延者に関する法律が 1959 年に制定され、ここでノーマライゼーションという言葉が初めて登場した。
5) 越川秀治(1998)ソーシャル・バリアフリーのまちづくり　都市出版社
6) ブッシュはこのときの大統領選で、ADA 法成立を公約とし、選挙演説で初めて手話通訳者をつけた。
7) 中国では周頌において「この祉福を賜う」という表現が見られるが、「福祉」という表現は見られなかった。現在では日本からの逆輸入で福祉という熟語も日本と同じ意味で定着している。
8) 兵庫県福祉のまちづくり条例、大阪府福祉のまちづくり条例が 1993 年に制定された。しかし、最も早かったのは町田市で「町田市福祉環境整備要綱」が 1974 年にすでに制定されている。
9) 国土交通省(2007) Q&A バリアフリー新法　ぎょうせい
10) Felsenstein, D. et al.（1999）'Does Gambling Complement the Tourism Industry?' Tourism Economics Vol. 4, No. 3, September 1999
11) 特にこの点でいったん失敗したが、見事克服した例として地中海のマルタ島が挙げられる。マルタ島は従来、スペインやギリシアの「代替」ビーチリゾートとして扱われることが多い。実際マルタ島にはビーチが一ヶ所しかなく、しかも砂も海水も上質ではない。以上のことからビーチで売れば結局マルタ島の位置づけは「代替」観光地という地位から抜け出せない。マルタはリピーターになりにくい観光地となってしまい、低価格で他の観光地との競合をしなければいけなくなる。となると、ますますマルタの地元に落ちる利益は減少していく。まさにマルタの観光は悪循環に陥ってしまったのである。

30 第1章　福祉と観光

　結局、マルタ島本来の地域資源が生かされず、「代替観光地」として扱われてきたのは、マルタ島の政府観光局が観光のブランド・アイデンティティを明確に持たなかったため、マーケットである英国、ドイツのツアーオペレーター主導の商品ラインアップでブランド・イメージが形成された当然の帰結と言える。

　ここで、マルタ政府観光局はイニシアチブを発揮し、超古代から近世に至る遺跡史跡や教会が370以上も存在することから、遺跡史跡観光に重点を置くことにした。しかも17世紀初頭のイタリアが生んだ鬼才カラバッジオの作品も数多く見ることができるということは彼らにとっての大きなメリットとなった。

　現在では、マルタはギリシアの代替ビーチとしての観光地から脱却し、見事な中世の遺跡観光地として生まれ変わったのである。夏季に偏っていた入込み客数も年間通じて獲得できるようになった。

　マーケットの既存イメージに流されたり迎合したりすることなく、地元が主導権を握って自分たちの強みや伝えたいメッセージをアイデンティティとして確立することが、観光地と観光客の相互の満足度向上につながるのである。

12)　島川崇(2002)「観光につける薬」同友館

13)　Burns, P. M. and Holden, A. (1995) Tourism A New Perspective, Prentice Hall, Hempstead

　　Burns, P. M. and Cleverdon, R. (2000) 'Planning Tourism in a Reconstructing Economy the Case of Eritrea', Dieke, P. ed. "The political Economy of Tourism Development in Africa", Forth Cognizant Communication, New York

　　Butler, R. (1999) 'Sustainable Tourism' Tourism Geographies, Vol.1, No.1, February 1999

　　Hall, C. M. (2000) Tourism Planning Policies, Processes and Relationships, Prentice Hall, Harlow

　　Holden, A. (2000) Environment and Tourism, Routledge, London

　　Mowforth, M. and Munt, I. (1998, 2003) Tourism and Sustainability, Routeledge, London

14)　松島地域を世界遺産に登録しようとする運動を宮城県や周辺自治体が展開しようとしている中で、地域住民がそれに反対をしていることに対して、「全体的に観光振興している中で地域が協力してもらわなければならない」と単なる地域エゴとして片付けようとしている行政側の発言が見られるが、これは明らかに地域住民の幸せな生活を無視している。観光地化に関しては負の側面もあり、それを地域住民は永続的にその地域にする立場の人間として心配しているのであるから、行政側は、地域住民に一方的に協力を要請するのではなく、地道な話し合いを持つのが筋である。

15)　対象は自分たちの住む地域が観光地であると回答した20歳以上の男女316人、調査期間は平成16年6月26日から7月9日までである。

第2章
旅行会社の取り組み

2-1　旅行業法、旅行業約款との関連

（1）旅行業法、旅行業約款における福祉的対応 ──────

　旅行業法と旅行業約款は、旅行業者が業務を遂行するうえで遵守しなければ
ならない事柄であり、旅行業界のバイブルと言っても過言ではない。それは、
業務におけるひとつの指針であり、時として精神的支柱ともなり得るものであ
る。

　旅行業者の精神とも言える旅行業法と旅行業約款における福祉的対応に関
し、以下、考察するものとする。

　旅行業法は「法律」であり、旅行業約款は「旅行業者と旅行者との契約書」
である。旅行業者はこの旅行業法と旅行業約款を遵守し、事業を営むことが義
務づけられている。もし守らない場合は、旅行業法は法律であるので、法律違
反となり、刑事罰や業務停止などの行政処分を受けることになる。また、旅行
業約款は、契約違反となり、債務不履行責任や損害賠償責任を問われることと
なる。

　旅行業法第1条にはその目的が謳われている。「この法律は、旅行業等を営
む者について登録制度を実施し、あわせて旅行業等を営む者の業務の適正な運
営を確保するとともに、その組織する団体の適正な活動を促進することによ
り、旅行業務に関する取引の公正の維持、旅行の安全の確保及び旅行者の利便
の増進を図ることを目的とする」。旅行の安全の確保、旅行者の利便の増進、
という目的を達成するため、その手段として、旅行業者を営むためには、観光
庁長官の行う登録を受けなければならないのである。つまり、勝手に旅行業者
を名乗り、事業を開始することはできず、登録の申請をし、国の登録を受けな
ければならない。さらに、消費者保護の観点より、債権を担保するために設け
られた「営業保証金」という旅行者との取引額に応じた一定の金額を国に供託
することも義務づけられている。また、国が指定した旅行業協会は、旅行者ま

たは旅行に関するサービスを提供する者から、その協会の会員であるか否かを問わず、旅行業者が取り扱った業務に関する苦情についての解決の申し出があったときは、迅速にその処理を求めることとなっている。

　旅行業法は旅行者の利便の増進を図るため、大小様々な改正が施されている。

　2012年に起こった「関越道ツアーバス事故」に際しては、旅行業者に対し、「運送サービスを提供する者に対し、輸送の安全の確保を不当に阻害する行為」を禁止行為として罰則を設け、また旅行業者は旅行者に対し、「輸送の安全に関する情報」を取引条件として説明しなければならなくなった。2017年自己破産した「てるみくらぶ」に際しては、海外募集型企画旅行を実施する旅行業者に対して、一定のルールのもと営業保証金のさらなる供託が義務づけられた。さらに、2018年大きな改正点として、訪日外国人に対するツアーの適正化を目的として、旅行サービス手配業者（ランドオペレーター）も観光庁長官の行う登録を受けなければならないこととなった。また、旅行業法の「法令違反を行った者の氏名等の公表」も新設され、国の決意が現われたかたちとなっている。

　現在の旅行業法は、2005年に旅行業務の実態に即し、大幅に改正されたものである。幾多の改正を経て、旅行業法は、すべての旅行者の利便の増進を図ることを目的として国が制定している法律であり、旅行業者の精神的支柱としても遵守しなければならないものである。

　一方、旅行業約款は認可制となっている。旅行業者は、旅行者と締結する旅行業務の取扱いに関する契約に関し、旅行業約款を定め、観光庁長官の認可を受けなければならない。旅行者が、旅行業者が定めた個々の旅行業約款を選択することはできないため、監督官庁の認可を受けなければならないのである。

　しかしながら、当然、旅行業者が有利となる、つまり、旅行者に不利となるような約款は認可されないのが実情であり、各旅行業者は、標準旅行業約款を自社の約款として使用している。標準旅行業約款とは、観光庁長官および消費者庁長官が公示した約款であり、この標準旅行業約款と同一の旅行業約款を自社の約款として使用する場合は、認可を受けたものとみなされる、認可不要の約款である。以下、標準旅行業約款「募集型企画旅行契約の部」に定められた福祉的対応に関し、読み解いていくものとする。

　第5条（契約の申込み）第4項には、「募集型企画旅行の参加に際し、特別

な配慮を必要とする旅行者は、契約の申込時に申し出て下さい。このとき、当社は可能な範囲でこれに応じます」とされており、同条第5項には、「前項の申し出に基づき、当社が旅行者のために講じた特別な措置に要する費用は、旅行者負担とします」と定められている。旅行業者は運送等関連サービスを組み合わせ、自己の計算において商品として旅行を提供することを事業としている。そのことは、旅行業者は運送や宿泊のサービスを保持しておらず、そのようなサービスを自ら提供する事業ではないということでもある。この条文は、高齢者や障がい者だけではなく、妊産婦や乳幼児連れ、ペット連れ、宗教やアレルギーなど、ソフトのバリアを感じているすべての旅行者に対し、「当社は先ず承ります」と宣言した条文である。そして、申込時に特別に必要な配慮の内容を申し出てもらうこと、不可能な場合もあること、自ら提供する運送や宿泊サービスを保持していないため、交渉をしてみるものの、実費が発生してしまう可能性があることをも明文化している。この規定は、特別な配慮を必要とする旅行者の旅行の機会損失を防ぐと同時に、特別な配慮を必要とする旅行者も必要な追加費用を負担すれば気兼ねなく旅行に参加できることを明確化した旅行業者の精神の表れである。

　また、第24条（当社の指示）では、「旅行者は、旅行開始後旅行終了までの間において、団体で行動するときは、旅行を安全かつ円滑に実施するための当社の指示に従わなければなりません」として、団体で行動するときは、ツアー運営上のお願いをすることへの了承を求めている。さらに、団体で行動できなくなった場合は、第17条・旅行開始前、第18条・旅行開始後（当社の解除権）において、「旅行者が病気、必要な介助者の不在その他の事由により、当該旅行に耐えられないと認められるとき」は、旅行開始前でも開始後でも、旅行者に理由を説明して旅行契約を解除することができることが定められている。このことは、さらなる配慮が必要な旅行者を現地で放り出すということではなく、必要な措置をとるため、旅行業者の判断で離団させることができる、という意味である。第26条（保護措置）では、「当社は、旅行中の旅行者が、疾病、傷害等により保護を要する状態にあると認めたときは、必要な措置を講じることがあります」とし、第20条（契約解除後の帰路手配）にて、「旅行開始後に募集型企画旅行契約を解除したときは、旅行者の求めに応じて、旅行者が当該旅行の出発地に戻るために必要な旅行サービスの手配を引き受けます」としている。この条文は、旅行者が緊急な状態にあるとき、旅行者やその

家族の承諾を得なくても旅行業者は入院など、必要な措置を講じることができ、帰路手配も承りますと明言している。

さらに、標準旅行業約款には、特別補償という消費者保護の定めがある。それは、第28条（特別補償）、「当社は、当社の責任が生じるか否かを問わず、旅行者が募集型企画旅行参加中にその生命、身体又は手荷物に被った一定の損害について、あらかじめ定める額の補償金及び見舞金を支払います」という内容である。旅行業者は旅行業者に責任がなくても、旅行者が企画旅行参加中に急激かつ偶然な外来の事故によって身体に傷害を被ったときには、死亡補償金、後遺障害補償金、入院見舞金、通院見舞金という補償金等を支払うという規定である。このような場合に、旅行業者に責任はないのである。よって、お詫びではなく、お見舞いの気持ちを形にした規定である。特別補償は、他に例のない消費者保護の規定であると言われている。また、第1条（適用範囲）第2項には、「当社が法令に反せず、かつ、旅行者の不利にならない範囲で書面により特約を結んだときは、その特約が優先します」とあり、標準旅行業約款よりも有利な特約を企業の経営的判断として、個々の旅行者と締結することも可能である。

標準旅行業約款における福祉的対応は、特別な配慮を必要とするすべての旅行者の参加を前提とし、不慮の事態に対する旅行業者の責任ある行動指針を明確化したボーダーラインであると言える。

（2）旅行業の機能と本質

旅行業法第2条、第1項、には「この法律で『旅行業』とは、報酬を得て、次に掲げる行為を行う事業をいう」として、第1号には、以下のように規定されている。

「旅行の目的地及び日程、旅行者が提供を受けることができる運送又はサービス（以下「運送等サービス」という）の内容並びに旅行者が支払うべき対価に関する事項を定めた旅行に関する計画を、旅行者の募集のためにあらかじめ、又は旅行者からの依頼により作成するとともに、当該計画に定める運送等サービスを旅行者に確実に提供するために必要と見込まれる運送等サービスの提供に係る契約を、自己の計算において、運送等サービスを提供する者との間で締結する行為」。本号は企画旅行に関する条文である。他に手配旅行・渡航手続・旅行相談・受託販売に関する条文があり、すべて旅行業務であるが、旅行業者にとって大変重要な条文が本号である。なぜなら本号には旅行業の機能

と本質が盛り込まれているからである。

旅行業の機能と本質とは、運送等関連サービスである運送または宿泊のサービスと、付随的旅行業務といわれる、世の中に存在する様々な商品を組み合わせて、旅行商品を造成し付加価値を創出するということ、つまりコラボレーションの機能である。このコラボレーション機能を発揮することが旅行業者のコアとなる競争力となるのである。

さらにこの条文の重要性は、「自己の計算において」という一文に集約される。「自己の計算において」とは、経済的効果が自己すなわち旅行業者に帰属するという意味である。自己の名をもって他人の計算において第三者と物品の販売、買入その他の行為を行う、取次ぎとは異なり、一切のリスクとリターン（利益）を旅行業者が負担するという意味である。つまり、自己の計算においてとは、旅行業者は、旅行代金という市場価格を決定するという要素だけでなく、市場価値は自分達が創造する。旅行業者は旅行素材の代売ではなく、自らの企画で生きていく、という意志の現われである。この旅行業法は旅行業者の意見も多く取り入れられ、2005 年に改正、現在に至っている。

また、宿泊単品を手配しても、現地での観光もさることながら、宿泊箇所までの交通、さらには、自宅から駅や空港までの移動も必要である。旅行業者の機能とは、それらを組み合せること、つまりコラボレーションであり、さらに、自宅から自宅までの旅行を一社で提供できるワンストップサービスである。行政、民間企業、NPO などがそれぞれに、バリアフリー関連の活動を展開しているなか、その関係性の具体的な構築方法が課題であるとされている。つまり、それらのサービスをどのように組み合わせるかという課題である。行政、民間企業、NPO などの各バリアフリー関連サービスを組み合わせる機能が求められている。責任の所在からボランティアに依存できないという実態のなか、その具体的な構築方法を担うのが、関係機関をコラボレーションし、顧客にワンストップのサービスを事業として提供できる旅行業者であろう。

ここで、コラボレーションにより、商品を造成すること、言い換えると、旅行の企画とは何であろうかということに関し考察する。旅行業者を目指す学生の採用面接で「入社後何がしたいですか」という志望動機を問う質問に対して、「旅行の企画がしたいです」という回答をよく耳にする。この場合の企画とは、旅行業者のカウンターに陳列されているパンフレットを創ること、つまり募集型企画旅行に関わる業務に携わることを指していることが想定される。

36　第2章　旅行会社の取り組み

表2-1　旅行業約款における募集型企画旅行・受注型企画旅行・手配旅行の用語の定義

募集型企画旅行	募集型企画旅行とは、旅行業者が、旅行者の募集のためにあらかじめ、旅行の目的地及び日程、旅行者が提供を受けることができる運送又は宿泊のサービスの内容並びに旅行者が旅行業者に支払うべき旅行代金の額を定めた旅行に関する計画を作成し、これにより実施する旅行をいいます
受注型企画旅行	受注型企画旅行とは、旅行業者が、旅行者からの依頼により、旅行の目的地及び日程、旅行者が提供を受けることができる運送又は宿泊のサービスの内容並びに旅行者が旅行業者に支払うべき旅行代金の額を定めた旅行に関する計画を作成し、これにより実施する旅行をいいます
手配旅行	手配旅行契約とは、旅行業者が旅行者の委託により、旅行者のために代理、媒介又は取次をすることなどにより旅行者が運送・宿泊機関等の提供する運送・宿泊その他の旅行に関するサービスの提供を受けることができるように、手配をすることを引き受ける契約をいいます

(出典)「標準旅行業約款」より

　学生から見た旅行業者の業務は、カウンターと添乗員がその代表格であることから連想される回答である。ところが、旅行の企画とは、募集型企画旅行のみではない。アウトセールスマンが、オーガナイザーからの依頼に沿って旅行を造成する受注型企画旅行も企画である。また、カウンターで個々の顧客の委託にそって旅程をアドバイスする手配旅行や、パッケージツアーのフリータイム時のプラン作りも企画と言える。

　まず、旅行の企画とは、出発地から目的地である各観光箇所という「点」を移動という「線」でつなぎ、一枚の絵を書き「面」とする「旅のデザイン」であると言える。

　次に、企画とは「仕入」であるとも言える。仮に〇〇大統領といくハワイというツアーを企画したとしても、〇〇大統領が手配できなければ、それは企画として、商品として成立しない。企画とは仕入であるという実例として、夏の東北四大祭りツアーはまさにそれであろう。青森ねぶた祭、仙台七夕まつり、秋田竿灯まつり、山形花笠まつり、といった個人ではなかなか手配困難な祭りを見るための桟敷席（秋田竿灯まつり）や宿泊がセットされ、その企画旅行に申し込むことによって、移動も含め四つの祭りすべてを見学することができるのである。

　さらに、企画とは「収支管理」であるとも言える。それは、ホールセラーであれば、1本1本の旅のデザインと仕入により1冊のパンフレットを作成し、販売店にその商品の販売を依頼する。ここで重要なのは、1本1本のツアー内

容もさることながら、その1冊のパンフレットで、何人が出発し、平均単価がいくらで、計いくらの売上を達成できるかという収支管理である。それはおおむね収入率20%で商品を造成し、10%を販売店にコミッションとして還元し、10%を自社利益とし、その利益で全社員の給与が支払われ、販売店の利益も確保される充分な商品展開が成されているかという点である。その目標をクリアした商品が1冊のパンフレットとして造成されていく。販売人員、取扱いスケール、まさに、販売店を含め、会社全体の収支を担うことが企画となる。

　しかしながら、旅行の企画とは、旅行商品を造成するということだけには留まらない。それは、地域の振興やライフスタイルの変革など、旅行を通じて世の中を企画していくという社会的使命の遂行である。旅行素材は顧客自身でも手配することができるものもある中で、旅行業者は、旅行素材を旅行商品にするために、顧客にも世の中にも、旅行業者独自の付加価値を創出していかなければならない。旅行商品の造成によって、旅行の福祉的対応を促進していくことも、旅行業者の社会的使命なのである。

2-2　現状の取り組み状況

（1）旅行の福祉的対応の社会的概念

　観光庁は、ユニバーサルツーリズムを「すべての人が楽しめるよう創られた旅行であり、高齢や障がいなどの有無にかかわらず誰もが気兼ねなく参加できる旅行を目指している」と定義した。その対象者は高齢者や障がい者だけでなく、言葉や習慣の違いによる不自由さを抱える外国人、妊産婦や乳幼児連れ、ペット連れ等、ソフトのバリアを感じている人びとを含めたすべての人である。

表2-2　日本の将来人口予測

	総　人　口	65 歳以上	割　　合
2017 年	126,532 千人	35,163 千人	27.8%
2027 年（推計）	121,240 千人	36,840 千人	30.4%
2037 年（推計）	113,535 千人	38,391 千人	33.8%
2047 年（推計）	104,616 千人	38,894 千人	37.2%

（出典）国立社会保障・人口問題研究所　日本の将来推計人口（2017 年推計）より筆者作成

2017 年現在、日本の高齢者人口は総人口の 27.8％であり、さらに今後 20年では 33.8％と増加することが予想されている。

日本老年学会は 2017 年 1 月 5 日、現在は 65 歳以上と定義されている「高齢者」を 75 歳以上に見直すよう求める提言を発表した。医療の進展や生活環境の改善により、10 年前に比べ身体の働きや知的能力が 5〜10 歳は若返っていると判断したためである。内閣府の意識調査でも、65 歳以上を高齢者とすることに否定的な意見が大半で、男性は 70 歳以上、女性は 75 歳以上を高齢者とする回答が最多だったことも考慮したとしている。4 人に 1 人が高齢者という超高齢社会を迎えたわが国において、加齢に伴う身体機能の低下を含めた身体障がいへの対応が急務であることは疑いようがない。旅行における福祉的対応を促進していくことは国の命題である。高齢者や障がい者に配慮された地域は住民にとっても住みやすい地域となるためである。2020 年オリンピック・パラリンピック東京大会の開催に向け、ハード面だけでなく、ソフト面での取り組みが重要である。

亜細亜大学教授であった小林天心氏は、旅の力として、その五つの力を提唱した。旅は五感を刺激する転地療法とも言われる。つまり、旅そのものが健康促進剤と解釈できるのである。旅には、見知らぬ土地や旅先での新しい出会いによって、日常生活とは異なる環境から生じる課題を自ら克服することによって、積極的に自立的な活動を促進する効能があるとされている。旅には、人と社会を創造していく力（効能）があると考えられる。いままで旅行をするのをあきらめていた人に対しても旅行に行きやすい環境を整え、すべての人を対象とした旅行を促進していくことは、人と社会を創造していくことになるのである。

JTM バリアフリー研究所所長であった草薙威一郎氏は、「ユニバーサルひょうご 2006」第 14 回福祉のまちづくりセミナー記念講演「観光とユニバーサルデザイン〜魅力あるまちづくり〜」の冒頭で以下のように述べている。「自らの意思で旅をするのは人間だけ。誰もがともに生きるノーマライゼーションの考えを選んだのも人間だけ。TOURISM FOR ALL。誰でも自由にどこへでも。旅は感動、旅は生きる喜び、旅は文化、旅は人権。誰でも旅をしやすい社会は高度な文化社会。旅のしやすさは社会の到達度を図るバロメーターである」。そして観光のユニバーサルデザインによって果たされる五つの目標を提言した。

1 文化の力

各国や地域の歴史、自然、伝統、芸能、景観、生活などについて学び楽しみつつ、それらの発掘・育成・保存・振興に寄与する。

2 交流の力

国際あるいは地域間における相互理解、友好の促進を通じ、安全で平和な社会の実現に貢献する。

3 経済の力

旅行・観光産業の発展による雇用の拡大、地域や国の振興、貧困の削減、環境の整備・保全など、幅ひろい貢献ができる。

4 健康の力

日常からの離脱による新たな刺激や感動、遊・快・楽・癒しなどを通じ、からだや心の活力、再創造へのエネルギーを充たす。

5 教育の力

旅による自然や人とのふれあいを通じ、異文化への理解、やさしさや思いやり、家族の絆を深めるなど、人間形成の機会を広げる。

図 2-1 観光の五つの力

(出典) 小林 (2011)

表 2-3 旅の効能

1	普段できない新しい体験をすることで、新たな価値観や学びを得られる
2	旅先での出会い等が、新しい社会の側面を知る機会となり、社会の一員であると実感することができる
3	気持が上向き（前向き）となり、精神的需要量が大きくなる
4	意見を求められたり、自己責任が必要となる場合もあり、そのことが自信をつける機会となる
5	自身の行動を自らコントロールする（できる）機会になる
6	実施済の旅行のことを思い出して、人生を振り返る機会になる
7	「また行きたい」という気持ちが芽生え、次の旅に向けて新たな希望を持てる
8	介護予防、認知症予防に効果があるといわれている
9	旅のリハビリ効果（主に運動機能向上への影響）があるといわれている

(出典) 第54回バリアフリー推進勉強会・KNT-CT ホールディングス講演より筆者加筆。

40 第2章 旅行会社の取り組み

① 人間の尊厳（すべての人の人格を尊重し、ホスピタリティをもってあたたかく迎える社会）

② 安全と安心（安心して旅行できる社会づくりを進め、安全管理に務める社会）

③ 自立と単独（バリアフリー化を進めるとともに、マンパワーを整備し、個人が自立し希望すれば一人でも旅行できる社会）

④ 気ままと選択肢（個人の意思や状況によって色々選ぶ手段がある社会）

⑤ 幸福と文化社会（同等な社会参加を保障することで、すべての人が幸福を追求できる社会）

　ユニバーサルデザインは、「すべての年齢や能力の人びとに対し、可能な限り最大限に使いやすい製品や環境のデザイン」と説明され、米国の建築家で工業デザイナーであるロナルド・メイスが1998年に提唱した。ユニバーサルデザインは、デザイン対象を障がい者に限定せず、すべての人にとって利用できるものとする、すなわち共有を目指しており、バリアフリーからさらに発展した考え方に基づいているのである。日本のユニバーサルデザインはバリアフリーデザインが進化したものと考えてよい。

　川内（2001）は、「求められているものは、特別扱いでない方法でバリアをなくし、みんなが自由に使える環境を作ること。これがユニバーサルの考え方の原点であり、その実現がユニバーサルデザインと呼ばれるものである」。さらに川内は、「いつまでも高齢の人や障害のある人を社会的弱者と扱い、慈善や福祉の対象と考え、バリアフリーという言葉を使い、高齢の人や障害のある人の問題だと考えている限り、バリアの再生産を生む。ユニバーサルデザインはあの人たちのことを自分たちのことに。人ごとから自分のことへと、より多くの人を巻き込める考え方だからこそ、平等な社会参加を強く推し進める力を持っている」と結論づけている。

　旅の目的は一人ひとり異なるものである。旅は手段であり、その目的ではない。人はそれぞれ、その目的を適えるために旅に出る。日本では高齢や障がいについての話題は、常に医療とか介護とか福祉とかの話題とともに語られることが多い。しかし、医療や介護や福祉はそれ自体が生活の目標ではない。それらは、人が人として生き生きと、暮らすための下支えをするもので、その支えのもとで人が人らしい暮らしを営むことができる状況こそ、目指すべき社会である。つまり、ユニバーサルデザイン化された社会を成熟した社会と位置づ

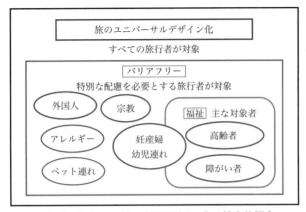

図 2-2　旅のユニバーサルデザイン化の社会的概念
(出典) 筆者作成

け、バリアフリー、福祉などはその目的を達成するための一手段と考えるということである。すべての人が老いとともに何らかの障がいを持つ。そして、その数が増えるという決まった未来がある以上、そこに生じる新たな課題を解決する役割が必要である。旅のユニバーサルデザイン化を図らなければならない。そのことが、社会を成熟させることにつながるのである。

「ユニバーサルデザイン化された社会の実現」その実現のためには、旅行分野においてもすべての人々がアクセスしやすい環境を整備することを促進し、個々の旅の目的を叶えていく、その成功事例の積み重ねとプロモーション活動の継続、その実践に他ならない。

（2）観光庁ユニバーサルツーリズム促進事業

旅のユニバーサルデザイン化の対象者は、高齢者や障がい者だけでない。その対象者は言葉や習慣の違いによる不自由さを抱える外国人や妊産婦、乳幼児連れを含めたすべての人が対象である。2008 年に発足した観光庁は、すべての人を対象にするという、ユニバーサルツーリズムの定義に即した促進事業の展開を実施している。

ここでは、ユニバーサルツーリズムを促進するために実施される観光庁促進事業の中でも、2018 年 3 月に発行された「高齢の方・障害のある方などをお迎えするための接遇マニュアル・旅行業編」に関し、その内容を考察する。このマニュアルには、現状旅行業者が取り組みきれていない、なすべき項目が列挙されている。

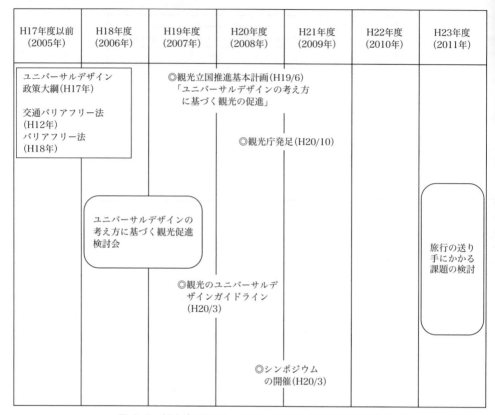

図2-3　観光庁ユニバーサルツーリズム促進事業の経緯

(出典) 観光庁ホームページ

　まず接遇とは、「お客様のニーズに"気づき"、理解と尊厳を尊重して対応すること、サービスを提供すること」と定義されている。高齢の方や障がいのある方にとってのバリアを取り除いていくには、施設などのハード面の整備だけでなく、コミュニケーションをとりながら、的確な支援・サービスをすることが重要である。そして、介助には正しい知識と技術が必要となるが、接遇は意識を変えることで、すぐ対応が可能であるとされている。

　接遇の心構え・ポイントとしては、①一人ひとりの尊厳を尊重する、②必要な支援をしっかりと確認して対応する、③できることはご本人に任せる、無理はしない、④施設や設備などの情報を発信する、という4点であり、マニュアルでは、シーンごとの接遇のポイントが記載されている。

2-2 現状の取り組み状況 **43**

H24年度 (2012年)	H25年度 (2013年)	H26年度 (2014年)	H27年度 (2015年)	H28年度 (2016年)	H29年度 (2017年)	H30年度 (2018年)
◎観光立国推進基本計画(H24/3) 「ユニバーサルツーリズムの促進」				◎障害者差別 解消法(H28/4) ◎ユニバーサルデザイン 2020行動計画 (H29/2)		◎バリアフ リー法改定 (H30/5)
旅行の着地 側にかかる 課題の検討	受入拠点の 強化 旅行商品の 供給促進に 向けた検討 旅行による 効用の検討	更なる受入 拠点の強化 旅行商品の 供給促進に 向けた検討 マーケティン グデータ整備 外国人旅行 者(高齢者、 障害者等) への対応検 討	受入拠点の 効果検証 旅行業者の 効果検証 ユニバーサ ルツーリズ ムの更なる 普及促進 乳幼児連れ 及び妊産婦 旅行促進	受入拠点の さらなる普 及と受入体 制強化手法 の検討 宿泊施設に おける情報 発信等のあ り方の検討	宿泊施設、 旅行業、観 光地域の接 遇マニュア ル作成と普 及の検討 宿泊施設に おけるバリ アフリー情 報発信の検 討	ユニバーサ ルツアー商 品化のため の実証事業 宿泊施設に おけるバリ アフリー情 報発信のた めのマニュ アル作成と 普及の検討
	◎シンポジウム の開催(H25/2)	◎シンポジウム の開催(H27/3)		◎シンポジウム の開催(H28/3)	◎セミナーの 開催(H30/3)	

[シーン1] **情報提供**

① ツアーに参加できるかどうかを自身で判断するための目安となるような
情報を提供することが望ましい。

・ツアーの特徴や身体への負担の程度などの情報提供を行う。

・文字の大きさや表現の分かりやすさ、写真など視覚的に確認できる情
報提供を行う。

・訪問先にバリアフリー旅行相談窓口がある場合には事前に相談、連携
を図る。

② ツアー情報を発信するパンフレットなどの媒体には「特別な配慮が必要
な方は事前にお申し出ください」といった案内を明確に提示する。

44 第2章　旅行会社の取り組み

・パンフレット記載例

> 心身の障害またはアレルギーを含む病気やけがのあるお客様は、旅行の申込み
> の際に、その旨をお知らせください（旅行契約成立後これらの状態になった場
> 合も直にお申し出ください）。当社は可能かつ合理的な範囲内でこれに応じま
> す。お客様からのお申し出に基づき、当社がお客様のために講じた特別な措置
> に要する費用は、原則としてお客様のご負担になります。なお、添乗員・ガイ
> ドは、参加者全員の旅程を管理するために同行させていただきます。旅行の安
> 全かつ円滑な実施のために、介助をしていただく方の同行をお願いする場合や
> ご負担の少ない他の旅行をおすすめする場合があります。ただし、同行者の状
> 況やご希望コースの旅行日程内容の状況により、ご参加をお断りする場合もあ
> ります。また、参加中の旅行の継続に耐えられないと認められるときは旅行契
> 約を解除いたします。

シーン2　申込み・相談

① 問合せの手段や、窓口でのコミュニケーション手段は、顧客が選択でき
るよう複数の手段を確保する。
   ・問合せの場合、メールや電話など、窓口には筆談具やコミュニケー
　ションボードなどを用意する。
② 店舗の入口などは、可能な限りアクセス性を確保する。
   ・入口から窓口までの動線上に展示物を置かない、パンフレットラック
　などは可動式にする。
③ コミュニケーションをとるときは、相手のペースに合わせ、情報をゆっ
くりと分かりやすく、簡潔に伝えることを心がける。
   ・情報が伝わっていないと感じたときは、繰り返し、表現を変えたり、
　例えば、口頭だけでなく視覚的に確認できる情報を提供したりする。
④ ツアーに参加できるかどうかを自身で判断できるように、ツアーの行程
や訪問先、宿泊先、移動手段などの詳細な情報を提供する。
   ・特に通常ツアーへの参加希望の場合の対応が必要となる。
   ・交通機関の種類や移動時間、施設へのアクセス、段差やトイレや休憩
　場所の有無などの情報提供を行う。
⑤ 必要な範囲でプライバシーに配慮しつつ、障害の程度や心身の状況など
を聞くことは差別ではない。しっかりと顧客の状況を聞き、必要な対応を
事前に確認することが大切。

・事前チェックシート等を活用し必要となる情報を把握する（本人に確認せず勝手に判断してはいけない）。

　　・特別な配慮に生じる費用は顧客自身が負担すること、現地での添乗員等の役割はツアー全体の旅程管理で介助はできないことを理解してもらう。

　　・希望するツアーへの参加が難しい場合には、その理由を具体的に説明する。

⑥　障害の程度や心身の状態などの情報は本人の承諾を得たうえで、ツアーで利用する交通機関や施設と共有し、事前に対応可否を確認する。

　　・航空機の利用条件（車いす使用の場合事前手続きなど）。

　　・宿泊施設の設備の利用可否（車いす使用の場合、客室の浴槽やトイレの使用可否など）。

　　・特別な食事の手配（食物アレルギー対応やきざみ食などの提供可否）。

⑦　ツアーや契約の内容など大切な情報は口頭で伝えるだけでなく、契約書面に下線を引いたり、メモにして渡したりすることが大切。

⑧　視覚障害の方の対応中に、一旦席を離れる場合は、その旨を伝えてから行動する。

　　・席を離れたことに気づかず話し続けてしまうことを回避する。

⑨　旅行代金の支払いの際は、金額がわかりやすいように、顧客の状況に応じた配慮を心がける。

　　・状況に応じ、紙に金額を書いて提示したり、金額を読み上げながら伝えたりするなどの配慮が必要となる。

シーン3　ツアー催行時

①　介助者がいる場合でも、本人に声かけを行う。

　　・介助者の方ではなく、旅行をしている本人とのコミュニケーションを図る。

②　ツアー中に訪問する施設などのバリアフリー情報を事前に把握し、必要に応じて顧客に提供するなどの配慮を心がける。

　　・移動ルート周辺にエレベーターやスロープがある場合は、その場所やルートの情報を提供する。また、エレベーター利用などによって一時的に離団する場合の集合・合流場所を確認する。

　　・トイレや休憩場所、待機場所などの情報提供を行う。

46　第2章　旅行会社の取り組み

　　　・交通の座席位置などへの配慮を行う。
③　集合時間や集合場所、注意事項など大切な情報は口頭で伝えるだけでなく、メモにして渡すなどの配慮が必要。
④　ツアーに同行する添乗員・ガイドの役割は、参加者全員の旅程管理である。顧客の介助は基本的に介助者に任せる。
　　　・医学的・専門的知識を必要としない簡単なサポートに関しては、可能であれば実施する。

| シーン4 | 緊急時・非常時の対応 |

①　地震や火災発生時など緊急時・非常時には、高齢の方や障害のある方は、情報伝達や避難の遅れが想定される。
②　ツアー中に地震や火災などの災害が発生した場合を想定し、あらかじめ避難・誘導する際の「支援の必要性と方法」、「連絡手段」などを、関係機関や施設と確認することが求められる。
③　顧客の安全・安心を確保するには、事前の想定と準備、心構えが大切となる。

　2018（平成30）年3月、この接遇マニュアル発行にあたり、観光庁は以下のように記している。

　「本マニュアルは、高齢の方や障害のある方などをお迎えするための取り組みの第一歩につながる、基礎的な内容を整理している。現場での対応や人材育成の場面において、本マニュアルを積極的に活用し、誰もが安心して旅行を楽しむことができる環境づくりの促進につながることを期待する。」

（3）旅のユニバーサルデザイン化に関する市場性と観光関連事業者の役割

　Darcy & Dickson（2009）はアクセシブルツーリズム（誰もが楽しめる旅行）を以下の様に定義している。

　アクセシブルツーリズムとは、「ユニバーサルな形でデザインされた旅行商品やサービス、環境を提供することで、運動、視覚、聴覚、認知面でアクセス補助を必要とする人が、独立して、そして公平さと尊厳を持って機能できるようすることである。この定義には、ベビーカーに乗るような年齢の子どもを連れた旅行者、障がい者、そして高齢者を含むすべての人が含まれる」としている。そして、Darcyは、アクセシブルツーリズムは、単一の構成概念というよりは、目的地の地域内に存在する一連の社会ネットワークを介し、企業体を超

えて広がる、相関的、重複的、相互依存的な事業協定の重要な一側面を構成するものであることが明らかとなった、としている。つまり、アクセシブルツーリズムを通じて、企業、地域社会がより良い環境を作り出すことによって、優れた生活の質を提供する社会的に持続可能な地域社会が作り出されるのである。

Alen（2012）は、その市場規模を観光市場の新たな機会として提言している。

「高齢者と障がい者の潜在的な市場は参考文献により様々だが、私たちがまとめたデータによれば、対象となる人口は世界的に見て13億〜16億人、欧州で1億3,500万人、スペインで1,000万人となる。当然、健康面、経済面などの制約から、こうした人たち全員が旅行に出かけられるわけではないが、アクセシビリティの受益者から生み出される欧州の潜在的な観光収入は同伴者の数により、830億から1,660億ユーロにのぼることがデータで示されている」

Bowtell（2015）は、その研究により当該市場の魅力に関して以下の様に整理、分析している。そして、この研究は日本市場にもそのまま該当するものと思われる。

① 障がい者は貧乏であるという通説は間違いであることが研究によって証明されており、障がいのある旅行者は健常な旅行者よりも1日当たりの支出額が大きい傾向にある。

② 障がいのある旅行者の旅行支出額は可処分所得によって変動するが、可処分所得が低い人ほど、貯金をし、それを旅行に費やす傾向がある。

③ 障がいのある旅行者は旅行に出かけるために進んでより多くの貯金をし、旅行中により多くの額を支出するが、それを使う場所の選択肢や、そうした選択肢の包括性は深刻なほど欠如している。

④ 適切な施設が提供され、一貫してマーケティングが行われれば、障がいのある消費者が追加的に支出する額は相当な額となる。

⑤ UKレポートの統計（2010）から、以下のことが当てはまる。

　・自分たちのニーズに合った観光施設を見つけると、常連客になる。

　・平均よりも長い休暇を取る傾向がある。

　・介護人や家族、友人を連れている場合が多く、単独で旅行をしない傾向にある。50％以上が配偶者と、20％が子供と、21〜25％が友人と旅行をしている。

48 第2章 旅行会社の取り組み

⑥ 障がいのある旅行者が旅行に出かける季節は、身体的に健常な旅行者とは異なる。障がいのある旅行者は適切な目的地を選ぶと、自分たちが休暇を取る時期として閑散期を選択し、人混みを避ける傾向がある。

障がい者が旅行に行く機会は限られてしまう。試しにとか、ダメ元でという機会も限られる。よって、失敗をしたくない、満足したい、いい待遇を受けたい、という意識が更に働くのであろう。そのことによって、通常よりも高い旅行代金をかけることは想定できる。また、旅行の機会が少ないことにより、新たな旅行地で失敗をしたくないという理由から、気に入るとリピーターになる。観光事業者からみれば、同行者により旅行人員が増え、オフシーズンに旅行をしてくれる大きな市場と捉えることができる。

Bowtellは、アクセシブルツーリズムを推進し、障壁を取り除くために適切な措置を取るのは国の責務である、としたが一方で、市場に最も大きな供給力を持つのは、結局のところ世界的企業の流通チャンネルであるため、主要な旅行・レジャー関連企業はこうした戦略的取り組みを実施するうえで大きな影響力を持つ、と提言している。それは、主要な旅行・レジャー関連企業、とりわけ世界的に事業を展開する企業や、取り扱っている目的地において現地の専門知識を持つ企業には、包括的な、いわゆる「ワンストップ・ショップ」的なソリューションを提供するという特徴があるからで、旅行・観光業界が態度面、社会面、物理面、情報面の障壁を取り除くための戦略を立て、実施することが必要不可欠であるからである。そして、アクセシブルツーリズムを実現させるには、観光業界のすべてのセクターを体系化することが重要になる。それは、見込みの段階から企画、目的地への移動、現地での体験、帰路まで、旅行のあらゆる段階が関連してくるからである。

市場の存在を証明すれば、観光関連事業者の意識は向上する。だが、旅行・

表2-4 アクセシブルツーリズムの市場特性（潜在的観光収入）

	観光関連事業者からみた市場の魅力
1	健常者よりも1日あたりの旅行にかける支出額が大きい
2	気に入るとリピーターになる
3	旅行期間が長い
4	介護人や家族が同行し、1人では旅行をしない
5	オフシーズンを選択するケースが多い

(出典) Bowtell (2015) より筆者作成

レジャー関連企業は常に次の成長機会を探しているものの、アクセシブルツーリズム市場が本当の意味で軌道に乗るまでは、大手企業がまず明確な第一歩を踏み出す必要がある。それには、意識の向上、教育、法整備、パートナーシップ、そしてユニバーサルデザインに投資を行う決意を実際に組み合わせ、実行していかなければならない。それが、旅行・レジャー業界の企業が飛躍し、魅力的なアクセシブルツーリズム業界から恩恵を受けるための出発点を提供することにもつながるだろう。

　観光産業は季節や曜日により需要が変動する産業である。繁忙期以外の旅行を一層促すことは、季節性に左右されない観光が収入向上に貢献し、年間を通してインフラストラクチャーの利用を促し、観光地を後押しすると同時に、何より雇用の創出にもつながる。こうした層はニッチ市場ではなく、アクセシビリティに関連する商品やサービスを向上させることで既存の市場を拡大し、企業が観光商品の質と競争性を高めながらマーケットポテンシャルや企業イメージを高めていくべきものである。

　Darcy & Dickson（2009）も、観光関連事業者との関係を提言している。その地ならではという魅力に基づいてアクセシブル体験を開発するには、各種情報提供と目的地のマーケティングを統合したデスティネーションマネジメントが必要である。こうしたアクセシブル（誰もが楽しめる）な旅行体験開発のキーパーソンは、ビジネスの機会を十分に理解し、すべての人がアクセスできるような、そして、本質として社会的に持続可能なものとなるような体験を創出したいと考える個々の観光関連事業者である、と提言し、そのことがホールオブライフ、つまり生涯を通した観光の実現につながるのである、と結論づけている。

　以上のように、旅のユニバーサルデザイン化に係る市場特性やその潜在的観光収入、将来的に安定した顧客を確保することができる観光関連事業者のメリットや意義が研究により明らかとなっている。そして、さらなる福祉的対応を促進し生涯を通した観光を実現させるのは、観光関連事業者の事業そのものに他ならないと考えられる。

（4）旅行業者各社の取り組み状況 ───────────

　旅行業者等のみを社員（会員）とする一般社団法人である日本旅行業協会（JATA）には、2016年7月15日現在で1,168社が正会員として登録されている。JATAのホームページより、「バリアフリー旅行問合せ先一覧（JATA会

50 第2章 旅行会社の取り組み

員各社）」を検索してみると、その一覧には全20社の旅行業者（2018年9月26日現在）が紹介されており、うち国内旅行を取り扱う旅行業者は15社掲載されている。

　下記の表2-5には、大手・中堅旅行会社も掲載されているが、15社のうち11社が、所在地が東京の旅行業者であり、バリアフリーな旅行を求める人びとにとって、日本の旅行業界はまだまだ狭き門と言わざるを得ない。しかしながら、問題は単に所在地が東京に集中している、ということだけに留まらない。それは、個々の事情に配慮した商品が提供できているかどうか、という点である。

　2015（平成27）年度、観光庁観光産業課「ユニバーサルツーリズム促進事業報告書」には、旅行業者調査が記載されている。その報告書には、旅行業者が福祉的対応への今後の取り組む課題が何であるか、ということが旅行業者へのアンケートにより、明らかにされている。いくつかある課題のなかでも、最も重要な課題となっていることに対する回答は以下のとおりである。

　事故などのリスクが大きい。つまりクレームと責任に対する不安が、旅行業

表2-5　バリアフリー旅行問合せ先一覧（JATA 会員各社）

	会　社　名	相談窓口住所	相談窓口
1	ウェブトラベル	東京都港区	バリアフリーツアーデスク
2	エイチ・アイ・エス	東京都渋谷区	ユニバーサルツーリズムデスク
3	ANA セールス	東京都中央区	おからだの不自由なお客様の旅行相談デスク
4	エス・ピー・アイ　あ・える倶楽部	東京都渋谷区	トラベルヘルパーサービス担当
5	小田急トラベル	東京都渋谷区	外販営業部新宿販売センター
6	介護トラベル	東京都西東京市	東京営業所
7	クラブツーリズム	東京都新宿区	ユニバーサルデザイン旅行センター
8	JTB	東京都千代田区	虎ノ門第五事業部「メディカルデスク」
9	昭和観光社	広島県東広島市	心の翼ツアーセンター
10	タビックスジャパン	東京都町田市	町田支店
11	チックトラベルセンター	愛知県名古屋市	ハート TO ハート
12	トラベルケア	東京都国分寺市	本社営業所
13	阪急交通社	大阪府大阪市	大阪団体支店阪神航空営業課
14	名鉄観光サービス	愛知県名古屋市	旅サポートセンター
15	ワキタ・ワールド	東京都小金井市	

（出典）JATA ホームページより筆者抜粋加筆

者が福祉的対応に取り組めない最大要因となる。旅行業者は、福祉的対応は「事故などのリスクが大きい」と考えているのである。

　利益が少ないといっても、もとからの労働集約型産業であり、ノウハウは経験を重ねることによって得られるものである。つまり、旅行業者のこの「リスク」という意識が払拭されない限り、福祉的対応が促進されることは困難であると言わざるを得ない。

　このことは、先行研究でも明らかになっている。Bowtellは、観光産業が障がい者や高齢者を旅行市場の一部として、組み込みきれてはいないその主な障壁となるのは、観光関連事業者の意識の欠如であり、現在の中核顧客層が、障がい者という層から外れていることが原因であると考えられる、と分析している。また、Darcy & Dicksonも、観光関連事業者の行動変革を提言している。

　観光は市民の権利であり、観光産業は障がい者や高齢者を旅行市場の一部として組み入れていく必要がある。法規制の適用は一つの手段だが、最も直接的な方法は、法的要件や計画立案に関する要件にかかわらず、市場の潜在性を見て、ユニバーサルデザインの原則を適用する観光関連事業者の観点や行動の変革である。

　旅行の福祉的対応を促進していくには、観光関連事業である旅行業者の意識

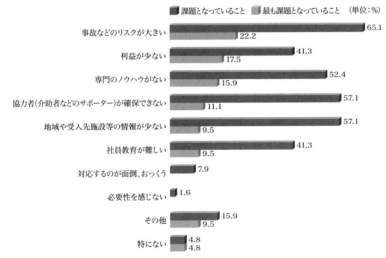

図2-4　旅行業者の取り組みにおいての課題

(出典) 観光庁 (2015)

52 第2章　旅行会社の取り組み

的な取り組みが必要である。高齢者マーケットは現在の旅行業界では中心的な
マーケットである。しかしながら、その高齢者マーケットも、加齢による身体
の変化で何らかの不自由のある顧客が増え続けていくという現実がある。

　現在の中核顧客層の変化に対応するためにも、旅行業者の更なる意識改革が
必要である。

2-3　バリアフリー旅行の取り扱い事例

　ここでは、存在するマーケットとして、所在地が東京にあり、バリアフリー
旅行に特化した旅行業者にインタビュー調査を試み、その取り組み状況やリス
ク回避に対する項目を中心にその業務実態を明らかにしていくこととする。

　インタビューの結果、各社に共通して言えることは、

①　ノウハウが蓄積され、それらが実践されている。

②　無理はしない、断ることもある。

③　事前準備を怠らない。

という3点であった。

（1）募集型企画旅行　H.I.S. ――――――――――――――――――

　H.I.S. は2002年にユニバーサルツーリズムデスク（旧バリアフリーデスク）
を立ち上げ、肢体不自由、聴覚障がいなど、障がいのある人や高齢者などに介
護旅行やオーダーメイド旅行などの幅広いラインナップで旅行商品を提供して
いる。中でも、特化している事業が、添乗員同行の募集型企画旅行である。車
いすや杖を利用した歩行や体力に不安のある顧客向けの「バリアフリーたびの
わ」と、聴覚に障がいのある顧客が対象である「しゅわ旅なかま」のオリジナ
ルブランド商品が該当商品である。

　2014（平成26）年、観光庁が実施したユニバーサルツーリズムの普及・促
進に関する調査「旅行商品の供給促進に向けた検討」にて、ユニバーサルツー
リズムの取り組みを進めるための体制整備の中で、旅行業者によるその商品化
が観光庁より提言されている。

　提言には、社内の方針・体制に応じた旅行商品の造成として、

①　一般の旅行商品への参加が困難になる高齢者等を対象とした商品。

②　サポート（介助）を必要としない軽度の障がい者を対象とした商品。

③　必要に応じてサポート（介助）を行う障がい者を対象とした商品。

図 2-5　H.I.S 募集型企画旅行パンフレット

④　サポート（介助）、介護や医療的対応を伴う障がい者を対象とした商品。
という4項目が示され旅行業者各社の商品の拡充が求められている。

「バリアフリーたびのわ」「しゅわ旅なかま」は、「必要に応じてサポート（介助）を行う商品」に属するユニバーサルツーリズムに対応した商品例であると言える。

「バリアフリーたびのわ」のツアーパンフレットは、オールカラー全52ページで構成され、海外20コース・国内18コースが掲載されている。顧客層が限定され、他の旅行業者では販売されてはいないが、その体裁はホールセラー商品のような仕様で制作されている。そのことは、この商品が1セクションではなく会社として取り組んでいる商品であるという安心感を顧客に与える効果があると考えられ、まさにバリアフリー募集型企画旅行の、旅行業界を代表する商品であるといえよう。

その特徴は以下のようなものである。

①　たびのわ添乗員　車いすの介助トレーニングなど、研修を受けた男性添乗員が、旅行に同行するだけでなく、バスの乗り降り、観光中の車いす介助、食事の取り分けなど、一般的な旅程管理を行う添乗員とは異なる業務を行っている。ハワイのツアーでは水陸両用車いすで海水浴も案内する。現在は、社員3名と専属添乗員4名の計7名で業務を遂行している。

② 旅行介助ボランティア制度　車いすの介助や着替え、入浴サポートなど、特定顧客に専任のスタッフが集合から解散までお世話する制度である。該当スタッフは通常福祉の仕事に従事しており、この制度によって、同行する介助者がいなくてもツアー参加が可能となった。

③ 無理のない行程と連泊が基本のコース設定。

④ 大半のツアーが4〜10名と少人数でのツアー催行。

⑤ バリアフリールームの優先利用・車いすのレンタル。

⑥ 国内はもとより、海外でもリフト付き車両を利用するコース有。

⑦ お伺い書（ひらそるシート）の提出　健康状態や車いすのサイズなど、どんなサポートが必要かをヒアリングし、手配をすすめていく。事前のヒアリング調査による安全対策と言える。

⑧ 写真データをプレゼント　同行する添乗員が記念写真を撮影することによって、思う存分自身の旅の目的を達成することに専念できる。

⑨ 旅の実況中継　同行添乗員がSNSのTwitterを使って現地旅行先から旅の様子を発信する。そのことで、留守宅での不安が解消される。

⑩ 添乗員が持つ備品　空気入れ、シャワーチェア、シャワーマット、車いす用レインコート、紙パンツなど、一般的なツアーでは持たない備品を持参し快適な旅を遂行する。

「バリアフリーたびのわ」の人気コースは、海外ではやはりハワイ、国内では上高地・奄美大島・京都・四国お遍路などである。京都と聞くと寺院が多く観光が困難なのでは、との先入観をいだかれる。例えば清水寺は坂道が多く観光には不向きではというイメージがある。ところが、清水寺には別ルートによるアクセスが幾重にも設定されている。そのようなノウハウと事前調査を経て造成され提供されているこの商品は、年間海外・国内併せて60〜70本ものツアーが催行されており、その参加顧客の旅の目的を適えていることとなる。

また、聴覚に障がいのある人が対象である「しゅわ旅なかま」という募集型企画旅行が存在することもH.I.S.ユニバーサルツーリズムデスクの特筆すべき点である。聴覚障がい者の旅行には様々な不安や不満が存在する。それは聴覚障がい者が、何が不自由なのかが見た目では判断できないためである。行動に制限はないが、情報がない・音声がない、その状態での旅行実施となるからである。

情報アクセシビリティとは、情報を望む形で簡単に入手できることである。

2-3 バリアフリー旅行の取り扱い事例 55

H.I.S. ユニバーサルツーリズムデスクでは、問合せから出発まで、手話または筆談対応スタッフが専属担当者として、そのサポートをする。そして、「しゅわ旅なかま」は手話のできる専任添乗員が同行することで、旅行中の情報保証を行っている。

　募集型企画旅行に参加することは結果、金額が抑えられることになるが、効果はそれだけではない。つまり、完全オーダーメイドではなく、既存の募集型企画旅行が存在するということは、特別すぎない旅の機会が常に提供されてい

表 2-6　聴覚障がい者旅行の不安要素（アンケート調査心の声より）

1	寝過ごさないか不安	・朝、起きられるか ・新幹線でウトウト ・バス休憩時間が終わる間際に目が覚めた ・フライト中のドリンクサービスを抜かされてしまった
2	災害に遭遇したら	・地震は気がつくけど、火事の時は気がつかないかもしれない ・アナウンスは聞こえない ・聞こえないこと、フロントにいうべきであろうか
3	ガイドさんの話が聞きたい	・みんな右側の窓を見ている（何があるのかな） ・マイクで口が読めない ・休憩するのですね（休憩は何分までかな）
4	字幕がない	・観光地の紹介映像、機内での映画、美術館の映像（日本語字幕がない） ・日本語テキストがない ・ホテルの TV リモコンに字幕ボタンがない
5	説明が口頭だとわかったフリをしてしまう	・フロント窓口での説明（たぶんどこかに書いてある） ・仲居さんの館内案内（後でパンフレットを見よう） ・レストランでの料理の説明（魚なのはわかる） ・レンタカー窓口で保険の説明（眠い） ・観光ボランティアガイドの説明（すいません聞こえないんです）
6	はぐれないか	・土産を買って店をでたら誰もいない ・次にいきます、の声が聞こえない ・団体行動をとらないんじゃない（周りが自分からはぐれるんだ） ・はぐれると精神的に落ち込む
7	その他	・ルームサービスを頼んだことがない ・タクシーを呼びたい ・部屋に届けるっていったけど（仕方ない、廊下で待とう）

（出典）東京都中途失聴難聴者協会福祉対策部調査より筆者作成

るということである。自身が参加できるツアーの受け皿があるということは精神的充足につながる。その社会的意義は大きいと考える。

（2）受注型企画旅行　トラベルケア ━━━━━━━━━━━━━

　トラベルケアは 2005 年に創業され、顧客に合わせた手作り旅行を提供するため介護タクシーの認可を受け、介護付個人旅行を実施している旅行業者である。上野淳二社長以下、社員は 5 名、全社員介護ヘルパーの資格と自動車二種免許を取得している。介護タクシーは 2 台所有し、日帰りや 1 泊旅行に対応し、その稼働率は 70％を超える。上野氏は京王観光の出身者であり、「旅行のノウハウに加え、介護のノウハウで介護旅行が成立する」と説いている。

　「介護旅行は旅行であって介護そのものではない。旅には目的がある。トイレ、入浴、食事、就寝させることだけが旅ではない。例えば雨が降る。無理に行程通りに進めることが、良いのではない。日程を入れ替えても旅程を管理する発想が大切である。旅行の質の向上が結果、介護の負担を軽くする。介護からの旅行ではなく、旅行からの介護が商品となる。募集型企画旅行は旅行業者が提案する旅行である。その提案に合わない人たちの旅行に、募集は考えられない。私が担当です。ご一緒いたします、の一言で旅行商品としての安心感が創出されるのである」例えば 3 泊 4 日九州旅行であれば、顧客 1 名にヘルパー 1 名と上野氏を含め、計 3 名で実施した場合の旅行代金は 70 万円程度、航空機を利用した国内旅行は月 2 本ほど、海外ツアーは年 1 本あるかないかだという。国内で航空機利用であれば、顧客が J クラスを利用するのであれば、近くにいなければならないため、3 席とも J クラスを利用する。航空券は変更・取消に対応するため、運賃は普通運賃を利用する。変更・取消が困難な早割などは利用できない。現地での移動は公共交通機関がほぼ使えないので現地タクシーを利用する。また、現地でのバリアフリー情報は、各機関に問い合わせるより、介護タクシー協会のドライバーからの生の情報が有益である。

　そして、旅行の契約形態は受注型企画旅行契約を締結する。見積りは、顧客の宿泊・ヘルパーの宿泊・日当・タクシーなどの貸切り等、項目ごとにブレイクダウンをして提示する。旅行代金が高額な理由をその内容から説明する。安価にするためにボランティアは頼まない。お金がかからないところに責任は発生しないからである。また、親戚一同 10〜20 名の場合でもバス 1 台ではなく、タクシー 3 台とかに分乗することを提案する。それぞれのペース配分を重視し、旅行の質を確保するためである。

会社としての責任の対応の仕方に関しては、保険加入などはもちろんのこと、大切なのはヘルパーのモチベーション維持による旅行の質の確保である。会社としてヘルパー個人が訴えられることは避けたい。トラベルケアでは裁判などになった場合、効果はないだろうと推察しながらも、一応顧客から、万が一の場合の念書を貰っている。それは、ヘルパーと顧客との確認事項として有益であるという。そして、何よりも、無理なツアーは行わないこと。創業以来、幸い大きな怪我、事故には見まわれていない。もし、事故ばかりを気にするのなら、介護施設での責任はどうとればいいのか、と上野氏は説いている。

（3）手配旅行1　介護トラベル ──────────

丸直実代表取締役は介護の現場を10年間経験し、「思い出の地にもう一度いってみたい」「ゆっくり温泉に入りたい」「故郷のお墓参りがしたい」など、多くの声が聞かれたことで、2015年に第三種旅行業を登録し、介護トラベルを設立、3年が経過している。一般乗用旅客自動車運送事業も営み、日本旅行介護士協会の会員である。日本旅行介護士協会とは、全国各地の介護旅行、及び周辺事業に関わる事業者が連携し、2016年に設立された一般社団法人である。

「とにかく楽しい」と一人で、年中無休で活躍をされている。旅行の契約形態は、手配旅行契約を締結する。すべて自身が同行し、「丸さんと一緒だったら」というリピーターを獲得し、見積りに違和感をいだかれたことはない。大きなクレームや事故に遭遇したことはないが、そこは常に対策を講じている。リスク管理には、保険の加入はもちろんのこと、大切なのは事前準備である。準備には、主治医や家族の方の情報、施設での様子や、診断書のチェック、常備薬の準備、などは通常であり、そして、費用はかかるが、自身が下見にいくことを提案する。航空や鉄道を利用した旅行はあまりなく、介護タクシーを利用した、日帰りや1泊旅行が主であるとのこと。顧客はリピーターや口コミ、さらに、介護施設などに営業にもいく。また、時代のかかった古い写真を預かり、オリジナルミニ写真集を作成することも事業としている。

以上のことから、事前準備もさることながら、介護トラベル最大のリスク管理は、丸社長が丸社長の顧客に同行することと考えられる。「御社ならではの、企画・サービスは」、の問いに対し、「とにかくお客様を楽しませること。移動中の車内でも、常に会話は途切らせません」との回答である。顧客との信頼関係、担当者の人間性がベースであることが窺える。

（4）手配旅行2　エス・ピー・アイ　あ・える倶楽部 ─────

　代表取締役である篠塚恭一氏は業界でこの分野の先駆者である。大手旅行会社で添乗員を務め、1991年に添乗員派遣会社SPIを設立した。1995年からトラベルヘルパー（外出支援専門員）の育成事業を、そして1998年に、あ・える倶楽部、シニアトラベルエンターテイメント事業を開始した。2006年にはNPO法人「日本トラベルヘルパー協会」を設立し、旅の専門知識に加え、介護や看護の技術と経験を身につけた人材育成に取り組んでいる。そのトラベルヘルパーは2016年6月現在で全国に約800名が誕生し、地方（旅行地）からの利用も可能である。あ・える倶楽部は、トラベルヘルパーの派遣事業に加え、登録旅行業者として完全オーダーメイドの介護旅行サービス事業を展開している。

　社員数は6名、年間の取り扱い人員は、お墓参りなどの日帰り旅行を含め、1,000名ほどであり、手配旅行契約を主にして旅行を取り扱っている。

　サービスを引き受けるにあたっては、

①　旅行に出かけたいという本人の意思があり、それが確認できること。

②　ご家族など、本人の日常生活の様子がわかる方の同意があること。

③　疾患や治療中の病気のある方は、医師の認可があること。

という3点が申込時の条件として明文化されている。この3点がクリアされることで、まず一定のリスクが回避できると考える。さらに、

①　介護旅行のスペシャリスト、トラベルヘルパーが同行すること。

②　全国に800名のトラベルヘルパーが登録しているため、予定していたトラベルヘルパーが急きょ同行できなくなった場合など、緊急時のバックアップ体制が整えられていること。

③　顧客の旅行保険はもちろんのこと、トラベルヘルパーの賠償責任保険も加入し、顧客とトラベルヘルパー両者の安心を担保していること。

などで、旅の安心・安全を謳っている。

　筆者の経験より、通常の旅行商品でのクレームは、添乗員同行とそうでない場合、同行していない旅行商品の方が、圧倒的に多い。それは、不安・不満を感じたとき、自身の身になって考え対処してくれるスタッフがその場に存在するか、しないかの差であると考えられる。現地係員でも、とにかく自身の思いを聞いてくれるだけでも違う。誰にも相談できず旅行を終えてしまうことによって、そのときの感情が終了後、さらに増長されてしまうのであろう。顧客

にとって、ツアー前に直前の身体状況、ここ数日の体調、嗜好、薬の飲み方、睡眠やトイレの状況を周知したトラベルヘルパーが同行することが、いかに安心かが、理解できる。トラベルヘルパーは、エースJTB「身体（からだ）にやさしい宿（エースJTB厳選のバリアフリーの宿）」のパンフレットに紹介されるまでに至った。パンフレットには、観光・お風呂・街歩きなど、お身体に合わせ必要な介助を旅先で行い、楽しい旅行のお手伝いをします、とトラベルヘルパーが紹介されている。

篠塚氏は、「事前のメディカルチェックを万全に行うことに尽きる。保険はあくまで補完にすぎない。このことが、事故安全対策の根幹である」と説いている。

（5）JTBにおける事例

JTBグループは、2012年に創立100周年を迎えたのを契機に、「感動のそばに、いつも。Perfect moments, always」というブランドスローガンを実現するため、「年齢、性別、国籍、障がいの有無などにかかわらず、お客様が安心してご利用いただける旅行会社」を目指して、「ユニバーサルツーリズム」の取り組みをスタートした。2012年より取り組みを推進している全社ユニバーサルツーリズム担当マネージャーの関裕之氏は、「少子超高齢化やグローバル化が急速に進む日本社会において、旅をするうえで、何らかの不自由（例えば、移動やコミュニケーション、外見ではわからない不自由など）を抱える方が増えています。そこで、特定の障がいに限らず、様々な配慮が必要なお客様に対応するため、以前は『ソレイユ』といったバリアフリー専用商品を造成していましたが、それらを取りやめ、既存の国内旅行商品『エースJTB』、海外旅行商品『ルックJTB』等をベースとしたサービス提供を目指しています」と語る。特定のバリアフリー専用商品にすると日程やコースが限られてしまうため、一般商品の中で顧客のニーズに応じてアレンジやサービスを加えることで、その選択肢の幅を広げて多様な顧客に対応している。JTBグループは、特定の店舗が一定のノウハウを持つだけでなく、全国の店舗で全社員が、様々な顧客に対して基本的な対応ができることを目指している。

前述したように、2014（平成26）年度、観光庁観光産業課「ユニバーサルツーリズム促進事業報告書」には、旅行業者調査が記載され、旅行業者がユニバーサルツーリズムへの今後の取組み課題が何であるかということを旅行業者へのアンケートにより明らかにされている。その結果、事故などのリスクが大

きい、つまりクレームと責任に対する不安が、旅行業者のユニバーサルツーリズムに取り組めない最大要因となっている。したがって、旅行業者のこの「リスク」という意識が払拭されない限り、ユニバーサルツーリズムが促進されることはないのである。

　JTBグループは、このリスクという意識の克服を、全社で対応している。以下、JTBグループのユニバーサルツーリズムの具体的取り組みを考察する。

① 全社員に社員教育向けの、「JTBグループユニバーサルツーリズムガイドブック」を配布し、様々な障がいの特性と、基本的な対応に関する理解を促進し、社員の接客力、アレンジ力の向上を図っている。

② 全社員を対象に「障害者差別解消法」の理解促進を目的としたe-ラーニングを毎年実施している。

③ 顧客の障がいの状況や必要な配慮・要望の正確な把握、社内で必要な情報の共有、顧客に必要な情報やサービスの提供を行うために全社統一のヒアリングシステムを導入している。

④ 社内に「ユニバーサルツーリズム・ヘルプデスク」を設置して、グループ全体の相談・サポートを行うとともに、そこで現場のニーズを把握して必要なガイドラインや関連情報の整備、事例の共有を図っている。

⑤ 代表的なユニバーサルツーリズム商品の紹介

・**エースJTB「赤ちゃん歓迎の宿」**
赤ちゃんの急な体調不良で当日キャンセルをしても取消料がかからない、というのが最大のポイントである。取り消し申出日を含む10日以内に同じ宿泊施設での旅行を実施することが条件であり、赤ちゃんと旅行をするうえでの不安を解消するブランドとなっている。またこの商品にはミキハウス子育て総研の、設備などのハード面に接客やサービスメニューなどのソフト面において100項目中70項目以上という認定基準を満たした宿泊施

図2-6　JTB募集型企画旅行パンフレット

設に付与される「ウェルカムベビーのお宿」という認定マークが付与された施設が 20 施設中 13 施設掲載されている。

- **ルック JTB ハワイの低床バス「'OLI'OLI ウォーカー」** ホノルル滞在中乗り放題の「'OLI'OLI ウォーカー」には、低床バスが導入され、小さな子供から高齢者まで楽に乗降できる、まさにユニバーサルデザインのバスであり、3 世代旅行などにも適合している。
- **海外透析ツアーと海外透析サービス** クルーズを楽しみながら船内で透析治療を受けられる地中海透析クルーズなど、世界 30 都市以上で人工透析治療の予約サービスを行っている。人気の都市はハワイのホノルルで、ゆっくりと滞在しながら透析治療を受けることができるのでリピーターも多い。この取組みは 2017 年のツーリズム EXPO ジャパンで「第 3 回ツーリズム・アワード」のビジネス部門賞を受賞している。

　政府は 2017 年 2 月に 2020 年東京オリンピック・パラリンピックの開催に向け「ユニバーサルデザイン 2020 行動計画」を発表した。そこには、国民全体で誰もが共生できる社会をめざす、「心のバリアフリー」の普及促進と「ユニバーサルデザインの街づくり」の実現という二つの取り組みの柱がある。JTB は社内教育だけではなく、ユニバーサルツーリズムの取り組みの一環として、毎年「心のバリアフリー」をテーマにシンポジウムを開催し、国や自治体、経済界、学校、各種団体と連携して社会に対する啓蒙活動も実施している。また、全国の自治体と連携して、地域住民や観光客にも優しいユニバーサルデザインのまちづくりにも関わり、ユニバーサルツーリズムの取り組みを通じて、共生社会の実現に貢献をしている。

　これら JTB グループのユニバーサルツーリズムへの取り組みは、旅行業界では初めて政府の「beyond 2020 プログラム」として認定されている。「beyond2020 プログラム」とは、多様性や国際性に配慮した文化活動・事業を政府が認証し、日本文化の魅力を国内外に発信する取り組みである。前述のように、国は 2016 年施行の「障害者差別解消法」や 2017 年決定の「ユニバーサルデザイン 2020 行動計画」で、障がいの有無に関わらず、すべての人がお互いの人権や尊厳を大切にし、支え合い、誰もが生き生きとした人生を享受することができる "共生社会の実現" を目指している。

　障がいは顧客側にあるのではなく、社会側にあるとされている。個々の顧客の旅の満足を適える店頭（対面）販売は、WEB 販売に相対する販売方法であ

ろう。WEB販売のメリットは、来店の手間が省け、待ち時間もなく、24時間対応可能な申込みのしやすさにある。そして、それはそのまま店頭販売のデメリットとなってしまう。しかしながら、店頭販売がWEB販売に対して決定的に異なるものがある。それは、人の力・対面の力である。つまり、ヒアリング・コンサルティング力である。旅行は、「タビマエ」と言われる、計画中も楽しいものである。「何か記念のご旅行ですか？」、と尋ねられれば、「いや別に記念旅行ではないのですが、実は…」、と顧客は心の扉を開き、旅の目的を語り始める。今回の旅の目的は何なのかをヒアリングし、その目的を適えるべくコンサルティングをする。インターネットで旅の目的に記念旅行とクリックするのではない。「記念のご旅行ですか？」と尋ねられることで、気をつかってもらっているという期待感が高まり、「実は…」と共に価値を作っていく「価値の共創」が生まれるのである。ときに、他の観光箇所を省いても、希望の観光箇所のみを優先させることもあろう。それは、相談できる相手がいればこそである。顧客自身が検索したインターネットの情報で何が一番自身に適しているのか、ということも相談できる。対面販売には情報を選別する購買代理人の役割もある。そして、タビアトのフォローも行うことによって、その旅に満足した顧客がリピーターとなるのである。

　全国の店舗で様々な顧客に対して、基本的な対応ができることを目指すJTBグループの取り組みは、旅行業者の社会的対応として大きな価値を有するものと考えられる。そしてその実践には自身が顧客のライフパートナーであるというJTB社員の高い意識が必要とされるであろう。その意味では、社員一人一人がJTBの商品であるといっても過言ではないと考える。

　JTBグループは「ユニバーサルツーリズム」の取り組みを通じて、独創的で質の高い価値創造とサービス提供を行い、お客様の感動と喜びのお手伝いに努め、平和で心豊かな"共生社会"の実現に貢献していくことを目指しているのである。

2-4　ホールオブライフ、生涯を通した観光の実現

　旅行の福祉的対応を促進していくことは、旅行業者の社会的使命である。その促進のためには、顧客に生涯を通した観光を実現させる、という意識が肝要であると考える。つまり、高齢者や障がい者のみを専門的に取り扱うという概

念ではなく、一人の顧客がもたらす生涯価値を高めるという意識である。

　企業は、リレーションシップによって、顧客との生涯にわたる長期的な価値を共創することによって、選ばれ続ける。リレーションシップとは、友好的で、持続的かつ安定的な結びつきを構築することで、長期的にみて好ましい成果を実現しようとする、売り手の活動である。リレーションシップが発展していくと、そこでは関係に関わる者の間に暗黙的および明示的なルールが生まれるようになる。それは、互いに相手のことを学習し、信頼することによって自らの資源や取引の内容に合わせて調整をし、コンフリクト（衝突）を避けて協力し合う傾向が強くなるということである。こうしたリレーションシップから「価値の共創」が生まれるのである。つまり、選ばれる企業になるための施策として、企業はリレーションシップによって、顧客とともに商品価値を創り上げ提供するのである。旅行業者の機能とは、コラボレーションであり、さらに、自宅から自宅までの旅行を一社で提供できるワンストップサービスである。関係機関をコラボレーションし、顧客にワンストップのサービスを提供でき、ともに商品価値を創り上げる旅行業者が、顧客の生涯価値を高め選ばれ続けるのである。

　ホールオブライフ、生涯を通した観光の実現を担うのは、旅行業者である。生涯、顧客との関係を継続したいと旅行業者は願い、そして、マーケットは実在する。しかしながら、旅行業者の心のバリアが旅行の福祉的対応の促進を阻んでいる。

　事業者は現在、障がいを理由として正当な理由なくサービスの提供を拒否したり、制限したり、条件をつけたりする行為は、不当な差別的取扱いとして禁止されている。断ることを前提としていることは、会社としての大きなリスクを負ってしまうこととなる。阻害要因を克服するには、旅行業約款で謳っているように、「当社は先ず承ります」という宣言を実践してくことであろう。そしてそれは、個々のノウハウや責任ではなく、会社としてクリアしていくことが必要である。

　旅行を通じて世の中を企画していくことが、旅行業者の社会的使命である。「ユニバーサルデザイン化された社会の実現」その実現ためには、すべての顧客を対象として個々の旅の目的を叶えていくことである。その配慮の積み重ねと継続、その実践が旅行の福祉的対応を促進し、共生社会を創りあげることになるのである。

64 第2章　旅行会社の取り組み

【参考文献】

- Bowtell, J., (2015). "Assessing the value and marketattractiveness of the accessible tourism industry in Europe": a focus on major travel and leisure companies. JOURNAL OF TOURISM FUTURES, VOL.1 NO. 3 2015, pp. 203-222
- Darcy, S., & Dickson, T. (2009), "A Whole-of-Life Approach to Tourism, The Case for Accessible Tourism Experiences." Journal of Hospitality and Tourism Management, 16(1), 32-44.
- Darcy, S., Cameron, B., & Pegg, S. (2010). "Accessible tourism and sustainability: a discussion and case study." Journal of Sustainable Tourism, 18(4), 515-537.
- Don Peppers and Martha Rogers (1993), *THE ONE TO ONE FUTURE*, Publishing Group. INC (井関利明監訳 (1995)『ONE to ONE マーケティング―顧客リレーションシップ戦略―』ダイヤモンド社)
- Elisa Alén, Trinidad Domínguez and Nieves Losada (2012). "New Opportunities for the Tourism Market: Senior Tourism and Accessible Tourism, Visions for Global Tourism Industry" Creating and Sustaining Competitive Strategies, Dr. Murat Kasimoglu (Ed.), ISBN: 978-953-51-0520-6, InTech, Available from: https://apac01.safelinks.protection.outlook.com/
- Philip Kotler & Kevin Keller (2006), *Marketing Management*, Pearson Education. (恩蔵直人監修『コトラー＆ケラーのマーケティング・マネジメント 第12版』丸善出版.)
- Philip Kotler (2017)『コトラーマーケティングの未来と日本時代に先回りする戦略をどう創るか』鳥山正博監訳 KADOKAWA.
- 秋山哲男・大西康弘・佐藤貴行 (2013)「観光困難層にとってのユニバーサルツーリズム」『首都大学東京大学院都市環境科学研究科観光科学域』観光科学研究 6.
- 秋山哲男他4名 (2010)『観光のユニバーサルデザイン』学芸出版社.
- 秋山哲男・吉田樹・三浦春菜 (2008)「観光におけるユニバーサルデザインの考え方」『観光科学研究』創刊号.
- 井原久光 (2003)「観光ビジネスにおけるリレーションシップ・マーケティング―近畿日本ツーリスト「クラブ・ツーリズム」の事例『長野大学紀要』第24巻第4号.
- 石見百江・武藤慶子他4名 (2016)「長崎の観光における内部障害者の食に関するユニバーサルツーリズムに関する研究―宿泊施設・飲食店での腎疾患患者に対する食事提供の現状と課題―」『長崎県立大学看護栄養学部紀要』第15巻.
- 上野山裕士 (2015)「観光地域福祉の概念とその可能性に関する理論的考察」『和歌山大学観光学会』観光学 12.
- 岡山武史編著 (2014)『リレーションシップ・マーケティング―インタラクション志向の関係性へ―』五絃舎.
- 川内美彦 (2001)『ユニバーサル・デザイン バリアフリーへの問いかけ』学芸出版社.
- 川村匡由・立岡浩 (2013)『観光福祉論』ミネルヴァ書房.
- 久保田進彦 (2012)『リレーションシップ・マーケティング コミットメント・アプローチによる把握』有斐閣.
- 小出雅俊 (2016)「ユニバーサル・ツーリズムに向けて」『静岡産業大学情報学部研究紀要』.
- 小林天心 (2011)『新しいツアープランと顧客の創造 旅行企画のつくりかた』虹有社.
- 坂手勇次 (2012)「高齢化社会における公共サービスのユニバーサルデザイン―高齢者生活調査に

基づく公共サービスのユニバーサルデザインについての考察」『デザイン学研究 BULLETIN OF JSSD Vol．59 No．6』．
・篠塚恭一（2011）『介護旅行にでかけませんか』講談社．
・島川崇（2008）『航空会社と空港の福祉的対応』福祉工房．
・竹内敏彦（2016）「パブリシティによる旅行需要創発に関する考察」『日本国際観光学会第 20 回全国大会発表論集』．
・第 54 回バリアフリー推進勉強会 / 要介護者の旅を地域と共に支援する新しいユニバーサルツーリズム推進のあり方「観光とバリアフリー、ユニバーサルツーリズムを考えるユニバーサルツーリズムを推進する自治体の取組み」KNT-CT ホールディングス．
・平井木綿子・大西一嘉「ユニバーサルツーリズム推進に向けた取組状況の研究―行政、旅行代理店、利用者、NPO 法人への調査を通じて―」『神戸大学大学院工学研究科・システム情報学研究科紀要』第 7 号．
・松園俊志（2004）『旅行業入門』同友館．
・三浦雅生（2006）『改正・旅行業法解説』自由国民社．
・宗澤拓郎・太田清華（2001）「高齢者はどんな情報を求めているか-心のバリアフリーを目指して」『情報システムと社会環境』77-7．
・安本宗春（2017）「福祉水準を上昇させる手段としての観光―移動弱者に対する観光参加機会の拡大―」『日本国際観光学会論文集（第 24 号）』．
・米谷光正・安本宗春（2017）「生活の質的向上の手段としての観光―観光から見る福祉―」『東北福祉大学研究紀要』第 41 巻．
・渡辺英郎（2002）「バリアフリー社会をめざして」『函大商学論究』第 34 輯 第 2 号．

＜参考ウェブサイト＞
・観光庁 政策 ユニバーサルツーリズムについて　http://www.mlit.go.jp/kankocho/shisaku/sangyou/manyuaru.html（2018/12/27 にアクセス）
・草薙威一郎　第 14 回福祉のまちづくりセミナー記念講演「観光とユニバーサルデザイン〜魅力あるまちづくり〜」
http://www.assistech.hwc.or.jp/kenkyu/pdf/at_tushin/ATT51.pdf#search（2017/08/16 にアクセス）
・公益財団法人日本盲導犬協会　https://www.moudouken.net/special/case-study/case-report.pdf#search（2017/05/26 にアクセス）
・日本旅行業協会（JATA）https://www.jata-net.or.jp/travel/info/barrier-free/pdf/bfree_mamlist.pdf（2018/12/24 にアクセス）

> コラム　チックトラベルセンターの取り組み（谷　麻衣香）

「さあ、次はどこへ行きましょうか」

ツアーの途中で話が飛び交うのは次の旅行の計画だ。どこへ行きたい、誰と行きたい、あれが食べたい、あれをしてみたい、そんな会話が始まる。

弊社では、国内・海外に問わず、月に1〜2本のツアーを催行している。参加者は主に車いす利用の方とそのご家族やご友人など3〜5組程度のグループで旅先へと向かう。北は北海道利尻島から南は沖縄石垣島、海外だとスイス、フランス、カナダ、ケニア、シンガポール、台湾等、世界各地様々な国を訪れる。

ありがたいことにリピーターの方が多く、次回の旅先はツアー最中の会話の種から生まれることが多い。車いすでも行けるところを選ぶのではなく、行きたいところややりたいことが決まり、ではどう行くか、どうすれば行けるか、どう工夫するかというところから企画が始まる。

そのなかでも要となるものが、移動手段だ。バリアフリーツアーと聞くと、どのような移動手段を想像するだろうか。弊社のツアーでは、主に「リフト付車両」と呼ばれる車両を利用している。ワゴンタイプの車両は、後方からスロープもしくは昇降機が出る仕組みになっており、そこから車いすに乗ったまま乗り込む。50人乗りの大型バスにも、昇降機が備え付けられている車両があり、車内では車いすのまま固定することができる。登録認定を受けていれば問題なく、駐車禁止エリアや施設入口近くでの昇降が認められることも多い。国や地域によってはリフト付車両が無いところももちろんあるため、一般車両を使わざるを得ない場合には、乗降の際現地スタッフの方にマンパワーの協力を頼むことで解決することもある。

また、車やバスでの移動が難しい距離の場合は新幹線や、航空機、船舶が加わる。鉄

2-4 ホールオブライフ、生涯を通した観光の実現　67

道や航空機での対応はほとんど問題なく、当日もスムーズに対応いただいている。もちろん運航の安全を確保した上、さらに人によっては医師の診断をクリアしていることが前提であり、車いすやストレッチャーの種類と大きさ（貨物として搭載するため）、バッテリータイプ（気圧の変化等により爆発や漏れの危険性はないか確認のため）により、搭乗制限や車いすの台数制限

があるため、都度参加者と運航会社と双方との連絡は欠かせない。

　そしてもうひとつ重要なのは、宿泊施設の確保だ。規定に基づいて、バリアフリールームの設置を含め、多くのホテルや旅館にも受け入れられる態勢は整ってきてはいるが、実際に不便なく利用できるとは限らない。車いすで部屋の中を充分に動き回るスペースがあるか、ホテルフロントから部屋まで、部屋から食事処まで、車いすでの動線を考えた場合に危険や問題はないか、実際に宿まで付いていくことがない手配旅行の場合も、事前に宿側との連絡を入念にしておく。その際に、「スロープは無いけどスタッフが手伝わせてもらいます」「裏口からでもよろしければ、段差なくお入りいただけます」「食事処までの移動が難しいようなら部屋でのお食事を用意いたします」など、代案を出していただけることもある。快く受け入れてくださる宿泊施設の方々のご厚意には、いつも大変感謝している。

　ツアーを企画・催行するには事前準備が8割と聞くが、お身体の状態はその方、その時期やタイミングでも大きく変わり、一概にこうだというものは無い。特にトイレを心配される方が非常に多いため、実際には立ち寄らない箇所でも行程の途中にある多目的用トイレの位置は把握しておくことは必須だ。ここでは一例を挙げたが、様々な想定を踏まえて企画する必要がある。

　いくら機器や設備が充実してきているといえども、端から端までがすべてバリアフリーという点は最初から求めていないことが正直なところだ。少しのバリアを乗り越えて、絶景やおいしいものがあるなら頑張ってみる、そのような気持ちが心にも身体にもエネルギーを湧かせる。現地の方とのサポートから生まれる触れ合いや言葉のやりとりがあればあるだけ、その土地

への愛着も沸き、旅の思い出話により花が咲く。

「旅はリハビリ」。旅行へ出発するまで元気で頑張ろうとし、旅先でも喜びや感動から
エネルギーをもらい、そしてまた次の旅への計画を始める。障がいがあるからというこ
とに限らず、旅がもつ力のひとつだと思う。現地の方々の協力なしには成立しない部分
ばかりであり、感謝なしには語れない。そして実際に足を運ぶことで、現地の魅力がよ
り磨かれるきっかけになってもらえれば本望である。

第3章
空港の福祉的対応

3-1　空の福祉とは

　第2次世界大戦以降の航空技術の発展は、世界規模での民間航空産業の発展でもあった。DC-8などのジェット機開発による高速化、ジャンボジェットと称されたボーイング747機開発による大量輸送実現は、それまでの鉄道・船舶主体の長距離移動目的での交通手段の枠組みに大きな変革をもたらした。このような技術革新によって、航空機の性能ならびに客室内の快適性は大幅に向上される一方、依然として航空機移動そのものによる利用者（乗客）への肉体的負担は必ずしもゼロになっていない。このことに関連して、日本航空（以下、JAL）ならびに全日本空輸（以下、ANA）等は自社のwebサイト上で、機内環境に関する説明として、機内は気圧を調節する装置（与圧装置）とエアコンにより地上に近い環境を人工的に作り出しているなど、客室内部は地上とまったく同じ環境ではないことを説明している。

　このように、航空機というハード面において、利用者の肉体的負担解消につながる技術革新は航空産業の永遠の課題である。自動車産業とは異なり、民間航空会社が運航する航空機の製造会社がボーイング社やエアバス社に寡占され

表3-1　航空機内の環境

項　　目	概要説明
機内気圧	水平飛行中（高度約10,000m）の高度における機内気圧は約0.8気圧（標高約2,000mと同環境）
機内酸素	酸素の割合は変化しないため、機内酸素分圧（空気中酸素の圧力）も地上の約80%
気圧変化	航空機の離陸後の上昇および着陸前の下降の各々15〜30分間発生。
気　温	エアコンにより摂氏24度前後で一定
湿　度	飛行時間が長くなると機内湿度が低下し、長時間でのフライトでは20%以下に。
振　動	離着陸時や気流の不安定な場所を通過時に発生
姿　勢	長距離国際線の場合、長時間座ったままの姿勢

（出典）JALホームページより

ていることから、航空会社もこの課題を認識・共有している。しかし、このような状況、つまり同一機種であれば、航空機としての性能上の差異がない、言わば同じ土俵での勝負を迫られている状況は各航空会社が航空機自体のハード面での課題を認識したうえでの安全性・快適性追求、利用者の健康面に対する配慮、さらには利便性向上のための各種施策・制度づくりという実に広範囲なソフト面での品質管理・改善を通じて、自社の安全性・定時性・利便性・経済性同様、快適性を追求する出発点とも言えるのである。

　さらに、近年、障がい者・高齢者などに関する各種法律・社会制度の整備・確立、「バリアフリー」や「ユニバーサルデザイン」という概念に対する理解・浸透により、障がい者・高齢者の社会活動が活発化し、その行動範囲の拡大により、公共交通機関を利用した長距離移動も日常的なものとなり、かつ、その障がいに対する概念も細分化され、さらに細やかな対応が求められる。

　かつては、鉄道・バス・自動車という従来の地上交通手段が主流であった国内移動でも、幅広い料金体系導入や移動時間短縮、移動時の負担軽減などの利便性により、航空の需要が高まっている。そして、近年の規制緩和が進むなか、JAL や ANA に代表されるフルサービスキャリア（FSC）だけでなく、ピーチ・アビエーションやジェットスター・ジャパン、春秋航空日本のようなローコストキャリア（格安航空会社、Low Cost Carrier、以下、LCC）、さらには天草エアラインなどのコミューター航空（主に地方都市間や離島などの短距離路線を小型飛行機によって定期運行する地方航空会社）というように、航空会社の経営戦略やサービス方針も細分化されており、このような多様性ある航空会社各社は、それぞれの枠組みのなかでバリアフリーやユニバーサルデザインの導入や予約・販売・空港システム改善やサービス基準の改定などを進めている。

　このように FSC や LCC、コミューター航空と多種多様な航空会社が存在しているが、これら航空会社にとって必要不可欠なものが、彼ら共通の舞台である空港である。そして、空港の福祉的対応は公共交通機関のみならず、企業・地域の社会的責任実現の観点からも注目を集めている。

　平野(2017)は空港の持つ役割や機能について、以下のように整理している。
　①　航空ネットワークの基盤としての機能
　②　他の交通機関との乗り継ぎや積み替えを行う交通の結節点としての機能
　③　人びとの交流拠点としての機能

④　不法入国や密輸、伝染病等の水際防止

⑤　災害時の緊急避難等の安全・安心の拠点としての機能

このような役割や機能は、「人とモノ、日本と外国との結節点」という一般的なイメージだけでなく、2011年3月の東日本大震災発生時、在日米軍による迅速な仙台空港機能復旧活動により、東北地方の災害復旧が進展したことや、2018年9月の台風発生時、空港連絡橋へのタンカー衝突事故と滑走路や空港ターミナルビルへの浸水の影響により、利用者など合計約5,000名に及ぶ空港島での孤立、空港機能マヒによる運休などの事態が発生した関西国際空港の事例は危機管理の観点からの空港の役割と解決すべき問題点を明示している。

第2次世界大戦以降、長らくの間、日本国内の主力交通機関は鉄道であり、国際線・国内線航空利用者は限られていたため、空港の利用者は航空便旅客とその送迎者が一般的であった。しかし、日本の経済成長に伴う航空機利用者の増加とともに、日本国内の空港機能の改善や施設改修・拡大が進み、近年は多くの空港では本来の航空系事業（着陸料・停留料・保安料・空港ビル地代等）だけではなく、ショッピングモールのような商業施設での物販・飲食・テナント収入等の非航空系事業展開による収支改善さらには空港全体の価値向上を目指す動きがあり、飛行機を利用しない人びとも訪れるその都市の「顔」としても、幅広い利用者に対応しうる福祉的対応が急務の課題となっている。

そこで、この章では、航空会社共通の舞台である空港の概要説明とその福祉的対応の方向性・実例を紹介し、続いて第4章では、航空会社の施策・実務（予約・空港・機内）について述べ、そのなかでFSCとLCCとの差異も紹介する。

3-2　空港の福祉的対応

（1）空港の概要

①　空港の分類

2019年3月末日時点で、日本国内には合計97の空港が運営されている。表3-2のとおり、航空法では、①拠点空港、②地方管理空港、③共用空港、④その他空港の4種類に分類している。

72　第3章　空港の福祉的対応

表 3-2　空港の分類

種　　　類		名　　　　称	空港数
①拠点空港	会社管理空港	成田国際・中部国際・関西国際・大阪国際	4
	国管理空港	東京国際・新千歳・稚内・釧路・函館・仙台・新潟・広島・高松・松山・高知・福岡・北九州・長崎・熊本・大分・宮崎・鹿児島・那覇	19
	特定地方管理空港	旭川・帯広・秋田・山形・山口宇部	5
②地方管理空港		中標津・紋別・女満別・青森・大館能代・花巻・庄内・福島・静岡・富山・能登・福井・松本・神戸・南紀白浜・鳥取・出雲・岩見・岡山・佐賀・その他離島空港（空港名称省略）	54（離島空港 34 含む）
③共用空港		丘珠・新千歳・百里・小松・美保・徳島(防衛大臣管理)三沢・岩国（米軍管理）	8
④その他空港		調布・名古屋・但馬・岡南・天草・大分県央（地方自治体管理）八尾（国土交通大臣管理）	7
合　　　計			97

（出典）国土交通省ホームページより作成

②　ターミナルとコンコース

　一般的な空港は大きく分けて、以下の五つのエリアで構成されている。

表 3-3　空港を構成する五つのエリア

	分　　　類	施設概要	施　設　例
1	旅客ターミナル	旅客の航空機乗降時、必要な手続き	チェックイン・カウンター、保安検査場、搭乗待合室・ラウンジ、駐機場（エプロン）、手荷物引渡場（バゲージ・クレーム）、各種店舗（免税店など）
2	貨物ターミナル	貨物の受領・引渡ならびに搭降載施設	貨物搭降載施設・運送業者用施設、郵便関係施設
3	整備地区	航空機整備ならびに補給施設	洗機場・整備工場・格納庫・補給施設（燃料・水など）
4	管理地区	空港全体ならびに航空機離発着管理	管理庁舎、管制塔、レーダー、電源局舎
5	滑走路・周辺地区		滑走路、消防施設、気象観測施設、動物検疫所、機内食工場、機用品保管庫など

（出典）ウェブサイト「飛行機・空港フライト情報館」を元に筆者作成。

本来、ターミナル（terminal）とは終着駅を意味する英語であるが、空港でのターミナルは旅客が航空機を乗降する際に必要な手続きなどを行う場所であり、地上交通機関との乗り換え、航空券購入、搭乗手続き、手荷物預かりや引き取り、航空保安検査、出入国手続、税関検査、各種検疫手続きなどが行われている。また、旅客ターミナルがある建物と航空機との間の移動は乗降のための施設である搭乗橋（パッセンジャー・ボーディング・ブリッジ、Passenger Boarding Bridge：以下、PBB）やランプ・バスを利用する。

また、旅客ターミナルについては、保安検査ならびに出国検査通過後に位置し、航空機へ乗降する搭乗ゲートや搭乗待合室などがあるエリアを「人びとが集まる場所」を意味する英語からコンコース（concourse）と区別することがある。なお、旅客ターミナル外側にある航空機の駐機用スペース全体をエプロン（apron）ならびにその同義語として、ランプ（ramp）という言葉もよく使われる。なお、特に指定された駐機位置をスポット（spot）と呼び、各空港ではそれぞれにスポット番号を付与している。

③ 一般的な駐機方法

旅客ターミナルの構造はターミナル建物とエプロンの組み合わせにより、いくつかのタイプに分類できる。小規模空港の例として、ターミナルビルの全面に航空機を並列で待機させるフロンタル・パーキング（直線展開）方式（frontal linear parking）があり、日本国内では多くの地方空港だけでなく、1993年開業の羽田空港第1ターミナルがこの方式を採用している。

なお、1992年から使用されている新千歳空港ターミナルビルも同様の構造

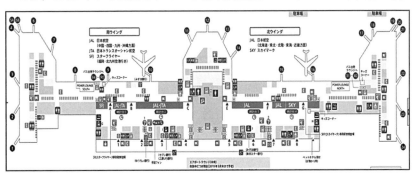

図 3-1　羽田空港第 1 ターミナル

（出典）https://www.tokyo-airport-bldg.co.jp/files/map/terminal1/map.pdf
　　　（2019年3月20日アクセス）

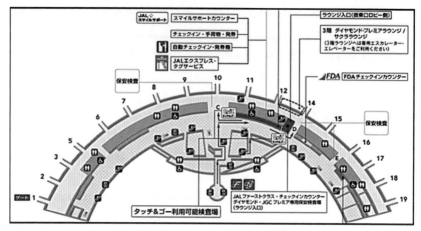

図 3-2　新千歳空港国内線ターミナル

(出典) https://www.jal.co.jp/dom/airport/spk/（2019 年 3 月 20 日アクセス）

ではあるものの、ターミナル自体は扇形になっている。これは地方空港でありながら、日本国内有数の国内線出発便数を誇る新千歳空港が 1 機分でも多くの駐機場を確保するためには有効である。

　また、ターミナルビルから桟橋のように伸びた部分（フィンガー）の周りに航空機を駐機させるフィンガー方式あるいはピア方式（finger pier parking）は多くの航空機が駐機できるため、世界の多くの空港で採用されている。日本では、関西国際空港第 1 ターミナルや中部国際空港がその例であり、関西国際空港では出入国検査場と国際線ゲートとの間を移動するシャトルシステムが運用されている。

　さらに、本館（メインターミナルビル）を中心にして、その周辺に衛星（サテライト）のようにサブターミナルビルを設置し、その周辺に航空機を駐機させるサテライト方式（satellite parking）がある。日本では成田国際空港がこの方式を採用し、第 2 ターミナルでは開業（1992 年）から 2013 年の運用終了までの間、本館・サテライト間の連絡シャトルが運行されていた。

　また、1978 年の成田国際空港開港から使用されている第 1 ターミナルは南ウィング・北ウィングそれぞれに 2 箇所のサテライト（第 1〜第 4 サテライト）を配置し、運用していたが、2006 年の ANA 第 1 ターミナル移転ならびに同じ航空アライアンスであるスター・アライアンス加盟で、成田をアジア地

3-2 空港の福祉的対応 75

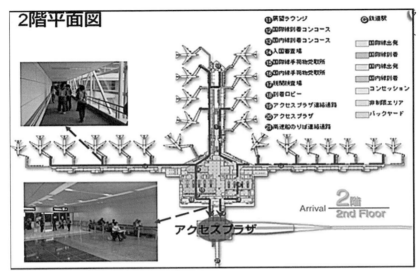

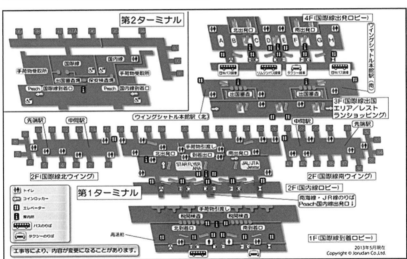

図 3-3 中部国際空港（上）ならびに関西国際空港第1・第2ターミナル（下）
（出典）https://www.centrair.jp/torikumi/universal_design ならびに https://www.jorudan.co.jp/eki/eki_関西空港_kounaizu.html（2019年3月20日アクセス）

76　第3章　空港の福祉的対応

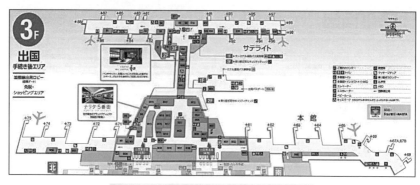

図 3-4　成田国際空港第 2 ターミナル（上）とシャトルシステム（下：現在廃止）

（出典）https://www.narita-airport.jp/files/official_guide_t2_02.pdf
　　　　ならびに https://www.aviationwire.jp/archives/30493（2019 年 3 月 20 日アクセス）

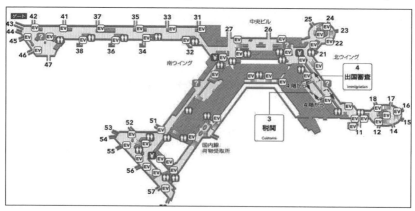

図 3-5　成田国際空港第 1 ターミナル

（出典）https://www.jal.co.jp/inter/airport/nrt/info/terminal1.html（2019 年 3 月 19 日アクセス）

（2）空港における福祉的対応の出発点とその軌跡 ───────

　わが国の空港行政の福祉的対応の起源といえる空港ターミナルビルのバリアフリー計画に関するガイドラインが作成されたのは1983年であり、この年は国連が「障害者に関する世界行動計画」を採択し、この計画の実施のため、1983年から1992年までの10年間を「国連障害者の10年」とする宣言に応じて同年に策定された「身体障害者の利用を配慮した空港旅客施設（ハンディキャップ対策）」に基づき、おもに車いす対策を中心に始められた。

　しかし、このガイドライン策定以前、1981年12月以前までは、車いす利用の場合はボーディング・ブリッジが配備されている空港ターミナルでも、当時の空港に配備されていた車いすの車輪幅の問題により、航空機内通路に乗り入れることができず、航空機入口から座席までの間は航空会社スタッフが利用者（乗客）を背負って乗降していた。このような対応は旅客サービスのうえでも好ましくないので、車輪の一部を取り外すことで、狭い機内通路の介助誘導の移動が可能となる「航空機搭乗用車いす」が開発され、1984年3月までにボーディング・ブリッジ設置空港に配備された。さらに、ボーディング・ブリッジが設置されていない駐機場やストレッチャー（キャスター付き簡易ベッド）を使用する旅客の乗降の際にも、航空会社スタッフが背負って、タラップを昇降していたが、この対応も旅客の安全やサービス面を考慮したことによって「リフト付きバス」が開発され、1981年8月に羽田、成田両空港に配備された。

　また、このガイドライン策定から7年後の1990年には運輸省（当時）東京航空局が、学識経験者に羽田空港の沖合展開（空港拡大）プロジェクトに関連した新たなガイドラインとなる「沖合展開旅客地区環境整備調査-高齢者・障害者配慮の調査と、空港施設計画ガイドライン」策定を委託し、新たなガイドライン（以下、「新羽田空港ガイドライン」）が作成された。この「新羽田空港ガイドライン」では、「5.沖合展開計画における基本的な考え方」として、「我々（学識経験者：筆者註）はハンディキャップ（障がい者：筆者註）を広義にとらえ、高齢者を含めた交通弱者に対し"区別ではなく同化"を目指した。誰にとっても使いやすい空港施設計画に望んだ事例が高齢者・障害者への配慮の具体例として、他空港のみならず一般の公共施設においても参考になることを望む次第である」と、1983年策定の車いす中心の施策追求からステップ・アップし、高齢者対応を含めた幅広い意味での「ノーマライゼーション」

と「バリアフリー」実現に向けたさらなる一歩をふみ出した。

その後、バリアフリー対策については、関西国際空港開港を控えた1994年8月に「みんなが使いやすい空港旅客施設新整備指針」（空港旅客施設バリアフリーガイドライン）が策定され、「利用できる施設」から「みんなが使いやすい施設」への整備水準向上を目指した。そして、その翌月9月には「高齢者、身体障害者等が円滑に利用できる特定建築物の建築の促進に関する法律」（ハートビル法）や2000年11月には公共交通分野での「高齢者、身体障害者等の移動等の円滑化の促進に関する法律」（交通バリアフリー法）等、関連する法制度の整備が進められ、さらに、その施策の拡充を図る目的で、2006年12月にはハートビル法と交通バリアフリー法を一体化した新たな法律「高齢者、障害者等の移動等の円滑化の促進に関する法律」（バリアフリー法）が施行された。

このバリアフリー法では、それまで対象であった高齢者や身体障がい者だけでなく、知的障がい、精神障がい、発達障がいなどすべての障がい者を対象に加え、公共交通機関（旅客施設・車両など）、道路、路外駐車場、都市公園、建築物の新設時の一定のバリアフリー化基準（移動等円滑化基準）適合などを義務付けている。このバリアフリー法に基づいて、公共交通事業者等が旅客施設や車両等を整備・導入する際に義務として遵守すべき「移動等円滑化のために必要な旅客施設又は車両等の構造及び設備に関する基準を定める省令」（公共交通移動等円滑化基準）等が制定された。

2006年のバリアフリー法施行から10年以上が経過し、この間のインバウンド（訪日外国人）増加やLCCの成長、通信・設備等の技術革新など、空港をとりまく環境は大きく変化しており、さらには高齢化の進展のみならず、障がい者数の増加、2016年の「障害を理由とする差別の解消の推進に関する法律」（障害者差別解消法）制定、さらには2020年東京オリンピック・パラリンピック開催に向けて、日本社会も本格的なバリアフリーならびにユニバーサルデザイン社会実現に向けて、待ったなしの時代を迎えているのである。

（3）空港の福祉的対応に求められるもの ─────────

2018年10月の国土交通省航空局が作成した「みんなが使いやすい空港旅客施設計画資料」（航空局ガイドライン）では、バリアフリーの視点からみた空港旅客施設の特徴として、以下の6点をあげている。

① 複雑な搭乗までのプロセス（広大な空間、長い歩行距離等による負担増）

② 航空会社スタッフなどによる人的サポートの充実（搭乗時の援助等）

③ 非日常性が高い（利用者は施設構造をあまり理解していない）

④ さまざまな事業者が関わる施設（事業者間での連携が重要）

⑤ 外国人利用者が多い（コミュニケーション面を中心として配慮必要）

⑥ さまざまな規模や立地条件の空港（機能・設備が空港毎に異なる）

そして、今後の空港旅客施設におけるバリアフリー実現の方向性として、以下の8項目をあげている。

① 空間・施設・設備と人的サポートの組み合わせ

・両者のメリットや特性を活かしたバリアフリー化実現が必要

・人的サポートの有効性を高めるための知識・技術習得や研修の有効性

・シームレスで適切な人的サポート実現のため、事業者間における積極的な連携協力の重要性

・航空会社スタッフや付添人など、サポートされる側だけでなく、サポートする側にとっても使いやすい施設・サービスの追求

・障害者差別解消法の趣旨を踏まえたうえでの適切な合理的配慮の提供

② より多くの選択肢の提供

・利用者の状況やニーズは多種多様なため、それぞれの希望にできるだけ沿った選択肢を用意することが望ましい。

③ すべての人にとって安全・安心で使いやすい施設・サービス

・すべての人が同じ空間や施設を利用できる一方、個々の制約条件に合った適切な配慮が必要

④ 点から線のバリアフリーへ

・空港と他の交通手段の結節条件のバリアフリー化に向けた連携推進

・旅客機の乗降の円滑化（ボーディング・ブリッジ改良や小型機対応）

⑤ 情報提供の充実

・情報コミュニケーションに制約のある人の特性と、各種情報提供設備の特性を考慮した、適切な情報の内容、方法、配置などの検討・整備

・特に情報コミュニケーションの制約が大きいと考えられる障害（視覚障害・色覚異常・聴覚障害・知的障害等）への情報伝達時の工夫・配慮

⑥ さまざまな状況に配慮したバリアフリー

・非常時や緊急時の避難誘導の事前計画・訓練実施

・欠航や非常時・災害時の情報提供は利用者の特性に関係なく、適切に把

握できるよう対処
- ・聴覚障害者への配慮（視覚的な情報提供の充実）
⑦ 施設の適切な維持管理および更新
- ・視覚障害者誘導用ブロックの長期間使用による汚れ・破損時の更新
- ・施設の状況の定期的な点検や、適切な維持管理
⑧ 継続した発展的な取り組み
- ・計画(Plan)・実行(Do)・評価(Check)・改善(Action) の PDCA サイクルによる検討を通じて、バリアフリーを発展させたユニバーサルデザインの導入に関して継続的に取り組む。

（4）空港における福祉的対応の現状

現在、国土交通省が提唱する空港における福祉的対応の目標は従来の空港完結から空港と他の交通手段との連携推進、つまり、点から線へのバリアフリー

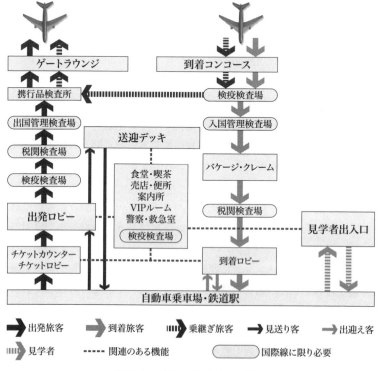

図 3-6　空港旅客の一連の行動

(出典) 宇城・上島 (2006) より

実現にある。その取り組みに向けた現状を考察するにあたって、改めて航空機利用者の出発・到着までの一連の流れを概観すると、図3-6のとおりとなる。

この図から、現在は空港への鉄道乗り入れが相次ぎ、空港連絡バスの利便性も向上するなか、空港が利用者の顧客満足向上を通じて自らの付加価値を高め、経営改善につなげるためには、空港へアクセスする鉄道・バスなど他業種との連携は不可欠であるということが言える。また、空港経営の収支改善策としての商業施設等の充実により、来訪が増加している見学者も潜在的な航空会社の「お客様」と捉えれば、今後の空港経営にも影響を与える

また、販促活動としての認識を持つことも重要である。空港で利用者に提供されている福祉的対応には空港ならびに航空会社それぞれが企画・運営するものがあり、車いすサービスなど重複するものは存在する。しかし、航空会社が提供するサービスには、FSCとLCCとの比較では、たとえ同一路線であっても、その提供基準や内容に差異がある一方、空港自らが企画・運営するものには、航空の利用有無を問わず、利用できるものが多い。その一方、本来ならば日本国内のすべての空港への配備が望ましい設備であっても、一部の空港において、施設面での制約や予算面等の運営上の問題により、その導入には至らず、利用者に不便をかけている事例も多い。このように、同じ福祉的対応であっても、空港側はあくまで公共性を優先させ、「最大多数の最大幸福」実現を目指す一方、航空会社は公共交通機関としての社会的責務に加えて、「お客様」である利用者に「No」を言うことが難しいサービス業であることから、各社それぞれは経営方針・サービス施策に立脚した顧客対応を通じての増収と企業価値向上実現を目指している。

そこで、ここでは、まず空港ならびに空港アクセス事業が自ら考え、実践しているハード・ソフト両面での福祉的対応の現状について述べ、各航空会社のコンセプト・施策によって提供される福祉的対応については、別途述べることとする。

3-3　空港ユニバーサルデザインの先駆者
－中部国際空港

ここでは空港ターミナルビルのサービスならびに施設面について、中部国際空港を例に説明する。

82　第3章　空港の福祉的対応

表3-4　中部国際空港ユニバーサルデザイン化に向けた整備内容

	項　目	整　備　内　容
1	空港ターミナルとアクセス・プラザ（鉄道・バスターミナル）間の連絡通路	水平距離約55m、高低差3mを1/15勾配のスロープと斜行MSW（通称「動く歩道」：筆者註）で結ぶ連絡通路（幅24m）
2	「動く歩道」設置	制限区域内はゴムベルト・タイプ、非制限区域はパレット・タイプ採用。幅はいずれも1.8mで音声案内の位置、内容及びコム（櫛歯：筆者註）に改良を加える。
3	視覚障害者に位置取りが容易な照明計画	コスト削減で欄干照明を取りやめた「動く歩道」には視覚障害者に位置取りが容易な天井照明とする。
4	大型エレベーター設置	ほとんどのエレベーターをウォークスルー・タイプとすることで、移動方向に直進可能。また、24人乗り以上のすべてのエレベーターについては、扉がかご室間口幅でフル・オープンとなり、余裕のある乗降が可能。
5	大型エレベーターと大きな表示	エレベーターのかご内のアナウンスと同内容のメッセージを表示灯に追加することにより、視覚での情報提供が可能となる。また、表示灯の文字サイズを従来比最大で3.5倍とし、さらに点滅させることで、視認性を向上させた。
6	出発コンコースの歩行部分を示す床パターン	
7	一般トイレ	折戸、跳ね上げ手摺を採用することで、手動車いすでも使用可能な個室とする。また、火災情報を伝えるキセノンランプをトイレ内の各空間に設置（聴覚障害者対応：筆者註）
8	多目的トイレ	電動車いすが回転でき、オストメイトに対応
9	航空情報	車いすからの目線を重視した高さとする。

（出典）http://kenmane.kensetsu-plaza.com/bookpdf/28/fa_04.pdf

　2005年2月、愛知県常滑市沖合に、関西国際空港に次ぐ2番目の本格的な海上空港として開港した中部国際空港（通称セントレア）はその基本計画（1998年12月～1999年6月）の段階でユニバーサルデザインの概念を設計に取り入れることを決定した。その後、基本設計（2000年6月～8月）からは学識経験者・障がい者・一般空港利用者で構成される「ユニバーサルデザイン研究会」を設立し、基本設計（2000年6月～8月）、実施設計（2001年8月～12月）、施工（2002年4月～2005年2月）の

図3-7　出発階方面行の「動く歩道」
（出典）http://kenmane.kensetsu-plaza.com/bookpdf/28/fa_04.pdf

3段階に分けて、動線（移動）、情報提供・サイン、トイレ、ユーティリティーの4点のテーマごとに検討を行い、最終的に以下の整備内容をとりまとめた。

このような準備段階を経て、開港した中部国際空港は日本で最初に本格的なユニバーサルデザインを導入した空港として、2007年に内閣府が実施するバリアフリー化推進功労者表彰において、内閣総理大臣表彰を受賞した。さらに、中部国際空港は日本国内だけでなく、2017年からは英国の航空業界専門格付会社SKYTRAX社が実施した格付けでは、首都圏以外の空港で、国内線ならびに飛行時間が6時間程度に収まる国際線や少数の大陸間路線が運航されている空港を対象とするリージョナル空港部門において、2年連続で世界最高水準の格付け「5スターエアポート」の評価を獲得し、特に2018年調査では「空港スタッフによるサービス」、「空港内の清潔さ」「トイレの設備」などの項目で高い評価を受けた。

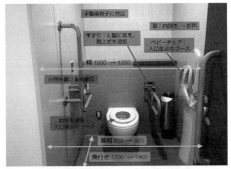
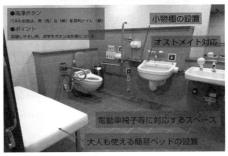

図3-8　中部国際空港ターミナル・トイレ

（出典）https://www.centrair.jp/torikumi/universal_design/（2019年3月19日アクセス）

それでは、中部国際空港が「ユーザーフレンドリーでシンプルなターミナル」というコンセプトのもと、ユニバーサルデザインをどのように実践し、その先駆者として位置づけされているか、空港利用者の視点から、いくつかの事例を紹介していく。

まず、鉄道やバス・タクシーなどの交通機関を集約したアクセスプラザは出

84　第3章　空港の福祉的対応

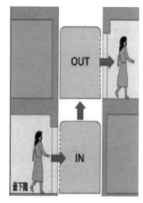

図3-9　中部国際空港エレベーター詳細ならびエスカレーター・階段配置
(出典) https://www.centrair.jp/torikumi/universal_design/ (2019年3月19日アクセス)

発階(3階)と到着階(2階)の中間の高さに位置し、緩やかなスロープで結び、段差をなくした構造になっている。空港ターミナル内部ではコンパクトに施設を配置することで歩行距離を短くしているが、長くなるところは「動く歩道」を設置し、その「動く歩道」も段差の少ない昇降口へ改良を行っている。

　また、空港ターミナルが出発階・到着階ともに、左側が国際線(青)、右側が国内線(赤)とシンプルでわかりやすいデザインとなっている。

　次に中部国際空港のユニバーサルデザインを象徴する施設がトイレである。バリアフリー法制定により、トイレはバリアフリーな多機能トイレを一つ準備することが定められ、ほとんどの公共施設では、男女兼用の多機能トイレを一つ設置する対応をとっているが、中部国際空港では多機能トイレも男女別々に

設置されている。また、一般向けのトイレも個室にはユニバーサルデザインを意識した、誰にでも容易に開閉できる折りたたみ式ドアを採用し、その個室内部には手すりが装備され、手動車いすやスーツケースなどの大きな荷物を持つ利用者でも入室可能な広さを確保し、さらには火災発生時には聴覚障がい者向けの緑色キセノンランプが点滅する仕組みを採用した。

また、多機能トイレには電動車いすなどに対応できるスペースを確保しただけでなく、大人も使える簡易ベッドを設置するなど利用者へのさらなる配慮がなされている。

空港内のエレベーターに関しては、そのほとんどが図3-9のとおり、スルー型を採用し、かご内で方向転換せず乗降可能であり、24人乗り以上のすべてのエレベーターは扉がかご室間口幅までフルオープンとなるため、余裕ある乗降が可能となっている。さらに、エレベーター乗り場とかごの敷居との隙間を20mmに調整することによって、乗降時の安全性向上につなげている。また、エスカレーターも乗降口の水平部のステップを3枚とすることにより、乗降時の安全性向上を図るとともに、ターミナル建設の段階から、エレベーター、エスカレーター、そして階段を平等、公平に配置することで、利用者それぞれの状況に応じて使い分けることができる。

3-4 「2020年」を見据えた空港ターミナルビルの福祉的対応－羽田・成田の新たなる挑戦

2017年2月に政府が策定した「ユニバーサルデザイン2020行動計画」において、2020年東京オリンピック・パラリンピック開催とその先を見据えて、羽田空港国際線ターミナルならびに成田国際空港は世界トップレベルでの対応が求められている。

そのため羽田・成田両空港では、それぞれを運営する東京国際空港ターミナル株式会社（Tokyo International Air Terminal Corporation：以下、TIAT）と成田国際空港株式会社（Narita International Airport Corporation：以下、NAA）両社はそれぞれ「東京国際空港ユニバーサルデザイン・ガイドライン」ならびに「成田空港ユニバーサルデザイン基本計画」の実現を目指している。この両空港ともにユニバーサルデザインの徹底した導入を目指しているが、そのなかでもユニバーサルデザインのトップランナーである中部国際空港ではまだ着手

86 第3章 空港の福祉的対応

されていない、福祉的対応の前進に繋がる新たな取り組みが始まっている。ここでは、首都圏空港という重大な役割を持つ羽田空港ならびに成田国際空港における事例を紹介する。

まず、羽田空港国際線ターミナルは2010年に開業したが、バリアフリー法が制定された2006年から、「ユニバーサル検討委員会」を発足させ、利用者参加型ユニバーサルデザインを推進し、開業以降も隔年で検討委員会を設置し、継続的な改善を図ってきた。そして、2014年の検討委員会では、これまでの空港施設の改善とは違う新たな施策として、訪日インバウンド増加ならびに羽田国際線便数の大幅増加などの環境変化に対応するため、外国人への情報提供、情報伝達とコミュニケーションの方法についての改善を検討し、その後の検討委員会のなかで、有識者からICT（情報通信技術）の活用が提言された。

この外国人への情報提供は、情報保障という点で、障がい者や高齢者向けの施策同様、重要な課題であり、福祉的対応のひとつと言えるが、インバウンド増加により、多言語化へのさらなる対応や混雑など、各種印刷物や案内表示版、カウンターでの有人対応等の既存手法では解決することが難しいのが現状であった。そこで、2015年12月、TIATと通信事業体・通信機器メーカー合計3社訪日外国人や車いす・ベビーカー利用者、高齢者などの空港を起点とした移動を「音」「光」「画像」「無線」等によるICT活用によってサポートすることをも目的とする世界初の情報ユニバーサルデザイン高度化の共同実験を羽田空港国際線ターミナルで4か月間実施し、2017年8月にはその公開実証実験を開始した。

特に、2017年8月の実証実験では、TIATのウェブサイト上に設定された「かざして案内™」機能を利用することで、スマートフォンのカメラ等を空港内の看板や物体にかざすだけで、外国人が自分の居場所とターミナル全体を把握できる立体地図やユニバーサルデザインに配慮したルート案内などのコンテンツが利用可能となった。

さらに、訪日外国人の3人に2人が空港で困っている公共交通機関の情報に着目し、LinkRay™技術を用いて、羽田空港国際線ターミナル駅に設置された券売機上の路線図にスマートフォンをかざすだけで、目的地までの経路を多言語で検索・案内するサービスを提供した。

これらの公開実証実験の結果を受け、TIATは2020年とその先に向けて

ICT技術の実用化・導入を行う方針を明らかにしており、外国人だけでなく、聴覚障がい者への情報保障の観点からも、期待できる福祉的対応と言える。

　また、TIATの空港施設面での福祉的対応についても紹介する。国際線ターミナル内部の施設は中部国際空港同様、ユニバーサルデザインが徹底的に導入されており、一般トイレ・多機能トイレは「内閣官房　すべての女性が輝く社会づくり推進室」が実施する表彰制度で「日本トイレ大賞　国土交通大臣賞」を受賞しているが、このことに関連して、日本で初めて、ターミナル1階に補助犬（盲導犬・聴導犬・介助犬）専用の屋内トイレを設置している。

　そして、空港利用者だけでなく、空港勤務者にも優しい空港施設として、段差のないチェックインカウンター、ストレスフリーなPBB（搭乗橋）、そして搭乗ゲート用エレベーターを紹介する。（図3-10参照）

　まず、国際線利用者は国内線とは異なり、チェックイン時には手荷物を預けることが一般的である。従来の国際線チェックインカウンターでは受託手荷物の重量計測も行うベルトコンベアと床面との間に段差があったが、ベルト上への受託手荷物の移動を依頼することはサービス上、好ましくないとの判断から、航空会社スタッフ自身が荷物を持ち上げ、ベルトに移動させることが多かった。しかし、このような作業は肉体的負担が多く、腰痛などの傷病発生のリスクがあった。そこで、TIATは国際線ターミナルに段差のないチェックインカウンターを導入した。このカウンター導入により、出発旅客はキャスター付きのスーツケースであれば、前に動かすだけで重量計量が可能であり、チェックイン担当者にとっても、手荷物移動を目の前の利用者に依頼することに対する心理的負担軽減にもなった。

　次に搭乗ゲートで使用されているボーディング・ブリッジならびに荷物運搬用エレベーターについて説明する。従来のボーディング・ブリッジは航空機の機種ごとに装着方法が異なり、その通路を伸縮するための段差があったが、この段差は車いす利用者に乗降時のストレスを与えるだけでなく、旅慣れていない高齢者や子供などを中心とする転倒事故が発生するリスクを抱えていた。そこで、TIATは世界で初めて、通路の途中に段差のない「ステップレス搭乗橋」を導入した。また、空港実務でも紹介するが、車いす利用旅客が搭乗直前まであるいは降機直後から、受託手荷物とした自分の車いす利用を希望することがあり、航空会社は税関上の問題などにより、認められていない空港を除いて、可能な範囲で機側（SHIPSIDE）での車いす受託ならびに返却に対応している。

図3-10 段差のない国際線チェックインカウンター（左） PBB（右）

(写真提供) 東京国際空港ターミナル株式会社

しかし、チェックインカウンターで受託する場合とは異なり、機側での車いす受託手荷物取扱は出発準備の慌ただしい中、航空機への搭載作業を行うが、その際、搭乗ゲートで預かった車いすを空港スタッフが航空機まで搬入する際には、搭乗口からエプロンに向かう階段を利用することが多く、悪天候時には転落のリスクもあった。さらに、車いす以外の手荷物取扱が発生する場合でも、重量物取扱事故のリスクも存在していた。羽田空港国際線ターミナルでは出発時、3階搭乗口の搭乗券読取ゲート通過後、エスカレーターでボーディング・ブリッジのある2階に降りる構造になっているため、TIATは車いす利用者や高齢者向けにこのエレベーターを設置した。そこで、TIATはこのエレベーターを1階ランプエリアへも移動も可能としたことで、手荷物搭載担当者の業務負担軽減にもつながった。まさしく、これも利用者だけでなく、空港スタッフに対する福祉的対応の例として、今後のターミナル改修のモデルケースと言える。

一方、成田国際空港でも2017年5月に、障がい者・有識者・空港関係者などで構成される「成田空港ユニバーサルデザイン推進委員会」を設立し、そのユニバーサルデザインの取り組みを推進するための「成田空港ユニバーサルデザイン基本計画」とそれに基づく2020年までに実施する具体的な取り組みを決定した。この取り組みには、すでに中部国際空港や羽田空港の事例として紹介した空港施設の改良だけでなく、発達障がい者への対応を他空港に先駆けて実施することが含まれている。一般的に、空港での福祉的対応と言えば、車いす利用者や視覚・聴覚障がい者、高齢者向けのユニバーサルデザイン実践というイメージが強いが、コミュニケーションが不安な知的、精神、発達障がい者にとって空港は、様々な音や光、におい等の情報が混在する場所であり、その

不安や刺激の強さをストレスに感じた場合、パニックを引き起こすおそれがあると考え、その対応策として、人目や音を遮り、落ち着くことができるクールダウン・カームダウンスペースを空港ターミナルに設置した。

近年、日本国内でもメンタルヘルスに対する問題意識が高まるなか、いつ、どのようなかたちで自分がその当事者になるか、それは決して他人事ではない。そのような状況のなか、車いす利用者や視覚障がい者、聴覚障がい者などと同様、ようやく知的・精神・発達障がいに対する関心が芽生えたことは、その当事者のみならず、従来、コミュニティから距離を置き、悩みを抱えてしまいがちであったその家族も含めて、航空機での旅行を身近に感じ、希望と安心を与えるという点において、空港・航空業界が新たに提案する福祉的対応として、高く評価されるべきである。今後、他の公共交通機関のみならず幅広いフィールドに同様の取り組みが広がることを願っている。

空港とは、かつて航空利用者とその関係者が利用する極めて限定された空間であった。いまや、空港は人・モノ・文化の玄関口であり、交通・危機管理の拠点とその役割は増えているが、「夢の入口」であることに変わりない。その一方、世界的な航空自由化に伴い、空港を巡る経営環境は厳しく、空港の民営化など、生き残りをかけた競争は激しくなることが考えられる。その選択肢として、空港のショッピングモール化に象徴される物販・飲食での付帯収入増収施策も今後の空港施設拡充のための原資確保目的であればまだしも、短期的視点に立った目先の収支改善策や話題集めに過ぎないのであれば、その空港そのものの将来は明るいものではない。利用者にそっぽを向かれ、廃港に追い込まれた旧空港ターミナルビルが商業施設に転用された途端に賑わうというのは実に笑えない話でもあるが、決して非現実的な話でもない。

このような厳しい状況下でも空港が生き残るには、原点に立ち返り、まずは利用者に愛される空港づくりを目指すことである。そのためには、初めて来た人でも迷うことなく、無理なく移動でき、そして使いやすい施設・サービスを目指すことが求められる。空港は地域のステイタス体現化のために建設されるものではなく、利用者のために作られるべきものである。もちろん、それぞれの空港において、財源確保や地域との共生などの現実的な問題が多く存在することは理解しているが、空港自体の付加価値を高め、競争力を強化するためにも、利用者優先の発想に立った経営戦略のひとつとして、それぞれの空港の身の丈にあったユニバーサルデザイン実践競争が展開されることが期待される。

90 第3章　空港の福祉的対応

【参考文献】

・平野典男（2017）「第4章　空港」『エアライン・ビジネス入門』晃洋書房
・国土交通省航空局（2018）「みんなが使いやすい空港旅客施設計画資料」
・財団法人日本障害者リハビリテーション協会（1994）『リハビリテーション研究』第80号
・宇城　真・上島顕司（2006）「空港ターミナルにおける旅客の利便性等の評価に関する基礎的研究」
　『国土技術政策総合研究所資料』第313号

＜参考ウェブサイト＞

・航空実用辞典　http://www.jal.com/ja/jiten/
・国土交通省航空局　https://www.mlit.go.jp/koku/15_bf_000310.html
・JAL　https://www.jal.co.jp
・ANA　https://www.ana.co.jp
・飛行機・空港フライト情報館　http://air-line.info/kuukou.html
・東京国際空港ターミナル株式会社　https://www.tiat.co.jp
・日本空港ビルデング株式会社　https://www.tokyo-airport-bldg.co.jp/
・中部国際空港 https://www.centrair.jp/torikumi/universal_design
・ジョルダン　https://www.jorudan.co.jp/eki/eki_ 関西空港 _kounaizu.html
・成田国際空港　https://www.narita-airport.jp/files/official_guide_t2_02.pdf
・AviationWire https://www.aviationwire.jp/archives/30493
・建設マネジメント技術　http://kenmane.kensetsu-plaza.com
・NTT　http://www.ntt.co.jp/journal/1605/files/jn201605009.pdf

第4章
航空会社の福祉的対応

4-1 健康状態に起因する航空機への搭乗不可・搭乗制限ケース

　航空機による移動は病気あるいは障がいを持つ利用者（旅客）の安静状態を保てる利点がある一方、飛行時間や飛行高度、気象状況、離発着時の機内気圧変化ならびに酸素濃度の低下などが利用者の病状や健康状態に悪い影響を与える場合もある。さらに、航空機そのものが密閉された空間であることから、感染症患者の搭乗により、他の旅客や乗務員に病気が伝染するリスクは存在する。そのため、JAL・ANA両社の国際線・国内線旅客運送約款では感染病患者ならびに重傷病者の利用を拒否することができると規定している。この規定に関して、ANAでは旅客・医師向け案内で、「感染症の予防及び感染症の患者に対する医療に関する法律により、一類、二類、三類感染症、新型インフルエンザ等感染症、新感染症の方、その他航空機搭乗により他のお客様に伝染するおそれがある重大な急性感染症の方は原則としてご搭乗いただけません」と明確に文章化している。該当する疾病は以下のとおりである。

表4-1　感染症法の対象となる感染症

分　類	感染症の疾病名（例）
1類感染症	エボラ出血熱、クリミア・コンゴ出血熱、痘そう、南米出血熱、ペスト、マールブルグ病、ラッサ熱
2類感染症	急性灰白髄炎（ポリオ）、結核、ジフテリア、重症急性呼吸器症候群（SARS）、中東呼吸器症候群（MERS）、鳥インフルエンザ（H5N1, H7N9）
3類感染症	コレラ、細菌性赤痢、腸管出血性大腸菌感染症、腸チフス、パラチフス
新型インフルエンザ	新型インフルエンザ（A/H1N1）、再興型インフルエンザ
新感染症	2019年3月現在では該当なし

（出典）一般社団法人日本看護学校協議会共済会ホームページならびに厚生労働省ウェブサイト「新型インフルエンザ」入門

92 第4章 航空会社の福祉的対応

　また、これらに該当しない感染症でも、学校保健安全法に定められた感染症の出席停止期間中に該当する場合も、航空機搭乗には適していないものの、医師により感染のおそれがないと認められた場合にはこの限りではない。

　また、その他の症状についても、航空機搭乗には適していないものの、病状や体調が安定しており、医師が「診断書」等により、搭乗の適性があると判断・証明した場合には、搭乗が認められるケースがある。このケースに該当する症状は表4-3のとおりである。

表4-2　診断書の記入・提出が必要な事例

病　名	出席停止期間中止中
インフルエンザ	発症した後5日を経過し、かつ熱が下がった後2日を経過するまで
百日咳	特有の咳がでなくなるまで、または抗菌性物質製剤による治療が完了するまで
麻しん（はしか）	熱が下がった後3日を経過するまで
流行性耳下腺炎 （おたふくかぜ）	耳下腺、顎下腺または舌下腺の腫れが発現した後5日を経過するまで
風疹（三日ばしか）	発疹が消えるまで
水痘	すべての発疹がかさぶたになるまで
咽頭結膜炎	主な症状がなくなった後2日を経過するまで
結核、髄膜炎菌性髄膜炎、流行性角結膜炎など	症状により、医師が感染のおそれがないと認めるまで

（出典）ANA発行資料

表4-3　病状、体調が安定しており、医師が「診断書」などにより、搭乗の適性があると判断・証明した場合、搭乗が認められる場合

	該当事例
1	重症心疾患患者、重症心不全、チアノーゼ性心疾患（通常、発症後6週間以内は不適）
2	不安定狭心症、急性心筋梗塞（通常発病後2週間以内は不適）
3	重症呼吸器疾患患者、重症呼吸器不全、重症慢性閉塞性肺疾患、最近発病した気胸患者で肺の拡張が完全でない場合
4	喀血を繰り返す場合
5	脳卒中急性期患者（通常、発病後4週間以内は不適）
6	頭蓋内圧上昇をきたす頭部疾患患者
7	重症貧血患者

8	吐血、下血患者、腸閉塞患者
9	重症中耳炎患者
10	創傷が十分に治癒していない場合（頭部、胸部、腹部手術など）および出産後間もない場合
11	症状が安定していないアルコールその他の中毒患者
12	眼球手術など術後に体内に他の気体が残存している場合
13	出産予定日まで 28 日以内にある妊婦 ＊搭乗に際しては、医師の証明として搭乗日を含め 7 日以内に作成された「診断書」が必要。 国際線においては出産予定日を含めて 14 日以内、国内線においては出産予定日を含め 7 日以内の搭乗は産科医同伴必要
14	生後 7 日以内の新生児

（出典）ANA 診断書　参考資料

　さらに、航空機搭乗に際し、「診断書」ならびに車いすや機内での酸素ボトル、出発・到着時のストレッチャー使用有無などの事前準備確認資料の事前提出が求められるのは以下の場合である。

表 4-4　診断書ならびに事前準備確認資料提出が必要なケース

	事　例
1	機内で酸素吸入、医療機器の使用、医療行為を行う必要がある場合
2	ストレッチャー（キャスター付き簡易ベッド）、保育器を使用する場合
3	重症傷病患者
4	前述「その他の症状」に該当する場合
5	上記 1〜4 の他に、治療中の疾病や最近受けた手術が航空旅行により身体に影響を及ぼすと思われる場合

（出典）https://www.jal.co.jp/jalpri/guide/certificate.html を元に筆者作成

　このように、搭乗前に不安的な健康状態、疾病、治療、手術等により、本来は航空機利用が適切でない可能性がある、あるいは場通常ならば旅行が認められない、重篤あるいは健康状態が安定しない病気やけががあり、航空便利用にあたり医師の診断書を必要とする傷病旅客のことを IATA（国際航空運送協会）では MEDA（Medical Case）と呼び、その IATA 基準に従い、航空会社側で用意している診断書を MEDA フォームあるいは MEDIF（Medical Information Form）と呼ぶ。

第4章 航空会社の福祉的対応

図 4-1　JAL（左）・ANA（右）の MEDIF

(出典) JAL・ANA ウェブサイト

4-2　制度・サービス面での福祉的対応

現在、航空機利用にあたり、何らかの制限を伴う旅客は以下のとおりである。

表 4-5　航空機利用に制限を伴う旅客

項　目	定　義
歩行困難旅客	長距離歩行不可（自力での階段昇降、機内での移動可能）通称：WCHR 長距離歩行・自力での階段昇降不可（機内での移動可能）通称：WCHS
歩行障がい旅客	自力歩行不可。原則として付添人が必要だが、自分自身で身の回りの用がたせれば、単独搭乗可　通称：WCHC
視覚障がい旅客	目が不自由（付添人・盲導犬の有無にかかわらずすべてに使用）
聴覚障がい旅客	口・耳が不自由
補助犬（介助犬）	補助犬とは身体が不自由な人の生活をサポートができるよう訓練された犬で、無料で機内に伴うことが可能。盲導犬・介助犬・聴導犬を指す。
知的障がい旅客 発達障がい旅客	援助が必要な知的障がい、もしくは発達障がい （障がいの程度が重度以上）

妊婦	出産予定日から4週間（28日）以内の妊婦
傷病旅客	移動中、症状に変化をきたすおそれのある病人あるいはけが人 （医師の診断書必要：MEDA旅客に該当）
	先天性障がい等で症状が固定している病人あるいはけが人（医師の診断書不要）
ストレッチャー旅客	MEDA旅客のうち、医師の診察により、航空機座席に着席しての移動は不可であるが、寝台による移動は可能との診断を受けた旅客

（出典）JAL・ANAウェブサイト内容を元に筆者作成

　このような旅客に対して、航空会社の援助・配慮は重要であり、JAL・ANA両社も予約・発券・空港・運航・客室・整備など必要に応じた連携に対応しうる体制を整えている。特に、JALは1990年代前半にこれら航空機搭乗に制限を伴う旅客に対して「プライオリティ・ゲスト」という呼称を導入しただけでなく、1994年には世界で初めて特別な手配が必要となる旅客専用窓口として「JALプライオリティ・ゲストセンター」を開設し、対象旅客については自社マイレージ・プログラムを活用した「JALプライオリティ・ゲストカード」を作成することで、利用者の利便性向上につなげている。（コラム参照）

　JAL・ANA両社ではこのような身体に障がいをもつ、あるいは傷病発生により特別な対応を必要とする旅客だけでなく、従来から「キッズお出かけサポート」（JAL）や「ANAジュニアパイロット」（ANA）の名称で親しまれている子どもの単独搭乗時にも予約ならびに空港スタッフ、乗務員連携による対応を行ってきたが、近年ではこれに加え、妊娠中の旅客や、赤ちゃん・小さな子どもを同伴する旅客、高齢者、さらには知的障がい・発達障がいのある旅客、さらには食物アレルギーを持つ旅客などもその対象とする様々なサポートを行っている。

　このような対応に関して、JALでは「JALスマイルサポート」と名称を付け、以下の施策を実施している。なお、先に紹介したプライオリティ・ゲストにつ

表4-6　JALスマイルサポート

名　　称	サポート対象者
ベビーおでかけサポート	3歳未満（生後8日以上）の幼児を同行する旅客
ママおでかけサポート	妊娠中の旅客
キッズおでかけサポート	6〜7歳（希望により11歳まで）の小児単独搭乗旅客
シニアおでかけサポート	高齢者の旅客（65歳未満も利用可）

（出典）JALウェブサイト

いても、現在はこのスマイルサポートの枠組みの中で、JAL プライオリティ・ゲストサポートとして位置づけられている。

　一方、ANA では具体的な名称はなく、ウェブサイト上では広範囲で「サポート」という名称を使用しているが、JAL との間でサービス提供対象者ならびに実施内容には大きな差はない。ただし、2013 年 5 月以降、ANA は予約・案内センターの新たな電話窓口として「ANA あんしんご予約デスク」を設置したが、ANA ではこの窓口の対象となる旅客について、JAL スマイルサポート対象者だけでなく、初めての航空機利用など、飛行機での移動に慣れていない旅客を含めており、JAL との差別化を図っている。

　また、航空運賃の割引制度についても紹介する。JAL・ANA だけでなく、スカイマーク（以下 SKY）、エア・ドゥ（以下 ADO）、ソラシドエア（以下 SNA）、スターフライヤー（以下 SFJ）も同様に、国内線「身体障がい者割引」制度を設けており、搭乗時の年齢が 12 歳以上で、身体障害者手帳、戦傷病者手帳、療育手帳、精神障害者保健福祉手帳を所持する旅客ならびに同一便に登場する介護者 1 名に対する割引を行い、これら手帳を所持する旅客が小児（3 歳以上 12 歳未満）で、他の運賃の利用する場合でも、介護者には割引運賃が適用される。（ただし、手帳所持旅客が 3 歳未満の幼児で、座席を使用しない場合は割引対象外）さらに、高齢者対応として、シニア割引制度を各社設けているが、その内容には予約可否など、若干の違いがある。

表 4-7　国内線シニア割引比較

航空会社	名　　称	対象者	予約可否	条　　件
JAL	当日シルバー割引	満65歳以上	予約不可	番乗日当日に空席がある場合のみ利用可
ANA	スマートシニア空割	満65歳以上	搭乗日当日のみ Web 予約可能	ANA マイレージクラブ入会必須
SKY	シニアメイト1	満60歳以上	搭乗日前日より予約可能	予約時点での空性状況により、運賃変動
ADO	当日シニア65	満65歳以上	予約不可	番乗日当日に空席がある場合のみ利用可・全区間一律料金
SNA	65歳からのシニア割	満65歳以上	搭乗2ヶ月前から当日まで予約可能	航空券購入期限あり（予約日を含め4日以内）
SFJ	スターシニア	満65歳以上	予約・発売開始日から搭乗日前日まで	航空券購入期限あり（予約日を含め4日以内）

（出典）上記 6 社のウェブサイト内容をもとに筆者作成

4-3 航空実務における福祉的対応について　97

表 4-8　国内線介護割引一覧

航空会社	名　称	割引対象者	介護者の適用条件	割引対象区間	利用条件
JAL	介護帰省割引	要介護者と介護者		移住地の最寄りの空港を結ぶ1区間のみ。経由便の場合、JALグループ便で経由する全区間適用	介護帰省割引のお客様情報登録済みのJALカードあるいはJMBカード必要
ANA	介護割引	満12歳以上の要介護者と介護者	・要介護者の2親等以内の親族 ・配偶者の兄弟姉妹の配偶者 ・子の配偶者の父母	ANA直行便がなければ、出発地と目的地を結ぶ経由地2箇所まで指定可能	介護割引情報登録済みのANAマイレージクラブカード必要
SNA	介護特別割引	要介護者と介護者（2名まで）		移住地の最寄りの空港を結ぶ1区間のみ	「介護割引パス」提示必要（事務局以外でのパス申込不可）
SFJ	介護割引運賃	要介護者と介護者		移住地の最寄りの空港を結ぶ1区間のみ	「介護割引パス」提示必要（事務局以外でのパス申込不可）

(出典) 上記4社のウェブサイト内容をもとに筆者作成

　なお、シニア割引だけではなく、介護目的での航空機利用者向けの介護割引についても、JAL、ANA、SNA、SNJ4社ではそれぞれ制度を設けている。

　ただし、このような福祉的対応としての運賃割引制度は国内線のみである。

4-3　航空実務における福祉的対応について

　航空会社の福祉的対応について、JALプライオリティ・ゲストサポートや各社の運賃割引制度だけでなく、予約・発券から空港、客室に至る実務において、どのような対応が行われているか、その実務についても検証することが重要である。なぜならば、航空会社が制度・理念において素晴らしい福祉的対応をどれほどアピールしても、現場で利用者の満足を得られるような水準でそのサービスが実践されていなければ、まさに単なる企業の無意味な自己満足に過ぎないからである。日々の運航のなかで、旅客に対するサービスを行っているのは予約・空港・客室、さらにはその出発・到着準備に携わる運航・整備さらには地上ハンドリング・スタッフ一人ひとりであり、それぞれの役割と想いが次に引き継がれ、体現したものがまさしく航空会社の福祉的対応と言える。

　この航空会社の福祉的対応実践にあたり、まずスタッフ一人ひとりに求められることは以下の点にあると考える。

98 第4章 航空会社の福祉的対応

① 対応する際には、お客様御本人と直接話す。
② お客様がどのようなお手伝いをご希望なのか、伺う。
③ 自社が提供できるサービスや施設を十分に知る。
④ お客様に自社のサービス内容や設備の取扱等を明確に説明する。

　そこで、ここからは航空機利用の一般的な順序に従い、予約・発券、空港、客室の現場に焦点を当てる。そして、日常的に行われている車いすの利用者対応を例に、それぞれの業務における対応を紹介することする。

（1）　予約業務

　一般的に飛行機の予約・発券窓口と聞けば、頭に思い浮かぶものは街の旅行会社であろう。しかし、1990年代以降のICTの急速な発展により、各航空会社は自社WEBサイトでの予約発券機能を充実させることで、自社直販体制強化へとシフトしている。また、予約のWEB化推進は航空会社が予約センター効率的運営の観点からも有効と判断しており、今後、WEBのなかでの予約・発券完結がますます一般的になることは想像される。

　しかし、この風潮は航空機利用に際し、何のお手伝いも必要としない一般的な予約・発券取扱業務の効率化にはつながるが、ここでテーマとしている福祉的対応が必要とされるお客様に対しては、依然として、従来通りの対応、人と人とのやりとりを通じての予約発券は必要であり、むしろ、そのような対応が求められるという点において、コールセンターの付加価値は高められる可能性を秘めている。その理由として、健康面や機内などの特別手配に関する確認事項が多く、利用者と予約スタッフとの間での確認を進めながら、信頼関係を築き、予約記録を作成することが望ましいこと、そしてもう一つはICTが発展しているとはいえ、すべての人が無理なく利用できる環境整備はまだ実現していないことの2点をここでは指摘する。

　航空会社の接客業務のなかで、唯一、お客様である乗客の顔が見えないのは予約業務だけであり、日々の業務のなかで、老若男女、日本人・外国人問わず、予約・発券に留まらず、想像を超える多種多様な問い合わせに対し、自分の声と言葉だけで対応することは実に孤独でハードな業務である。しかし、乗客の言葉に耳を傾け、必要事項を案内しながら、予約端末を操作し、予約記録を作成するというマルチタスクな業務であるが、そこで乗客の要望を先読みし、時には自ら旅程や割引運賃、さらには付帯サービスなどの提案をすること

表4-9　車いす利用ケース一覧

コード	状　　態
WCHR（Wheelchair for Ramp）	長距離歩行不可（陛段昇降・機内での歩行移動可能）
WCHS（Wheelchair for Steps）	長距離歩行ならびに階段昇降不可（機内での歩行移動可能）
WCHC（Wheelchair for Cabin Seat）	歩行障がい（付添人の援助なしでは移動不可）

で乗客の期待に応え、自社利用に結びつけることは予約センタースタッフとしての醍醐味でもある。社会全体がIT化、ウェブ化、さらにはAI導入など、人と人とのコンタクトを介在しないコミュニケーションが一般的になりつつある風潮が高まっているが、ネットで問題を解決できないお客様だからこそ、予約センターに電話をするのである。そして、その要望や相談に対し、真摯な態度で接し、問題を一つひとつ解決するための最後の砦として、予約センターの存在はいまだに重要である。

　ここで、改めて、車いすをご利用になるお客様のカテゴリーについて説明する。この分類は、緊急脱出時の対応など航空安全面での観点から大変重要な問題であり、座席指定の制限や搭乗可否決定にも繋がるだけでなく、空港でのチェックイン、さらには機内での乗務員対応にも密接な関係があることを決して忘れてはならない。

　車いす利用希望のお客様に対応する時、留意すべき点がいくつかある。まず、病名ではなく、障がいの程度、障がい名ならびに症状を確認することである。

　航空機搭乗にあたり、サポートを必要な乗客のなかには、航空会社によるサポートそのものを知らない、あるいは航空会社スタッフに対する遠慮や個人的心情など、様々な理由・背景により、自分の症状について過少申告すること、さらにはそもそも申告せず、一般の乗客と同様にネット予約で発券後、ウェブチェックインし、出発間際に搭乗口で車いす利用者であることが判明するというケースは決して珍しいことではない。特に、航空機の非常口近くの座席は前方に座席がなく、足元が伸ばせることや離発着時の客室乗務員の様子を間近に見ることができるため人気があるものの、2009年4月の国土交通省通達により、その座席の乗客はトラブル発生時、客室乗務員の指示のもと、緊急脱出の援助を求められているため、搭乗に際し、付添人やスタッフの援助を必要とする乗客が座席指定することはできない。しかし、満席で調整可能な空席もない

状態で搭乗手続締切時間直前に空港に到着したお客様が車いす利用が必要な場合、たとえウェブチェックインで非常口座席を指定されていても、航空安全の観点から座席変更を行わなければならない。さらには、その座席調整手続きが完了しても、実際にすべての乗客が搭乗口を通過し、座席に着席しなければ、その航空機の出発は許可されないため、座席調整の対応次第では、出発遅延とつながる事例も発生している。航空会社の重要ミッションのひとつは定時性確保であり、それぞれの出発予定時刻に向かって、砂時計のごとく時間が流れるなかで、空港スタッフだけでなく、整備担当者や運航乗務員・客室乗務員等も細心の注意を払い、日々の業務を遂行している。これに対して、予約スタッフは顔の見えない接客による精神的な重圧との戦いはあるが、時間的な余裕はまだある。それゆえ、出発前の段階で、予約スタッフがお客様である乗客に関する必要な情報を収集し、整理したうえで、空港スタッフや客室乗務員等、次の段階への確実に引き継ぐことも、航空会社の定時性確保のための重要ミッションと言える。

　さて、お客様との会話のなかで、車いす利用を手配したほうが好ましいと判断される場合を含め、車いすご利用の要望があった場合、以下の項目について乗客に確認することがスムーズである。このような特別な手配を必要としないケースを含め、すべての予約記録が搭乗者本人、予約作成依頼者、あるいは予約発券を担当する旅行会社スタッフ以外には原則として開示してはならない重要な個人情報であることを忘れてはならない。そして、不注意による予約記録への入力漏れや変更ミスが発生した場合、乗客であるお客様との通話記録をもとに修正することや、改めてその詳細を伺うことはサービス上好ましくないだけでなく、それ以上にお客様自身の個人情報を不適切に取り扱った航空会社に対する不信感へと繋がるため、確実な業務遂行が必須である。

【質問1】　お客様がどの程度歩くことができるか？

　お客様からの回答を先に紹介した図のうち、どのケースに該当するか考える。ただし、先にも述べたが、お客様の中にはそれでも航空会社スタッフに対する遠慮などで、WCHCケースであっても、WCHSケースと申告される場合もいまだにあることから、予約スタッフが空港でのサービス実施内容を理解したうえで、お客様の状況に応じた提案を行うことも福祉的対応のひとつでもある。そして、その確認結果（WCHR, WCHS, WCHC）を予約記録に反映させ

る。

　そして、その案内でも、たとえばWCHRならびにWCHSケースであれば「チェックインカウンターから飛行機の入口までご案内します」、WCHCケースであれば、「チェックインカウンターからお座席までご案内します」とサービス内容を明確にすることでお客様に安心感を与えることができる。

【質問2】　車いす使用の理由

　どのような理由で車いすを必要とするのか、その症状や障がい内容を確認することが大切である。しかし、その際にはどのようなお手伝いが必要か確認するために、決して具体的な病名ではなく、障がいの程度、障がい名ならびに症状を確認することが望ましい。なぜならば、車いす利用の理由は過去の病気や事故による下肢または体幹機能障がいだけでなく、一時的なケガ、高齢、内部障がいなど、何らかの理由により歩行困難になっている場合など多岐に渡っており、かつ、お客様のプライバシーに関わる敏感な問題であるからである。その際には、お客様自身も他人には話したくない事情があることを察し、「空港や機内でスタッフ・乗務員がお手伝いするにあたり、いくつかお聞きしたいことがありますが…」など、あくまで協力と理解を求める対応で十分である。予約記録に反映させる理由としては、「ご高齢」「腰痛」「骨折による後遺症」などがあり、お客様自身あるいは予約作成依頼者からの申告があった場合には「脳梗塞の後遺症」などの病名を含む表現も許容される。

【質問3】　航空機利用により、車いす使用の理由・症状が急変しないか？

　航空機利用により、車いす利用の理由である傷病や症状が急変する場合がある。そのため、特にWCHCケースの予約受付時には、お客様ご自身の症状が安定しているか確認することが必要である。そして、急変するおそれがある場合には、MEDAケースに該当するため、JALプライオリティ・ゲストセンターなど、より専門的な対応が可能な部署での対応が望ましい。

【質問4】　付添人の有無確認（WCHCケース）

　WCHCケースの場合、原則として、付添人の同行が予約の条件となる。また、その付添人の条件として、満12歳以上でWCHCのお客様の身の回りのお世話ができ、緊急脱出時にもそのお客様の援助ができること等が挙げられ

る。なお、ここでの「身の回りのこと」とは飲食・お手洗い、そして、機内で乗務員呼び出しボタン（コールボタン）を押すことを指す。

【質問5】 身の回りのことがお客様自身でできるか確認

特に客室乗務員向けの情報として、重要な項目である。お客様自身あるいは付添人と一緒であればできるかを確認し、その内容を予約記録に反映させる。

ただし、一人でのWCHCケースでも、日米路線や一部の日本国内線等、特例として搭乗が認められる場合があるため、予約受付時の確認が必要である。

【質問6】 車いす持参有無ならびにそのタイプ確認

お客様が車いすを持参する場合、チェックイン時に1台までは無料で受託手荷物として預かるが、その際、車いすの具体的な情報（手動式か電動式、車いす全体のサイズ、ならびにバッテリー種別など）の確認が必要である。その理由として、手動式の場合には、一部機材の貨物室スペースの高さには制限があり、折りたたみ式以外は受託できない場合があること、そして、電動式車いすのバッテリーにはドライ・ウェット両タイプがあり、空港での取扱方法が異なることが挙げられる。

今回紹介した車いす利用ケースのように、サポートを必要とする乗客の予約記録は予約センターや旅行会社で日常的に作成されており、航空機搭乗に制限があるお客様の予約・搭乗で診断書提出が求められ、医療機器の機内使用やストレッチャー（キャスター付き簡易ベッド）装着などが必要となる場合など、専門部署を中心とする組織横断的な対応をするケースは予約取扱全体から見れば、むしろ少数である。つまり、航空会社にとって福祉的対応とは日常である。そして、その乗客とのつながりが始まる予約段階で担当者に求められることは、「会社規定だから、必要事項を確認する」ではなく、「乗客に快適な空の旅を楽しんでいただく、その準備のために伺う」というサービスマインドであり、「この乗客のことを引き継ぐ、次の仲間がよりよいサービスを提供できるための準備を行う」という仲間への共感・信頼の気持ちである。そのような相手を思いやる気持ちがあれば、お客様もその担当者を信頼し、自分自身の体調について、心を開いてもらいやすい。さらには、お客様の希望・要望を引き出し、会社としてできる限りの提案を提示し、お客様が選ばれたサービス内容を

自分自身を起点とした空港・客室など他部門との連携は乗客に安心を提供するだけでなく、会社サービス全体の品質向上にもつながり、スタッフの働きがいにも結びつくのである。社会全般的に、予約とは電話や店舗などで担当者に依頼し、作ってもらうものから、お客様自身がウェブサイトやアプリなどで作るものへと変容するトレンドではあるが、ウェブサイトの機能向上やアプリの進化、さらには接客領域へのAI導入拡大があっても、ここで紹介した相手を思いやる発想をベースとする乗客対応には及ばないのが現実であり、この点において、航空会社の予約スタッフのお客様対応はもっと評価されてしかるべきである。

（2） 空港実務（出発時）

① 搭乗手続（チェックイン）

　現在、国際線・国内線を問わず、搭乗手続きは空港カウンターだけでなく、ウェブチェックインやセルフチェックインなど、お客様である乗客自身が手続きを行うことも一般的になっている。しかし、車いす利用のお客様については、出発前の体調や車いすなどの受託手荷物に関する確認・説明を行うことが必要であることから、国際線では基本的に有人カウンターでの搭乗手続が一般的である。さらに、国内線では自動チェックイン機での搭乗手続が可能な場合もあるが、国際線同様の理由から、極力、有人カウンターでのチェックインを行うことが航空会社と乗客双方にとって好ましい。

　当日のすべての乗客の予約情報は、それぞれの出発空港のチェックインシステムに反映されているだけでなく、当日のカウンター業務開始前ブリーフィングや情報端末などを通じて、特別な対応を必要とするお客様情報は担当者間で共有されていることが多い。しかし、お客様の状況は予約記録作成時と出発当日では異なる場合があることから、予約時の対応同様に、空港スタッフが直接乗客との会話を進めながら、搭乗手続ならびに説明を行うことが重要である。その際、注意すべき点は以下のとおりである。

【注意点1】　お客様にこちら側から声を掛けること

　駅とは異なり、空港そのものに慣れていないお客様も多く、航空会社スタッフの一歩先をゆくお声掛けはお客様に安心して利用いただくためにも重要である。これは車いすなど、お手伝いを必要とされる乗客に限ったことではない。たとえ、お声掛けしたお客様が他社便に予約を持っていても、その時の印象が

次回以降のご利用に結びつくこともある。さらに、最近ではセキュリティ強化の観点から、特に空港カウンター周辺の状況変化に意識を向けることも重要である。ただし、乗客であるお客様へのアプローチが「いらっしゃいませ」一辺倒では、お客様もどのように返事をすれば戸惑うことが多く、その場に生じた緊張感や戸惑いは解消されない。むしろ、「おはようございます」や「お手伝いしましょうか？」など、お客様からも何かしらの会話やリアクションが引き出せる対応など、マニュアル化せず、人それぞれの心を込めた対応実践が大切である。

【注意点2】 目線に注意する。

　特に車いすをご利用のお客様の目線は常に低いところにあるので、空港スタッフが対応する場合には、そのお客様の目線に合わせ、同じ視線の高さで話すことを心がけるべきである。特にチェックインカウンター周辺はその構造上、担当者の目線が車いすのお客様の目線から若干高くなることが多く、そのため、威圧的・高圧的との誤解を招く恐れがあることから、注意が必要である。

【注意点3】 病名ではなく、あくまで現在の症状を伺う。

　そもそも、病名はお客様の大切な個人情報であり、予約の段階でお客様からお申し出いただいたとしても、空港出発時に再度確認することはお客様の立場から考えれば、「何回同じこと聞くのか？」と感情的に受け止められる懸念がある。さらに、たとえ予約記録上、末期がん患者との情報が含まれていても、お客様自身には別の病名が告げられ、その事実をご存知ではない場合もある。

　そのため、車いす使用の理由が事前に判明している場合には、お客様から改めて申し出が無い限り、空港スタッフはその病名を含めて聞かず、あくまで、車いす利用の理由である症状ならびに障がいの内容について、現在の状況についての確認に留める。ただし、予約記録作成時に必要な情報が含まれていない、あるいは止むを得ず障がいの内容や病状についての確認が必要な場合、さらには空港での出発当日に航空会社のサポートを必要とすることが判明した場合も、お客様に対して思いやりある態度で接することを心がけなければならない。

【注意点4】 お客様ご本人と話す、そして待つ。

　予約作成時とは異なり、車いす利用に限らず、お手伝いを必要とするお客様

ご本人と極力お話し、疑問やご要望を伺う姿勢を示すことで安心感を提供する。その際、旅慣れていないお客様やコミュニケーション上の問題により、ご自身の気持ちを伝えることに時間を要する状況も起こりうるが、空港スタッフの対応として、「何でも承ります」というオープンマインドの姿勢でお客様のリアクションをじっくり待つことが望ましい。

また、見送りの家族・友人やWCHCの付添人など、お客様御本人以外との間で確認を進めることはお客様ご本人に疎外感を与えるだけでなく、御本人の希望とは相反する依頼を受け、その結果、搭乗時や出発後の機内トラブル発生の原因になりかねないため、できる限りお客様ご本人との確認が望ましい。

② 座席指定に関して

座席指定を行う際は、お客様の要望を聞くが、WCHCの乗客など、緊急脱出上の規定により、一部座席が認められない場合がある。多くのチェックインシステムでは車いす利用など搭乗時にサポートを必要とするお客様にはこの規定に該当する座席を選択できないように制限されているのが一般的である。また、車いす利用の乗客の搭乗ならびに降機時の負担軽減から、利用クラス前方の通路側の座席を指定することが多いが、半身不随のお客様にはマヒしている側が通路側にならないように窓側座席の指定や、症状により、離発着時においても座席をリクライニングする必要がある場合には、後方に座席のない座席を手配するなどの配慮は必要である。なお、歩行困難であるWCHCケースのお客様もスムーズに着席できるよう、多くの機材には可動式アームレストの座席が一部配置されている。

③ 車いす受託取扱い

お客様が自身の車いすを所持している場合、手荷物としての受託手続きが必

図 4-2　可動式アームレスト座席

要であるが、ご自身にとって車いすは単なる手荷物ではなく、乗客の大切な身体の一部であり、その取り扱いには細心の注意が必要である。空港スタッフは教育などを通じて、車いすの基本的取扱方法に関する知識はあるが、取扱ミスを防ぐために、車いす取扱に関する不明な点は速やかにお客様本人に確認することが大切である。

また、車いすの受託手順については搭乗手続終了時、お客様がチェックインカウンターで航空会社が用意した車いすに乗り換え、搭乗するケースとご自身の車いすで搭乗口まで移動し、出発前の搭乗ゲートで航空会社が準備した車いすに乗り換え、空港スタッフが搭乗ゲートから航空機まで運搬し、航空機後方の貨物スペースに搭載するケースがある。しかし、車いすは利用者それぞれの体型や症状に合わせてカスタマイズされている繊細な構造であることから、着陸時の衝撃が加わることで変形や破損する恐れがある。さらに、電動車いすの場合はそのバッテリー取扱いも含め、航空機への

図4-3 電動式車いすの受託取り扱いならびに梱包作業

(提供) DPI 日本会議／ http://dpi-japan.org/blog/workinggroup/traffic/ 成田空港 %E3%80%80ana (全日空) 電動車いす搭乗の視察報/

搭載に時間を要することから、手動・電動を問わず、車いすを預ける予定のあるお客様は国際線であれば出発時刻2時間前、国内線であれば1時間前には搭乗手続きを完了させることが望ましい。実際に電動車いす受託取り扱いを例として紹介するが、ボーイング777型機などの大型機では、通常であればスー

4-3 航空実務における福祉的対応について　107

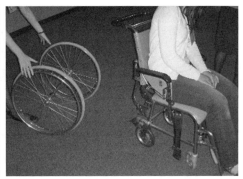

図4-4　車輪着脱可能車いす

ツケース等を多数混載するためのコンテナ1台を車いす受託専用として使用し、コンテナ内部では紐などで車いす主要部分を固定し、コンテナ内部でのわずかな移動・振動による破損を未然に防ぐ作業を実施し、機内に搭載している。ただし、ボーイング737等、貨物搭載にコンテナを使用しない機材については、車いすを直接貨物室に積み込み、床にベルトで固定させている。

④　航空会社での車いす取り扱い

車いすを利用するお客様にはチェックイン終了から搭乗までの間、航空会社スタッフによるアシストが行われることが一般的である

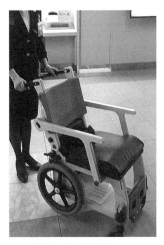

図4-5　木製車いす

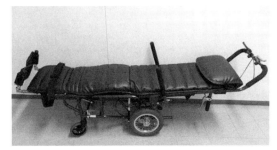

図4-6　フルフラット対応型車いす

が、同行者や見送り人などがいる場合には、搭乗までの流れを説明後、担当者との待ち合わせ場所と時間を決め、改めて出国審査から出発ゲートまでご案内するという対応もある。お客様には家族や友人だけでゆっくりしたいと思う方や、航空会社スタッフに対して遠慮する方もあり、この場合はお客様のご希望に沿った対応を行うことが好ましい。

航空会社が用意している車いすには様々なタイプが有り、外側の着脱式車輪を外すことで、機内でも利用可能は車輪幅に調整可能な車いす（Aisle Chair）が代表的であるが、最近では保安検査場の金属探知機に反応しない木製の車いすや、ストレッチャー型などがある。なお、通常、航空会社各社が配備しているが、羽田空港国際線ターミナルでは全社同一タイプの車いすを使用している。

⑤ 搭乗方法

一般的に各空港の施設規模や機材等に応じて、出発便の搭乗開始予定時刻は定められている。通常、航空会社では航空機運用計画や地上作業進捗状況を各機材の到着から出発に至るスパンで捉えることが多く、到着便の乗客降機完了から手荷物・貨物の取り卸し、機内清掃、そして折返し出発に向けた機内食・機用品・機内販売商品などの交換・補充、出発準備に向けた機材点検、客室内の備品補充状況、受託手荷物国際線路線では到着空港での提出書類搭載確認、などの一連の動きの中に、乗客の機内へのご案内、つまり搭乗案内業務も位置づけられると考える。そ

図4-7 リフトバス（上）リフター付きタラップ車（中）車いす階段昇降機（下）

（出典）https://www.ana.co.jp/ja/jp/serviceinfo/share/assist/facility/service-airport.html

のため、標準的な工程や作業時間は機種別・空港別にそれぞれ定められ、安全性・定時性維持のための指針として運用されている。

　一般的に各空港の施設規模や機材によって、搭乗に必要とされる標準時間は定められており、原則として、出発予定時刻からその時間を逆算した時刻が搭乗ゲートや搭乗券で示されている「搭乗開始時刻」である。

　通常、車いす利用、特にWCHCケースの乗客の搭乗予定便については、可能な限りPBBが装着されたスポットを利用することが一般的であるが、小型機材での運航便や地方空港などでPBB使用が困難な場合には、リフトバスと呼ばれる車輌や車いす対応可能リフター付タラップ車や車いす階段昇降機などを使用する場合もある。

　国際線・国内線ともに、機内への乗客の案内は客室乗務員による機内保安検査が完了し、機長より搭乗開始許可が出されてから開始される。現在では優先搭乗と呼ばれる各航空会社・アライアンスのマイレージ・プログラムの上級会員や上位クラス、妊婦や子供連れ、また視覚障がいなどお手伝いを必要とするお客様から優先的に搭乗する仕組みが定着したが、車いす利用のお客様の搭乗が最優先で実施されている。なお、障がい者の団体旅行等、特別な対応が求められる場合には、関連部署と調整の上、所定の時刻より搭乗開始時刻を早める等の対応をすることもある。

（3）　客室での福祉的対応

　一般的に各便を担当する客室乗務員の人数（編成数）は機材ならびに路線サービス内容によって定められている。機内でのサービス提供は航空機左右それぞれのドアを基準とした区分（コンパートメント）単位で行われることが多い。

　各便出発前の段階で予約記録あるいは出発空港スタッフからの引き継ぎにより、車いすなどサポートが必要な乗客情報は全客室乗務員に共有されており、その乗客の座席があるコンパートメント担当の乗務員が通常の客室サービスに加え、その乗客対応の担当者として指名されることが一般的である。その担当者は乗客が機内通路を車いすで移動し、座席への着席時などの早いタイミングで自分が担当者であることを伝え、乗客の不安解消に努めている。また、車いすから座席への移動に際しては、乗客にどのような方法で座席に移動するか確認の上、航空会社のサービススタンダードではなく、乗客であるお客様の気持ちに寄り添う対応を心がけている。また、座席以外でも、機内で利用可能な車

いすが多くの機材では搭載され、車いす利用者向けに内部に補助用ハンドルが取り付けられ、通路側にカーテンが装着されドアを開放した状態で利用できる化粧室も一部の機材には設置されている。

なお、車いす利用のお客様以外にも、健康上の理由により、座ったままの状態を保つことが困難であり、離陸から着陸まで横臥することが必要なお客様が使用するストレッチャー（キャスター付き簡易ベッド）を機内に装着することや、医療用酸素ボトルの座席装着にも対応できる。（ただし、いずれも別料金必要）

また、車いす利用などの出発の段階からお手伝いを必要とされるケース以外にも、巡航中の機内ではお客様の急病発生など、航行中の機内では様々な局面が想定されるが、客室乗務員は訓練において、ファースト・エイドに関する基本的知識は学んでおり、機内では酔い止め、鎮痛剤などの常備薬だけでなく、心肺蘇生を行う際に使用する蘇生キットや機内での自動体外式除細動器（AED）など多くの備品を機内搭載している。なお、医師の資格を持つ乗客のみが機内で使用できる医療器具も搭載しているが、このことに関連して、JAL・ANA両社では自社マイレージ・プログラムを利用して、「JAL DOCTOR登録制度」ならびに「ANA　Doctor on board」という制度を定め、同制度に登録した医師が搭乗した機内で急病人やけが人が発生し、医療行為が必要となった場合には客室乗務員から直接援助の依頼をすることによって、迅速な救急医療処置ができる仕組みを作り、その医療行為を受けた乗客に対する損害賠償責任が発生した場合、故意または重過失の場合を除き、航空会社が責任をもって対応することを明らかにしている。

（4）　空港実務（到着時）

出発時とは異なり、到着時、車いす利用のお客様の降機は原則として最後としている。これはお手伝いを必要とするお客様にゆっくりと降りていただくこと、そして、航空機は基本的に1日に複数回運航されており、同日折返し出発の場合、各空港ならびに機種ごと定められている標準的な地上滞在時間を極力遵守し、定時性維持に努めているため、到着時に他のお客様の降機を優先させることはやむを得ない対応であると考える。

到着時、出発前の乗客の要望によっては、降機した直後に出発空港で受託手荷物として預けた車いすへの乗り換えを手配することも可能ではあるが、一部空港では税関上の規定あるいは到着空港の設備などの問題により、到着ロビー

での車いす返却となる場合もあるため予約・出発時の空港を含め、お客様への案内に際しては事前確認が必要である。

（5）FSC と LCC との福祉的対応の差異

2012 年のピーチ・アビエーションの就航以降、日本でも格安航空会社（ローコストキャリア、以下、LCC）が発足し、LCC の台頭は大きな話題となった。しかし、LCC は航空会社としての差別化のため、FSC が安全性とともに重視する利便性や快適性よりも、低価格料金実現による経済性追求を重視し、そのためのコスト削減策として、必要最小限での機材運用や空港施設の簡素化、さらには予約・チェックインの簡略化など、極力無駄と認識している部分の見直しを実施している。

しかし、LCC を利用するお客様のなかにも当然車いすなど特別なサポートが必要なケースはあるが、FSC とは異なり、障がい者向けの割引運賃制度はなく、ストレッチャーの利用もない。また、島川（2013）は LCC の福祉的対応の問題点として、基本的な車いすの準備はしているものの、搭乗に何らかの不自由を抱えているお客様の立場に立ったサービスが展開されているわけでもなく、また航空会社の福祉的対応に関する情報提供についても消極的である点を指摘している。

もちろん、消費者の様々な需要に対応するための選択肢のひとつとして、LCC の存在は意味のあるものであり、従来の FSC との二極化は今後も継続される。しかしながら、「人びとの交流地点としての機能」であり、「安全・安心の拠点」であるはずの空港において、福祉的対応な必要な地域住民に対して、このような不利益が生じかねない状況は単なる空港行政だけの問題ではなく、地方自治の問題として捉えるべきであり、理想論とは認識しつつも、無駄は省くが、福祉的観点から必要なサービスは提供する経営追求も、本来の LCC より価格面での劣勢は懸念されるものの、ひとつの選択肢として検討する時期に来ていると考える。

4-4 これからの福祉的対応に期待すること

第 3 章で空港の、そして第 4 章で航空の福祉的対応について事例紹介をしてきた。そのなかで気づいたことは、空港も航空会社も他のサービス業同様、利用者が使いやすいサービスを提供することが最大の責務であり、一部の空港

112 第4章 航空会社の福祉的対応

では従来の「箱物行政」からユニバーサルデザイン導入など、利用者の利便性
向上に向けた施策展開を通じて、日本人が持ち合わせている他人への思いやり
体現への試みが始まっているということである。しかし、その空港の立地条件
や財務状況によって、本来ならば一刻も早い福祉的対応が求められる地方空港
がその流れに取り残されることが懸念される。

　その一方、航空会社も他の公共交通機関よりも先進的な福祉的対応を長年に
渡って実践するだけでなく、車いす対応リフトバス開発や車いす専用スペース
の設置などバス会社や鉄道会社を巻き込む新たな流れを起こしたことは高く評
価されるべきである。

　しかしながら、空港であれ、航空会社であれ、施設や制度面での福祉的対応
以上に注目され、評価されるべきはそこでお客様である乗客に対応しているス
タッフ一人ひとりである。悪天候の中、航空機の貨物室から搬出した車いすを
抱えて、エプロンから階段を駆け上がり、濡れた自分の体ではなく、車いすを
タオルで拭いて、お客様の到着をお迎えするグランドスタッフや、臓器移植渡
航のため、お子様の国内線から国際線乗継へのお手伝いや、航空機への各種医
療器械装着など、関係部署との連携を地道に行う予約担当者・空港担当者がい
ればこそ、このような福祉的対応が問題なく行われていることに敬意を表し、
その担い手のすべての人びとが報われる日が一日も早く来ることを祈りたい。

コラム　**プライオリティ・ゲスト・カードのアイディア**（島川　崇）

　私は1993年に日本航空に入社し、同時に東京支店国内線一般予約センターのオペ
レーターとして配属された。当時日本の国内線は全日空が圧倒的なシェアを持っており、
日本航空は国内線において幹線を除いた東京と地方都市を結ぶ路線は、全日空が6〜7
便持っているのに対し、日本航空は2便というところが多く、圧倒的に不利な状況で
あった。私も電話応対をしながら、「なんでこんな中途半端な時間しか飛んでないの？」
とお叱りを直接受けながら、忸怩たる思いで毎日の業務に当たっていた。だからこそ、
日本航空を選んでいただけるお客様がいらっしゃったら、絶対にこのチャンスを逃がす
まいと心を込めて応対をした。

　あるとき、搭乗の際車いすが必要なお客様の予約を受けることになった。車いす等特
別な手配が必要な場合、症状の程度、具合やフライト中に容態の急変がないかどうか等
をお客様に伺って、それを予約記録に反映して、空港および機内と情報の共有をはから
なければならない。しかし、お客様は「毎回毎回同じことを聞きやがって！」と激怒さ
れた。お客様の立場に立てば、搭乗のたびに毎回根掘り葉掘り聞かれるのはあまり気持

ちのいいことではないので、激怒されるのも無理
のないことである。でも、これらの情報は社とし
ては安全運航の立場から最低限聞いておかなけれ
ばいけない情報である。そこで私は、当時から
あったJALカードのシステムを思いついた。JAL
カードはお客様番号を入力したら顧客情報が管理
されており、お客様番号さえ申し出れば、何も言

わなくても電話番号や搭乗の実績等が予約記録に自動的に反映されるシステムである。
これに倣って、特別な手配が必要なお客様で、その状況が今後も変わらないようなお客
様に対しては、JALカードのようなカードを作って、お客様番号をおっしゃっていただ
ければ何も言わなくても予約記録に自動的に反映できるようなシステム構築を同期入社
の友人と一緒に提案した。その提案は本社へと通され、すぐ実現された。これは「プラ
イオリティ・ゲスト・カード」として、現在でも活用されている。

　そのような事例が他の部署からもこの時期には続々と寄せられていたのであろう。と
にかく日本航空の国内線が路便数で圧倒的に劣位であり、この外部環境の逆風は我々の
努力だけではいかんともしがたいことであり、そのような逆風の中で、我々サービスフ
ロントとしてはどのような工夫をすればお客様に選んでいただくことができるのだろう
かと、それぞれのサービスフロントが思っていたところに、行き着いたのは、当時は面
倒だからということで、航空会社に限らず、公共交通機関での移動をしようとするとき
に、当時どこでもあまり歓迎をされていなかった特別な手配が必要なお客様である。そ
のような当時から1994年2月、世界の航空会社で初めてとなる特別な手配が必要なお
客様への専用窓口「プライオリティ・ゲストセンター」が開設されたのである。

　このような専用窓口を設ける場合、その名称が問題になる。障害者という呼び方も
「害」という文字を使うのはあまりにもお客様に失礼であるし、体の不自由なお客様だ
けでなく、一時的な病気や怪我の場合も特別な手配が必要である。そのため、他のお客
様よりも優先してお迎えしようというコンセンサスで「プライオリティ・ゲスト」とい
う秀逸な名称を生むことができた。

　センターが発足してから25年、ノウハウも蓄積され、人工呼吸器のような大型の医
療機器とともに移動する場合や、臓器移植目的の大規模な搬送も関係各所の連携で適切
に行われている。

【参考文献】
・北村伊都子（2017）「第12章　旅客ハンドリング」『エアライン・ビジネス入門』晃洋書房
・島川崇（2008）『航空会社と空港の福祉的対応』株式会社福祉工房
・島川崇（2013）「LCCにおける格安運賃実現のためのリスク移転に関する研究」『現代社会研究』
　第11号　東洋大学現代社会総合研究所

114 第4章 航空会社の福祉的対応

＜参考ウェブサイト＞

・一般社団法人日本看護学校協議会共済会
　https://www.e-kango.net/safetynet/measures/page21.html
・厚生労働省「新型インフルエンザ」入門
　https://www.mhlw.go.jp/bunya/kenkou/kekkaku-kansenshou04/inful_nyumon.html
・JAL　　https://www.jal.co.jp
・ANA　　https://www.ana.co.jp
・スカイマーク　　https://www.skymark.co.jp/ja/
・ソラシドエア　　https://www.solaseedair.jp/
・エア・ドゥ　　https://www.airdo.jp
・スターフライヤー　　https://www.starflyer.jp
・ピーチ・アビエーション　　http://www.flypeach.com/pc/jp
・ジェットスター・ジャパン　　https://www.jetstar.com/jp/ja/home
・春秋航空日本　　https://jp.ch.com
・認定 NPO 法人　　DPI 日本会議
　http://dpi-japan.org/blog/workinggroup/traffic/ 成田空港 %E3%80%80ana（全日空）電動車いす搭
　乗の視察報 /

第5章
陸上交通の福祉的対応

5-1　鉄道の福祉的対応

（1）バリアフリーの始まり

　わが国の鉄道網は明治期から一気に整備され、瞬く間に全国に広がった。戦中は軍需物資を運搬する役割を担っていたものや、資源の運搬を担っていたものもあったが、戦後はそれらも旅客化が進んだ。そのため、駅はその当時に作られたものも多く、当時の構造は福祉的対応等はまったく考慮に入れられずに作られた。またモータリゼーションの発達に伴い、鉄道路は高架化、地下化が推進されている。ということは、余計に高齢者や障がい者にとってはアクセスしづらいものになってきている。

　そのアクセスのしづらさをどう解決しているのか、駅のバリアフリーを中心に論じていく。このことからも、バリアフリーという用語がここでは多用されることになる。また車両についても、最新の車両では福祉的対応に関してどのような工夫がなされているかについても言及する。また、ソフト面でのバリアフリーも進んでいるが、その点に関しては、次章のサービス介助士の項目に譲るものとする。

（2）駅のバリアフリー

　平成23年に告示された「移動等円滑化の促進に関する基本方針」では、鉄道駅に関しては、以下の方針が示された。

　一日当たりの平均的な利用者数が三千人以上である鉄道駅及び軌道停留場（以下「鉄軌道駅」という。）については、平成三十二年度までに、原則としてすべてについて、エレベーター又はスロープを設置することを始めとした段差の解消、ホームドア、可動式ホーム柵、点状ブロックその他の視覚障害者の転落を防止するための設備の整備、視覚障害者誘導用ブロックの整備、便所がある場合には障害者対応型便所の設置等の移動等円滑化を実施する。この場合、地域の要請及び支援の下、鉄軌道駅の構造等の制約条件を踏まえ

可能な限りの整備を行うこととする。又、これ以外の鉄軌道駅についても、地域の実情に鑑み、利用者数のみならず、高齢者、障害者等の利用の実態等を踏まえて、移動等円滑化を可能な限り実施する。ホームドア又は可動式ホーム柵については、視覚障害者の転落を防止するための設備として非常に効果が高く、その整備を進めていくことが重要である。そのため、車両扉の統一等の技術的困難さ、停車時分の増大等のサービス低下、膨大な投資費用等の課題について総合的に勘案した上で、優先的に整備すべき駅を検討し、地域の支援の下、可能な限り設置を促進する。

このことからもわかるように、駅は、平成32年度、すなわち2020年のオリンピックイヤーがひとつの目標地点となり、積極的にバリアフリー化が推進されている。

特にホームドアの設置は大きな課題となっている。視覚障がい者にとって、ホームは「欄干のない橋」と例えられている。想像してほしい、両側に電車が入るホームを島式ホームというが、このホームを白杖だけを頼りに歩くのである。そして、駅を利用していていつもおかしいと思うことだが、「列車が到着いたします。危ないですから、黄色い線の内側に下がってお待ちください」というアナウンスが何の疑問もなく流れている。危ないから、黄色い線の内側に下がらなきゃいけない、黄色い線とは点字ブロックのことである。そんなに危ないところを視覚障がい者に歩かせているのか。どう考えてもクレイジーである。

2018年現在全国の鉄道駅約9,000駅中、ホームドアがあるのはたった725駅、1割にも満たない。

ホームドア設置には費用負担は莫大である。鉄道会社としては、設置したくないのが本音である。そのために、ホームが狭隘であること、相互乗り入れが進展して、ドア数が異なる車両が

図5-1 危ないですから黄色い線の内側にお下がりください。（JR横須賀線武蔵小杉駅）

（出典）筆者撮影。　第5章すべての写真

入線することの対応、ホームドア作動時間が取られる[1]ことによる速達化の阻害、古い構造のホームだとホームドアの重量に耐えるための補強工事も必要等あらゆる言い訳が並ぶ。しかし、視覚障がい者の約4割が実際に転落を経験しているのである[2]（NHK調査）。この事実をしっかりと認識してほしい。欄干のない橋を、わざわざ健常者に対してその内側に危険回避のために下がらせている場所を、歩かせているのである。このクレイジーさに早く気付いて頂きたい。

そのような中、東急は2019年度にホームドア設置100％を公約に掲げ、積極的にホームドア設置を推進していることは特筆に値する。東京メトロも2025年度までに全9路線・全179駅へのホームドア設置計画を決定したと発表した。東京メトロは、すでに副都心線など4路線でホームドアを完備し、ほかの路線でも積極的に設置を進めているが、最近まで全駅への設置計画が出されなかったのは、東西線の導入に関してのハードルが高かったためである。東西線は、東京メトロ車両だけでなく、微妙にドアの位置が違うJR車両、東葉高速鉄道車両が乗り入れし、加えて、東京メトロ車両の中には大型ドアの車両が存在する。そのすべての車両に対して対応できるホームドアの選定に時間がかかったとのことである。しかし、それでもホームドア全駅設置を決定した。

図 5-2 車両のドアとともに閉まるホームドア（東急目黒線日吉駅）

車両のドアの横には車いす対応のピクトグラムとともにベビーカーのピクトグラムも最近見られるようになってきた。かつてはベビーカーは車内では折りたたむように言われていたが、実際の子育て世代からの強いリクエストにより、ベビーカーは車内でも折りたたまずに乗ることが推奨されるようになった。

鉄道会社側としても、ホームドア設置は、転落による人身事故防止には大いに役に立つ。運転士にとっては、ホーム入線は毎度緊張する瞬間で、特に朝のラッシュ時にはホームの端ぎりぎりまで人があふれる中で入線するのは慣れても恐ろしいものだと言われている。その一方でホームドアが設置されるとそのようなことはないので、運転士の運転環境の向上にも大いに役に立つ。安直に

運賃に上乗せして財源を確保することを認めて貰ってから整備しようなんてことは考えず、早急な対応が求められる。

ホームドア以外での駅でのバリアフリーの取り組みは以下のような項目で推進されている。

① スロープ

段差を解消するためにスロープが設置

図5-3 スロープ（東急東横線日吉駅）

図5-4 方向転換しなくてもいい両側に扉が備え付けられているエレベーター
（東急東横線横浜駅）

される場合も多いが、1/8、すなわち1cm上るために8cm進むようなきつい勾配だと、介助者がいる車いすだと上るのは可能だが、単独では難しくなると言われている。バリアフリー法では、スロープの勾配は、屋外では1/15以内、屋内では1/12以内と定められている。

② エレベーター

図のように、中で車いすを方向転換し

図5-5 エスカレーター
（東急東横線横浜駅）

なくても、そのままスルーで入って出られる便利なエレベーターも導入が進んでいる。

③ エスカレーター

入口が間違わないように、LED で示している。またエスカレーターの手前には止まれを意味する点字ブロックが並んでいる。

④ 券売機

車いすでも接近しやすいように、券売機の下の部分に「蹴り込み」が作られている。これはバリアフリー法で定められているものではないが、最近かなり普及している。また、券を購入する際に杖や傘を立てかけられるストッパーも設置されているところも多くなった。右側には点字の運賃表も見られる。

図 5-6　券売機と蹴り込み（横浜市営地下鉄グリーンライン日吉本町駅）

⑤ 自動改札機（幅広型）

普通の自動改札機の幅は 55〜60cm であるが、車いす利用者、ベビーカー、スーツケース持参者等も円滑に通ることができるように 85〜90cm の幅広型の自動改札機も普及が進んでいる。最近では一般用も 55cm が少なくなり、60cm になってきた。

図 5-7　幅広型自動改札機（東急東横線渋谷駅）

⑥ 行き先案内表示

行き先案内表示は、最近では出口方向を黄色地に黒で分かりやすく表示されている。黄色地に黒という色のコントラストは、視覚障がい者にとっても分かりやすい組み合わせである。

図 5-8　行き先案内表示（東急東横線渋谷駅）

（3）鉄道車両のバリアフリー ─────────

　鉄道車両のバリアフリーに関しては、「移動等円滑化のために必要な旅客施設又は車両等の構造及び設備に関する基準（平成 18 年 12 月 15 日国土交通省令第 111 号）」において、以下のように示されている。

　鉄軌道車両
　1）　車いすスペースを設置すること。
　2）　トイレについて、車いす使用者の円滑な利用に適した構造とすること。
　3）　列車の連結部にはプラットホーム上の旅客の転落を防止するための措置を講ずること。
　4）　車両番号等を文字及び点字で表示すること。

　これに関しては、駅のバリアフリーよりも達成率は高く、平成 30 年 3 月現在で、JR 6 社と大手民鉄 15 社と東京地下鉄の合計で車両総数に対するバリアフリー化適合車両の比率は 74.1％となっている。

　ただ、車いすスペースを設置することで基準を満たしたことになっているが、例えば新幹線でも 1 編成で車いすスペースが 2 席しかない場合も多く、これでも基準は満たしたこととなっている。また、車いすスペースは券売機では購入できない。事前に予約センターで予約をしないといけないことになっている。これでは車いす使用者同士が一緒に移動するというときに大いに支障をきたすこととなる。基準を満たしたからといってゴールではなく、さらなる利便性向上のために改善が求められている。

　車両のバリアフリーに関しては車いすスペース設置以外に目新しいものが見つけにくいが、相鉄の新型車両はバリアフリーに関しても新たな工夫が施されている。ユニバーサルデザインシートと名付けられ、東京乗り入れを想定した新型車両 12000 系と 20000 系に新たなシートが導入されることになった。立ち座りを楽にするために、座面を若干高く、奥行きを若干短くしている。そして、座面の下に荷物を置くスペースを作っているところが新しい。

　また、西武鉄道が新たに導入した特急用車両 Laview では、1 号車に大胆に車いすスペースを設置している。多目的トイレも大きなスペースが用意されており、車いす利用者からも好評を博している。

図 5-9　西武鉄道 Laview の広い車いすスペースと多目的トイレ

5-2　バスの福祉的対応

(1) バスにおけるバリアフリーとユニバーサルデザイン

　バリアフリーとユニバーサルデザインの違いについて第1章で言及したが、それをバスに当てはめると、以下のように考えられる。バリアフリーはリフト付バスがこれに当てはまり、ユニバーサルデザインは低床型ノンステップバスが当てはまる。

(2) ノンステップバスとは

　バスはもともとタイヤが大きく、そのため段差がつきものとなっていたが、

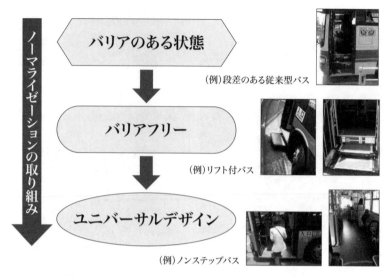

図5-10　バスのバリアフリーとユニバーサルデザイン

その段差をなくして乗降性を高めた低床型のバスのことをノンステップバスという。これは日本独自の言い方で、国際的に通用する呼称ではない。

ノンステップバスでは、車いす利用者のために、中ドアに車いす用のスロープが備え付けられていることが多い。また、エアサスペンションを利用して、乗降時に左側の車高を下げて地面との段差を少なくする「ニーリング機能」が標準装備されている。ニーリングを作動させるだけで、路面から床まで標準的には335mmのものが、265mmまで接近させることができるのである[3]。

ノンステップバスは、エンジンを車体後部に置くことによって、床下構造が整理されて低床化を実現した。しかし、圧縮天然ガス（CNG）を燃料とするバスは、ボンベを搭載しなければいけないことから低床化が実現しなかったが、屋根の上にボンベを搭載することが規制緩和で可能になったため、CNGのノンステップバスもよく目にするようになった。屋根の上にある大きな燃料タンクとボンベが目印である。

（3）ノンステップ化の課題と解決策

バスのノンステップ化で、乗降に段差がなくなり、高齢者や障がい者だけでなく、すべての人々が楽に乗降できるようになったが、デメリットも存在する。まず座席数の減少である。低床化をしたために、タイヤの場所がどうして

も大きく張り出してしまい、ここがデッドスペースとなってしまう。このタイヤハウスの上に座席を作っている場合もあるが、その際はよじ登るような感覚で座らなければならない。そのため、この座席は必然的に高齢者や障がい者には向かない。このスペースを荷物置き場にしているバス会社もある。また、エンジン搭載スペースが小さいので、必然的に高出力エンジンを搭載できず、勾配の多い路線がある場合は出力不足になってしまう。また、雪国ではこれだけの低床だと路面との接触があり、導入が難しい。東北地方でノンステップバスの導入が進んでいないのはこのためである。さらに、低床化を実現するために特殊な部品を使用することになり、従来型と比較して価格が約1.5倍になるので、従来型との差額を補てんするために行政から導入のための助成金が用意されている。

　これらの問題を改善するために、最近では、バスの中扉までの間を超低床化し、そこからワンステップまたはツーステップを設けて、コスト削減と十分なエンジンスペースを確保することで高出力化を実現する工夫もみられる。乗降は段差がないというノンステップバスのメリットはそのままに、デメリットを解決した好事例である。

　また、2018年12月に、東京都交通局が新たなるフルフラットのノンステップバスを導入することが発表された。今後は、上述のデメリットを解消させたうえでのフルフラットのノンステップバスが多く開発されることになるだろう。

（4）リフト付き大型バス

　貸切バス、長距離バス、リムジンバスでは大型バスが使われることが多い。大型バスはスーツケースを床下に収納する場所が必要なのと、見晴らしのよさを確保するために、床が高くなっている。ということは必然的に段差が生じてくるが、リフト付きの大型バスも存在し、車いす利用者でも安心して利用できる。

　かつてはリフトは特別に受注生産していたので、高価で導入にも時間がかかっていたが、いすゞ自動車のGALAシリーズでは、「リフト車」としてリフトが標準装備されている大型バスも発売されている。

　GALAリフト車は従来のリフトよりもコンパクトに格納でき、トランクルームも十分に容量を確保することができている。

　車いす利用者の乗車方法は図5-12のとおりである。

図 5-11　いすゞ自動車　GALA リフト車

（出典）いすゞ自動車ホームページより。以下、図 5-12〜13 同様。

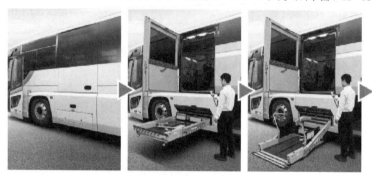

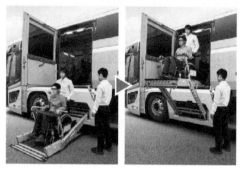

図 5-12　車いす利用者の乗車の手順

　車いす利用者がいない場合は通常の座席配置となっているが、車いすスペースが必要になった場合は、スライドシートがあり、このシートをスライドすることで、スペースを確保することができる。

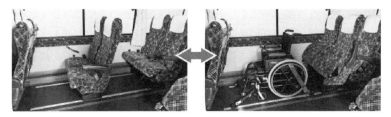

図 5-13　車いすスペースの確保の手順

（5）エレベーター付きリムジンバス

　しかし、このリフト付き大型バスをリムジンバスとして運行するとなると、この車外に飛び出すリフト式では乗降場所が制限され、雨天時には利用者が濡れる問題があり、リフトでの乗降時に「恐怖心を感じる」との利用者の声も出た。さらに、リフト乗降時の所要時間（10〜15分）、リフト設置に伴う手荷物収納スペース減少というリムジンバスにとって死活問題である定時性・利便性への影響が明らかになった。

　そこで、2018年12月、東京空港交通はこの実証運行結果を元に改良・開発された、車いすのままで乗降可能なバリアフリー対応高速バスとして、エレベーター付きバスを日本国内で初めて導入し、一部路線での営業運行を開始した。

　このエレベーター付きバス開発は、リフト付きバスの課題であった乗降場所の制限撤廃や車いす利用者への心理的・肉体的負担軽減と手荷物収納スペース確保、さらには手動・電動いずれの車いすに着席した状態での乗降を実現した

図 5-14　エレベーター付きリムジンバス

点において大きな技術革新であった。そして、簡便かつ多様な車いすに対応した固定装置開発はバス運行の最前線に立つスタッフへの負担軽減と乗降時間短縮にも寄与しており、乗降時間短縮による定時性確保だけでなく、福祉的対応に尽力するスタッフへの配慮としても重要である。特に、空港発着時には収納された手荷物の搬入・搬出を行うスタッフは配置されているが、空港以外での発着時は手荷物取扱や料金収受を含めた乗客対応を限られた時間の中、運転士が一人で行うことが多く、このような設備面での積極的な技術革新導入は働き方改革という面においても、福祉的対応として企業が求められる姿であると考える。

(6) ツアーバスの福祉的対応の事例　～那覇バス×JALPAK「うたばす」

　沖縄県の那覇バス株式会社では、バスガイドで三線（琉球三味線）の生演奏ができるガイドをグループ化し、「うたばす」と名付けて活動をしている。また、その取組に共感した株式会社ジャルパック（JALPAK）が募集型企画旅行のメイン素材として通年で商品化し、「JALうたばす」として発売し、好評を得ている。JALうたばすは、JALPAKの募集型企画旅行商品に組み込まれている、バスガイドが三線の生演奏を実施しながら案内をすることを全面に謳ったバスツアー商品のことである。2013年度下期の商品から登場して現在で4年間継続して実施されている。基本的には募集型企画旅行商品として売り出されているが、沖縄の着地に根差したJAL・JTAセールスが企画・催行する着地型旅行商品サイト「JAPAWALK」においても手配が可能である。

図5-15　うたばすメンバーの安里亜希子さん

　このJALうたばすに使用されている専用車両がリフト付きの大型バスである。これはJALPAKの企画担当者安達健太郎氏がこだわった末の実現である。安達氏はかつて車いす利用者のツアーを手掛けた際、大変喜ばれたことが念頭にあり、すべての人が旅の喜びを感じても

らえるような旅作りを考えた際、リフト付き車両は絶対に譲れないポイントであったとしている。このような旅行会社とバス会社双方で福祉的対応の取り組みを考えていく事例がもっと広がってほしいものである。

図 5-16　リフト付きのうたばす車両
（出典）JALPAK 提供

1) 5秒程度停車時間が延びると言われている
2) NHK（2018）視覚障害者の4割が経験！ホーム転落　https://www.nhk.or.jp/heart-net/article/2/　2019年4月4日アクセス
3) いすゞ自動車HPより　https://www.isuzu.co.jp/technology/daizukan-bus/low_floor/index.html　2019年4月5日アクセス

第6章
宿泊施設の取り組み

6-1　宿泊施設に関する法令―旅館業法

　わが国の宿泊事業者は、旅館業法の規制を受ける。旅館業法は、「旅館業の健全な発達を図るとともに、その利用者の需要の高度化および多様化に対応したサービスの提供を促進し、公衆衛生および国民生活の向上に寄与すること」を目的として 1948（昭和 23）年に制定された。ここでいう「旅館業」とは、日常的にわれわれが用いる「旅館」のことではなく、広く「ホテル」も含む「宿泊（事）業」と同じ意味である。何度かの改正を経て、2018（平成 30）年 6 月 15 日施行後は、以下のようになっている。

　同法第二条は宿泊施設を、①旅館・ホテル営業、②簡易宿所営業、③下宿営業の三つに区分している。改正前は、ホテル、旅館、簡易宿所、および下宿の四つであった。このうちの簡易宿所とは、宿泊する場所を多数人で共用する施設である。具体的には、山小屋やカプセルホテルなどがこれに属する。また、下宿とは 1 か月以上の期間を単位とした宿泊サービスが提供される施設を指す。いわゆる「下宿屋」がこれに該当する。

　また、旅館・ホテルは、簡易宿所と下宿以外の宿泊施設を指している。具体的には、主として短期間（通常は日を単位とする）、個別的なスペースを設けて人を宿泊させる施設となる。改正前は、ホテルが「洋式の構造および設備」を主とし、旅館が「和式の構造および設備」を主とする宿泊施設と定められており、施設のハード面がホテルと旅館では異なっていた。これは現在でも、一般的にそのような相違が存在するととらえられている。そこで、この点について少し掘り下げて考察したい。

　洋式の構造および設備を主とする施設とは、客室内の調度および寝具設備が洋式（つまり、ソファーやベッドなどが用意されている）であるだけでなく、宿泊の態様が洋風であるような構造および設備を主とする施設を指していた。そのため、たとえば客室以外のロビーや食堂の設備などを備えることが洋式と認定されるための要件であった。また、和式の構造および設備による客室と

図 6-1　ホテルの洋室と和室
(写真提供) PIXTA (ピクスタ)／左：y.u-stable、右：papa88

は、客室間や客室と廊下の間が、ふすま、板戸、その他これらに類するものを用いて区画されている客室を指していた（いずれも「昭和 32 年 8 月 3 日付衛発第 649 号 厚生省公衆衛生局長通知」による）。

　この施設面に関して、旅館業法施行令第 1 条では、以下のように規定している。これも、旅館業法の改正にあわせて、2018（平成 30）年 6 月 15 日から施行されている。

　第 1 条では、旅館・ホテルの構造設備基準が規定されている。まず、客室の床面積は最低 7 ㎡が必要である。ただし、寝台、すなわちベッドを置く客室では最低 9 ㎡とされている。これも改正前は、ホテルと旅館とで規定が分かれており、かつ客室数の規定があった。かつて、ホテルであるためには客室が 10 室以上あり、1 室の床面積が 9 ㎡以上でなければならなかった。

　また、同条では、その他の基準として、宿泊しようとする者との面接に適する玄関帳場、つまりいわゆる「フロント」またはその者を適切に確認できる設備、換気、採光、照明、防湿、排水の設備、入浴設備、洗面設備、トイレなどについて定められている。

　一方、下宿についての基準は、旅館・ホテルにおける「換気、採光」以下と同様の点である。簡易宿所はそれに床面積とベッドの規定が加わり、延床面積が 33 ㎡以上または 3.3 ㎡×人数が必要で、階層式寝台、すなわち二段以上のベッドについては、上下の間隔がおおむね 1m 以上とされる。

　次に「国際観光ホテル整備法」とは、「外国人客に対する接遇を充実し、国際観光の振興に寄与すること」を目的として、1949（昭和 24）年に制定された法律である。同法は、改正された旅館業法とは異なり、ホテルと旅館とを分けて規定しているが（ホテルが第 2 章：第 3 条〜第 17 条、旅館が第 3 章：第

18条）、施設・設備面を除いて実質的な内容は同じである。観光庁に登録された登録実施機関を通じて登録をすることで、「登録ホテル」または「登録旅館」となるが、施設・設備やサービスが外国人客の利用に適していることや、従業員の語学力が必要とされる。また、料金も届け出が求められ、その変更にも許可が必要である。さらに、クレジットカードやインターネットが使えるよう努めることとされている。かつては洋朝食が提供できることも規定されていた。

　問題は施設・設備面であり、これは「国際観光ホテル整備法施行規則」で規定されている。同規則におけるホテルと旅館の相違は明確であり、そもそも第2条でそれぞれを分けて規定するところからはじまっている。そして、第2章（第3条〜第16条）でホテル、第3章（第17条〜第18条）で旅館の施設・設備をそれぞれ規定している。

　ホテルも旅館も、基準客室というものがまず定められている。ホテルの基準客室は、1人使用であれば9㎡以上、その他の客室は13㎡以上とされるが、旅館ではそれぞれ7㎡以上、9.3㎡以上となる。また、ホテルでは基準客室に浴室またはシャワー室とトイレが必要で、お湯の出る洗面設備も必要であるが、旅館は浴室またはシャワー室とトイレのある基準客室は2室以上であればよく、お湯の出る洗面設備のある基準客室が4室（基準客室が15室を超える場合には、超える客室数の4分の1＋4室）以上あればよい。また、ホテルはこの基準客室が15室以上かつ客室総数の半分以上がなければいけないが、旅館は10室以上かつ3分の1以上となっている。

　バリアフリーを実現するためには、一定以上のスペースが必要とされ、寝具にも制約があることから、現時点では簡易宿所で対応しているところはほとんどない。また、下宿の場合は全体の軒数そのものがきわめて少なくなっている。

　一方、「民泊」に対応すべく、2018（平成30）年6月に「住宅宿泊事業法」が施行された。ただし、ここで規定される「住宅宿泊事業」とは、あくまで居住用の施設を宿泊にも供するというものであるため、これもここでは扱わない。

　以上より、本章では、ホテルと旅館を軸として、宿泊施設における福祉的対応について検討する。

6-2　宿泊施設における福祉的対応に関する法令

　次に、宿泊施設における福祉的対応に関する法令についてまとめる。

　2006（平成18）年6月に公布され同年12月に施行された「高齢者、障害者等の移動等の円滑化の促進に関する法律」（通称「バリアフリー法」）によって、高齢者、障がい者、妊婦、けが人などの移動や施設利用における利便性や安全性の向上を促進することが目指され、他の観光関連施設とともに、宿泊施設も一部がこれに含まれることになった。ただし、鉄軌道、バス、船舶、航空、タクシーといった主体とは異なり、宿泊施設は「不特定多数の者等が利用する建築物」すなわち「特別特定建築物」として、2010（平成22）年に50％のバリアフリー化を目指していくことになった。

　同法第2条第16項で、「特定建築物」としては、学校、病院、劇場、百貨店などともにホテルが指定されている。また、旅館もここでいうホテルに該当することになる。

　最低限のレベルとして、車いすの使用者と人がすれ違える廊下の幅を確保すること、車いす使用者用のトイレが一つはあること、目の不自由な方も利用しやすいエレベーターがあること、が示された。また、望ましいレベルとして、車いす使用者同士がすれ違える廊下の幅を確保すること、車いす使用者用のトイレが必要な階にあること、共用の浴室なども車いす使用者が利用できること、などが示され、これを満たす場合には容積率や税制上の特例が受けられることになる。

　同法は2018（平成30）年5月に改正された。大きな変更点としては、「共生社会の実現」と「社会的障壁の除去」という理念を明確化したことや、ソフト面の充実、あるいは「重点整備地区」に加えて「移動等円滑化促進地区」の設定がなされたことなどが挙げられる。宿泊施設に関係するものとしては、近接建築物と駅等の連携が明確化されたこと、建築物等におけるバリアフリー情報の提供が努力義務化されたこと、情報の積極的な開示義務が生じたこと、が該当する。

　観光庁は、2018（平成30）年8月に刊行した『宿泊施設におけるバリアフリー情報発信のためのマニュアル〜 実践に向けた手引き 〜』において、同法の改正に合わせたポイントをまとめている。

　高齢の方や障がいのある方が求める情報の一例として、以下の要素が列挙さ

れている。

① **入口・アクセス**

- 施設入口の段差の有無・高さ、スロープ等の段差解消策の有無
- アクセスの起点となる最寄りの駅やバス停から施設までの経路案内（写真や図を用いた経路案内、文字による経路案内 等）
- 夜間通用口の解錠方法、施錠時のコミュニケーション手段
- 駐車施設、専用スペースの有無 など

② **施設内・通路**

- 通路の段差の有無・高さ、階段の手すりの設置有無
- エレベーターの有無（サイズ・定員数 等）
- エレベーター内の音声案内、文字情報表示の有無
- 視覚障害者誘導用ブロックの有無
- 施設内のバリアフリーマップの有無
- 点字や浮き出し文字による館内案内マップの有無 など

③ **客　　室**

- 客室の仕様（ドアの形状、入口や通路の幅、段差の有無・高さ、転回可能な幅の有無、ベッドの高さ 等）
- 客室番号の点字表示、立体的な番号表示の有無
- 字幕対応テレビの有無 など

④ **浴室・トイレ**

- 客室内の浴室の段差の有無・高さ、手すりの有無
- 大浴場内の配置図の有無
- 大浴場内の段差の有無・高さ、手すりの設置有無
- 家族や介助者と利用可能な貸切風呂の有無（予約の可否、利用可能な時間帯 等）
- 共用の車いす対応トイレ・オストメイト対応設備の有無、設置個数
- 補助犬用トイレ（スペース）の有無 など

⑤ **食　　事**

- バイキング形式の場合の人的支援の有無
- テーブル席の有無（車いす使用のまま食事が可能 等）
- パーテーション等で区切られた空間の確保（座席の指定）
- 部屋食対応の可否

・アレルギー対応食、きざみ食の提供可否

・食事等の成分表示、アレルギー表示の有無 など

⑥ **情報発信・問合せ**

・施設や設備・サービス等に関する詳細なバリアフリー情報の有無

・写真や動画を用いた視覚的に判断可能な情報

・電話・FAX・メール等の複数の問合せ手段の確保 など

⑦ **その他**

・貸出し可能なバリアフリー備品の有無

　※車いす、シャワーチェア、シャワーキャリー、フラッシュベル 等

・施設までの送迎の有無、送迎時の移動手段（車両の仕様）

・施設内での人的介助・誘導の対応可否、対応可能な範囲

・非常時に音声以外で情報を伝達する設備や備品の有無

・筆談具の有無、職員による手話対応の可否 など

　障がい者への対応のみならず、今後、高齢者が増加するにつれて、こうしたことへの対応は一層求められることになる。観光庁も、これが市場拡大につながるとの認識を示しており、逆に言えば、このような対応ができないということは、市場の変化についていけていないという見方もできよう。

　なお、障がい者の社会参加を阻む障壁を除去しようとする考え方が「バリアフリー」であり、高齢者や障がい者といった区分をそもそも取り除き、誰もが使いやすいデザインを目指すことが「ユニバーサルデザイン」ということになる。以下では、この前提を踏まえて論じていく。

6-3　宿泊施設の福祉的対応

（1）　宿泊施設における福祉的対応の概要

　前項でみたように、わが国の宿泊産業は「ホテル」と「旅館」、そしてその他の施設群に大きく分けられる。その大きな相違は構造面であるため、この違いは福祉的対応にも関わってくることになる。そこで、本章ではホテルと旅館とに分けて、それぞれの状況を論じていく。

　国際パラリンピック委員会は、「日本のホテルはバリアフリー対応の客室が少ない」（『東京新聞』2018年1月16日）と懸念していた。特に、わが国独

自のユニットバスが使いにくい要因として挙げられている。確かに、わが国のホテルの大多数を占めているのは、ユニットバスを備えた、かつて「ビジネスホテル」と呼ばれた相対的に低価格の施設である。客室の面積は1人用和室で最低7㎡、ベッドを置く客室では最低9㎡とされているが、これではバリアフリーの実現は到底望めない。

「バリアフリー法」によれば、「50室以上ある宿泊施設で1室以上」のバリアフリー客室を用意するよう求めているが、逆に言えば、50室以上であれば1,000室あっても1室以上ということになってしまう。そのため、「義務」としてとらえる一方で、それが「市場拡大」にもつながるという意識がなければ、宿泊施設側のモチベーションにはつながらない。逆に言えば、基準以上の対応をしている施設は、そういった意識を持っているといえるだろう。

なお、宿泊施設には、「宿泊」という機能のみならず、「料飲サービス」と「宴会」といった機能もある。そのため宿泊サービスを提供するための客室はもちろんのこと、料飲サービスを提供するレストランやバー・ラウンジ、宴会場などにもバリアフリー対応が求められることは忘れてはならない。

（2） ホテルの福祉的対応

ホテルの客室の多くは洋室である。そして、自身の客室を一歩出れば、そこは「公共的なスペース」であるととらえられる。そのため、例えば寝巻きで客室から出たりしてはいけないことになる。

この点からすれば、客室内のバリアフリーはもちろんだが、それ以外は館内すべてにおいてバリアフリーを目指すことが求められる。

［事例1］ 京王プラザホテルの例

まず、客室を中心とした対応事例を挙げる[1]。

新宿の「京王プラザホテル」は、1981（昭和56）年8月に「日米車いすバスケットボール大会」で来日した米国のナショナルチームに利用されたこと、1988（昭和63）年に「世界リハビリテーション会議」の会場となったことなどもあり、いち早くこの点に取り組んできた。2019年3月現在では、「デラックス」、「ラグジュアリーデラックス」、「ジュニアスイート」の各タイプの客室に、ユニバーサルデザインを意識したユニバーサルルームを13室用意している。同ホテルは、1,400室強の客室数を持っていることから、全客室の約1%がバリアフリーを実現しているということになる。

6-3 宿泊施設の福祉的対応　135

図6-2　京王プラザホテルの概観
(写真提供) PIXTA (ピクスタ)/Kazuhisa.Matsumoto

　各部屋の入り口は、85cmから90cmを確保し、バスルームへの入り口も80cmあり、バスルームへのアプローチには常設のスロープが設置されている。トイレには手すりと背もたれ、背もたれクッションが取り付け可能であり、バスタブには余裕を持った移乗スペースが用意され、滑り止めマット、移乗台、手すり、ステップなどの設置が可能である。バスルーム内の転回スペースは120cmから150cmを確保している。ベッド横にも移乗スペースを120cmから150cm確保しており、ベッド間も45cmから80cmのスペースがある。ライティングデスクは車いすに乗ったまま利用可能で、デスクの下には突起があり、車いす利用者が移動しやすい工夫がなされている。各部屋に1台ずつ、

| デラックスツイン | ラグジュアリーデラックスツイン | ジュニアスイートツイン |

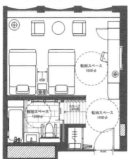  

図6-3　ユニバーサルデザインの客室平面図

(出典) ㈱京王プラザHP (https://www.keioplaza.co.jp/guide/universal/universal01.html) より
　　　(2019年2月18日アクセス)

136 第6章 宿泊施設の取り組み

電動ベッドと電動アームチェアの用意も可能となっている。

　また、「車いすご利用の方・足元に不安のある方・高齢の方」向けの貸し出し備品として、以下のものを用意している。

　（※の付いた備品は、一般部屋（一部除外）でも利用可能。）

- ・車いす※
- ・バスタブ用滑り止めマット※
- ・バスタブへの移乗台※
- ・バスクリップ（バスタブ用手すり）※
- ・バスステップ（踏み台）※
- ・バスボード※
- ・シャワーチェア※
- ・トイレ手すり・背もたれ
- ・トイレ背もたれクッション
- ・電動ベッド用手すり柵
- ・低位置ハンガーバー
- ・ミニバーにセットされた茶器類をライティングデスク上にセット※
- ・電気ケトルに加え、ボタンを押すだけで給湯可能な電気ポット※

また、視覚障がいのある方向けには、以下のものを用意している。

- ・シグナルエイド

　　本館30階エレベーターホールに音声標識ガイドシステムを採用しており、チェックイン時にお客様に渡すシグナルエイド（小型送受信機）に反応し、客室やエレベーターホールの方向を音声案内する。持ち込みのシグナルエイドにも反応する。

- ・ミニボトルに輪ゴムをセット※

　　シャンプー2本、コンディショナー1本、ボディーソープ0本の輪ゴムにより、それぞれを認識可能とする。

さらに、聴覚障がいのある方向けには、以下のものを用意している。

- ・アラートシステムセット

　　来客訪問時（ドアチャイム）、客室電話が鳴った時、デバイス（UDトーク等）の着信、火災・緊急発生時にモニターに文字とピクトグラムを表示し、室内灯の点滅とバイブレータークッションの作動で知らせる。

- ・UDトーク（iPadの貸出し）※

コミュニケーション支援アプリで、電話の代わりにタブレット端末を利用し、フロントと筆談・文字でのコミュニケーションが可能となる。

加えて、補助犬（盲導犬・介助犬・聴導犬）を連れている方向けに、補助犬セット※（エサ・水用ボウル、マット）の用意もある。

このように、ハード面だけでなく、身体障がい者補助犬の受け入れを法施行前から積極的に推進したり、従業員教育での「心のバリアフリー」のマインド醸成に取り組むなど、ソフト面の充実化にも取り組んでいる。

なお、店内に段差がなく、車いすのまま利用可能な料飲施設は、スーパーブッフェ「グラスコート」、中国料理「南園」、懐石「蒼樹庵」、和食「かがり」、オールデイダイニング「樹林」、鉄板焼「やまなみ」、天麩羅「しゅん」、寿司「久兵衛」、コリアンダイニング「五穀亭」、フレンチ＆イタリアン「デュオ・フルシェット」が該当し、車いすご利用者専用駐車場や多目的トイレも館内に複数用意されている。

[事例2]　ホテル雅叙園東京（目黒雅叙園）の例

次に、施設全体のリブランドに合わせた改装に際して、施設をトータルでバリアフリー化した施設の事例を挙げる[2]。

ホテル雅叙園東京（目黒雅叙園）は、2017（平成29）年4月1日のリブラ

図6-4　和室宴会場入口（段差が確認できる）
（出典）以下、同施設の写真はすべて株式会社　目黒雅叙園提供

138　第6章　宿泊施設の取り組み

図6-5　ハンディキャップルームのバスタブ

ンディングに際し、客室のみならずラウンジ、レストランの改装を進め、これは現在も続いている。改装にあたっては、基準に則って常にバリアフリー化に取組み、ユニバーサルサービスの提供を目指してきている。

　同館の特徴的な施設である「和室宴会場」(図6-4)」など、一部の段差がある場所については車いすで通ることができるよう可動式のスロープで対応するなど、誰にでも優しいホテルづくりを、ハードとソフトの両面から実現している。

　まず、客室であるが、リブランド・オープンに合わせて、6階の603号室をハンディキャップルームとして、バスルームに複数の手すりを設置した(図6-5)。その際にフロント直通の呼び出しボタンも設置し、緊急時対応も可能とした。手すりはバスタブの両サイド、トイレに設置している。

　なお、この部屋以外でも、60室ある客室すべてに、バスルームと浴室に電話が設置されており(図6-6左・中)、すべての洋室には車いすでそのまま入

図6-6　バスルームの電話(左・中)、ウォークイン・クローゼット(右)

図6-7 客室内スイッチ

図6-8 雅叙園スイートの廊下

れるウォークイン・クローゼットが設置されている（図6-6右）。客室内には段差がなく、幅なども基準に応じて確保されており、客室内はどこでも車いすでの移動が可能である。

　客室内のスイッチパネルはすべて、バリアフリー基準に則り、車いすに乗ったまま操作できる高さに設置されている（図6-7）。また、240㎡の広さを誇る「雅叙園スイート」では、奥のベッドルームに続く廊下に段差があったが、フラットなスロープに作り替え、当該客室内はキッチンスペースなどごく一部を除き、車いすでの移動が可能となった（図6-8）。

　宿泊レセプションのある8階には、朝食、アフタヌーンティー、イブニングカクテルを楽しんだり、チェックイン時抹茶のサービスを提供するエグゼクティブラウンジ「桜花」、読書やビジネスに集中できるライブラリーラウンジ「椿」、プラベートバンケット「紫翠」を設け、宿泊客がホテルライフを楽しめ

図6-9　8階のユニバーサルトイレ

140　第6章　宿泊施設の取り組み

図6-10　8階フロア

る空間としたので、同フロアに新たにユニバーサルトイレを新設した（図6-9）。

　下の客室に足音などが響かないように、「桜花」内のフロアは床面の高さを上げているが、入口部分を段差のないスロープとしフラットな床面とした。内部もすべてフラットな状態である。「紫翠」も「桜花」と同様に床面を上げているので、入り口は段差のないスロープとしている（図6-10）。

　引き続き、2017（平成29）年9月にリニューアルされた New American Grill「KANADE TERRACE」は、店内がワインセラーを配した落ち着いたコーナー、バーカウンターを配したコーナー、グリル窯とシェフズテーブルを配したコーナーの三つの特徴あるコーナーで構成されている。回廊に近いテラス席と上の段の三つのコーナーのどこからでも庭園の滝を見渡すことができる造りとしたが、上の段へはやはり段差を設けず、緩やかなスロープとし、どのエリ

図6-11　KANADE TERRACE　　図6-12　ペストリーショップ

図6-13　カフェラウンジ「パンドラ」

アヘも車いすで移動が可能である（図6-11）。

隣接するペストリーショップでも、手前のチョコレートのショーケースから奥のケーキのショーケースまで間口も広く店内の商品を見ることができるフラットな空間とした（図6-12）。

2019（平成31）年2月にリニューアル・オープンしたカフェラウンジ「パンドラ」では、メインエントランスはフラットなスロープとし、店内もテーブルの間隔を広く取ることで、どの席でも車いすでの移動を可能とした。KANADE TERRACEと同様に、店内は庭園の滝など、景色を楽しめるよう高さを変えた二つのエリアから構成されているが、当然ながら上の段への通路もフラットな状態でデザインされている（図6-13）。

最後に、観光客も見学に訪れる「再現化粧室」（図6-14）と呼ばれる派手やかなトイレも、2018（平成30）年3月に女性用スペースを広くする工事を実施したが、その際、男女とも個室に段差があったが、フラットに改修して車いすのままで入ることができるようにした。

以上の事例からも分かるように、ホテルは一定期間ごとに改装をするが、その際にバリアフリー化を推進するケースが増えてきた。多くの施設では、法令に則って対応をしてい

図6-14　再現化粧室内部

るが、施設によっては法令の基準を超える対応を目指していることが理解できる。その意味からも、より一歩踏み込んだ基準を法令で示すことが求められよう。

（3） 旅館の福祉的対応

わが国固有の宿泊業態である旅館は、日本の生活文化の影響を色濃く受けた施設構成を取っている。そのため、多くの部屋が和室で構成されており、館内は基本的に靴を脱ぎ、スリッパなどで移動することになる。また、こうしたことから原則として館内は客室の外も公共的なスペースではなく、客室に準じた私的な性格を帯びている。

近年は、旅館がどんどん減少しており、その点からもバリアフリー対応が進んでいるとは必ずしもいえないのが現状である。しかし、先進的な経営により好調な業績を維持している施設もあり、また、再生案件を中心とした企業では、むしろ急成長を遂げているものもある。そこでここではその両者を紹介する。

［事例3］ ほほえみの宿 滝の湯の例[3]

山形県天童市で明治時代からの歴史を誇る「ほほえみの宿 滝の湯」は、その屋号にも象徴されるように、「人と自然にやさしい宿」をテーマとしている。90室近い客室を擁する大型旅館ではあるが、このテーマのもと、バリアフリーにも力を入れている。

館内には至るところにスロープを設置しており、玄関から客室まで車いすでの移動が可能である（図6-15左）。また、食事が提供される「天童ダイニング・木もれ日」では、車いすのまま個室宴会場に入ることができる（図6-15中）。そして、館内には各棟それぞれに1ケ所は車いす利用可能なお手洗いが

図6-15 ほほえみの宿 滝の湯・玄関（左）、会食場（中）、お手洗い（右）
（出典）同社HP（https://www.takinoyu.com/）より（2019年2月28日アクセス）

用意されている（図6-15右）。

　他にも、障がい者用駐車場、車いすで利用可能なエレベーター、車いすの貸出、入浴介助サービスを含む人的介助などの対応が可能である。さらにソフトの面でも、ミキサー食、アレルギー対応、刻み食、糖尿病食などの提供もできるようにしている。

[事例4]　大江戸温泉物語グループの例[4]

　もともと2003（平成15）年からお台場で温泉施設を運営してきた「大江戸温泉物語」が、全国での温泉施設の運営を行うようになったのが2007（平成19）年である。その多くは経営不振に陥って運営の継続が困難となった温泉旅館である。再生を手がけるようになってから10年足らずで、30軒以上の施設を展開するに至っている。2019年現在では日本最大の旅館チェーンとなっているが、改装をする際には可能な限りバリアフリーを意識するようにしている。

　同グループは200室から300室もの大型の施設を得意としている。そして、

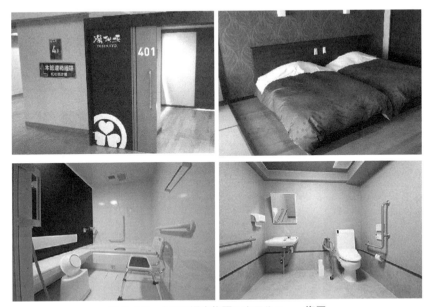

図6-16　大江戸温泉物語：ホテルニュー塩原

（出典）以下、同グループの写真はすべて同社提供

食事の部屋出しなどはせず、好きなものを好きなだけ食べられるブッフェ・スタイルでの食事提供による料飲サービス提供が基本となっている。

2010（平成 22）年に同グループ入りした「ホテルニュー塩原」は、300 室を擁する巨大施設である。同グループ入りに際して、様々な改装をしたが、その中にはバリアフリー対応も含まれている。高齢者のお客様も多いことから、館内は段差をなるべくなくし、スロープや手すりを多数設置した。食事処はもともと椅子とテーブルを主体に構成しているため、大きな問題ではない。また、図 6-16 のようなバリアフリー・ルームも設置した。

こうした施設構成を活かし、「高齢者やお体の不自由な方々が安心してできる旅」をキャッチフレーズとした「温泉付ハートフル宴会」というプランの提供もしており、好評を博しているという。

また、同じ年に開業した「ホテル鬼怒川御苑」も 200 室を擁する大型施設である。ここでも、同グループが運営するに当たって、やはりバリアフリールームを設置した（図 6-17）。

ただし、同グループの施設のほとんどは、買収して改装したものであるため、館内全般にわたって完全なバリアフリーになっているとは限らない。しかし、改装をするたびに、館内の段差を解消したり、スロープを付加したり、あるいは多目的トイレを設置するなどして、バリアフリー化を進めている。前述したように、同グループの施設は高齢者層の顧客も多いため、こうした対応こそが多くの顧客に有用であることがポイントになる。

図 6-17　大江戸温泉物語：ホテル鬼怒川御苑

6-4　宿泊施設における福祉的対応の現状

　比較的高価格帯に属する施設では、むしろ最低限を大きく超えるバリアフリー対応を実施しているケースが多く見受けられる。一方で、本章では紹介しなかったが、比較的低価格帯の施設の場合には必ずしもバリアフリー対応ができている施設は多いとは言えない。現在の低価格施設は、スペース効率に対して非常にシビアなとらえ方をしており、どうしてもスペースが必要とされる。

　2016（平成28）年に「高齢者、障害者等の円滑な移動等に配慮した建築設計のあり方に関する検討委員会」による「ホテルのバリアフリー化の現状等に関するアンケート調査」結果では、全日本シティホテル連盟に加盟しているホテルにおける、ユニバーサルデザインの対応状況が示されている。なお、同連盟は、いわゆる「ビジネスホテル」に類するホテルにより構成されている。

　約3分の1のホテルがバリアフリー対応の客室を持っているが、その総客室数3,169室のうち、わずか25室、0.79％に過ぎなかった。また、当該客室の平均面積は26.3㎡であり、これは一般客室の平均面積である15.7㎡に比べるとかなり広い。

　これまでのわが国におけるホテルは、一部の高価格帯に位置する施設群は別として、狭いスペースをいかに効率的に活用するかを一大命題として発展してきた。そのため、この結果は想定できたものである。

　ただし、「ルートインホテルズ」のように、比較的低価格でありながら、バリアフリーに注力しているチェーンも存在する。これは、同チェーンが鉄道駅の近くなどではなく、自動車での利用に利便性の高い立地を中心に成長してきたこともあり、より高齢者や障がい者を意識しやすい環境にあったためと考えられる。

　他方、旅館の場合には、宿泊のみならず料飲サービスと入浴に関しても対応する必要が生じる。そのため、特定の客室をバリアフリーにするだけでは対応しきれないという側面が大きな制約となる。特に、大浴場をバリアフリー化することは非常に困難なため、利用可能な貸切風呂を用意するなどして対応しているのが現実である。

　ただ、いずれの場合でも、ハードで埋められない面をソフト、すなわちサービス面の対応で補っている。そして、むしろそれが利用者にとってはありがたい経験になることもある。この点は他の観光関連施設とは異なる点であると考

146 第6章 宿泊施設の取り組み

えられる。

【参考文献】
・秋山哲男・松原悟朗・清水政司・伊澤岬・江森央（2010），『観光のユニバーサルデザイン　歴史都市と世界遺産のバリアフリー』学芸出版社.
・津田令子・編集部（2015），『88歳大女将、連日満室への道』タブレット.
・中川聰監修・日経デザイン編（2015），『ユニバーサルデザインの教科書〈第3版〉』日経BP社.

---

1) 以下の「京王プラザホテル」における事例は、同社に対するヒアリングや同社HP（https://www.keioplaza.co.jp/corporate/csr/universal.html, https://www.keioplaza.co.jp/guide/universal/）による。（2019年2月28日アクセス）
2) 以下の「ホテル雅叙園東京（目黒雅叙園）」における事例は、同社代表取締役社長・本中野真氏、ホテルマネージャー・松山和善氏（肩書きは、以下も含めいずれも2019年2月現在）にご提供いただいた。この場を借りて、深くお礼申し上げたい。
3) 以下の「ほほえみの宿 滝の湯」における事例は、同社HP（https://www.takinoyu.com/）と同社代表取締役社長・山口敦史氏にご提供いただいた。この場を借りて、深くお礼申し上げたい。
4) 以下の「大江戸温泉物語グループ」における事例は、大江戸温泉物語ホテルズ＆リゾーツ株式会社代表取締役社長・森田満昌氏にご提供いただいた。この場を借りて、深くお礼申し上げたい。

第7章
福祉的対応を考えた観光まちづくり

7-1　観光と福祉

　観光は、一人ひとりが、観光行動を通じて社会参加や自己啓発などの欲求を充足し満足・効用を得られる点から、福祉水準を高めるための手段でもある。福祉は、様々な論者が、多岐にわたる領域から使用している。そのなかでも福祉とは、すべての人びとを対象に「幸福」を作ることが共通の理解といえよう。福祉について『広辞苑』によると「幸福。公的扶助やサービスによる生活の安定、充足」としている。福祉の示す幸福の実現は、一人ひとりの欲求を充足していくことで満たされるものといえよう。段階的な欲求の充足は、基本的な生活が保障されたときに、社会・文化的な嗜好を満たしていこうと、一人ひとりの欲求を高度化するものである。その中で観光は、より良い生活をおくるために自らの嗜好に応じた欲求を充足する余暇活動の一つである。そして、福祉は、社会全体のすべての人びとを対象者とする。ただし、福祉を政策として展開する場合、高齢者や障がい者などと対象者を限定することがある。

　観光施策審議会では「旅は、すべての人にとって本源的な欲求である」[1]と述べ、観光を考える基本的視点のなかで指摘している。観光に対する人びとの欲求は、自ら非日常となる行動をして得られることが源泉になると言えよう。公益財団法人 日本交通公社（2015）では、旅行動機について調査を実施したところ、「おいしいものを味わうため」が52.8％、「ストレスからの回避、リラックスのため」51.4％、「自然を観賞、体験するため」49.2％、との結果となっている。その中身が余暇、休養、学び、人びとの交流といった社交的なもの、現地への訪問を通じて自分自身の見聞を広めるなど、一人ひとりの嗜好的な欲求は多岐にわたる。

　観光は、特別な行動から日常の延長上にある生活行為として、観光サービスをより身近に消費するようにも見受けられる。観光への需要の高まりは、

①　可処分所得と余暇時間の増加による欲求の高度化
②　観光サービスを提供する環境の整備

が挙げられる。可処分所得と余暇時間の増加による欲求の高度化を示す一例として内閣府が実施している「国民生活に関する世論調査」のなかの「今後の生活の力点をどこにおくか」という質問のうち「レジャー・余暇生活」に着目して以下に検討を試みる（図7-1）。

「レジャー・余暇」は、オイルショック以降伸び始め、1978年に「食生活」を抜いて第2位になり、1983年に「住生活」も抜いて第1位となっている。1990年頃に少し減少しているものの、最上位を保っている。

2001年以降は、調査方法が異なるために同一の比較ができないが、依然として生活の中でのもっとも大きな関心事となっていると言えよう。このように「レジャー・余暇生活」へ生活の力点が置かれるようになったのは、国民所得の増加、交通網、宿泊施設などの整備によってアクセス環境がよくなったことなど社会が成長し、旅行へ行きやすい環境が整えられたからである。これにより、観光への参加にかかる費用や手間が大幅に軽減された。このように観光は、人びとの福祉水準を高める手段として身近な存在となっている。しかし、この過程のなかでも、年齢や身体的な理由から、日常的な生活でも支援が必要な人びと（以下、移動弱者）が存在するということを忘れてはならない。彼らが観光行動をとる場合、移動などの日常の行動でも健常者には発生しない何らかのバリアが生じることがある。こうしたバリアを取り除く際、移動弱者の負担軽減を図り、様々な他者との共生を目指す取組みが、観光の福祉的対応であ

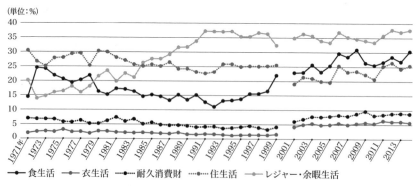

図7-1　今後の生活の力点の推移

（資料）内閣府大臣官房政府広報室「国民生活に関する世論調査」をもとに筆者作成。
（注）1. 耐久消費財とは、自動車・電気製品・家具などの耐久消費財。
　　 2. 1999年以前は単数回答、2001年以降は複数回答で聞いているため、以前の調査と直接比較できない。

る。つまり、福祉的対応を考えた観光まちづくりは、すべての人びとに対して、観光行動へ自律的な参加（≒社会参加）できる環境づくりである。

7-2　観光とまちづくり

　「観光まちづくり」は、1990年頃より注目されるようになった言葉である。観光まちづくりに関する議論は様々であるが、「観光による地域振興」を示す場合が多い。例えば、観光まちづくり研究会では、「地域が主体となって、自然、文化、歴史、産業など、地域のあらゆる資源を生かすことによって、交流を振興し、活力あふれるまちを実現するための活動」[2]と定義している。観光まちづくりに関する活動や事例研究は、日本各地で実施されているが、滋賀県長浜市や大分県湯布院町などが初期の頃の事例と言えよう。こうした地域の事例は、地域資源の活用方法、活動中心的な役割を果たしたキーパーソンや組織作り、さらには運営に関することが分析の対象となっている。また、観光まちづくりは、これまでの観光地づくりや地域振興に関する課題解決に向けた取り組みであるという議論も見受けられる。まずは観光まちづくりについて、「観光」と「まちづくり」の双方の意味から検討を試みる。

　観光まちづくりにおける「観光」とは、地域の主体性を意識した観光の活性化策を示すものであり、「着地型観光」などと称されることもある。観光開発により生じるメリット・デメリットを地域で把握しコントロールして、持続的な活動を目指すのである。これは、地域外の観光事業者が主導する観光開発に対する問題提起ともいえよう。その際、「マスツーリズム」を問題視する議論が散見される。マスツーリズムは、人びとの観光行動が一般化され、多くの人が観光している状態を指す。つまり、観光地化が進行する過程において、①地域の主体性が欠落、②観光客の受け入れ超過、することで、地域に利益が還元されないことや地域の環境破壊といったことが問題なのである。したがって、観光地化の進行や観光客が増加といった「マスツーリズム」そのものが問題なのではない。

　観光まちづくりにおける「まちづくり」とは、地域が主体となり、地域課題の解決に向けた活動である。まちづくりに関する議論のなかでも初期の頃の地域課題は、外来型の開発に対する問題提起でもある。当時は、日本経済のバブル景気が破綻しリゾート開発等の大型施設の先行きが不透明であった。外来型

による地域開発は、外部資本に開発を委ねることで、ハードなどの整備が行われ一定の経済効果をもたらすものであった。そのため、地域に開発に必要なノウハウ等が不足していても問題ないのである。しかし、得られた利潤が地元に還元しにくいことや地域環境が大きく変わるといった課題もあった。こうした時に、地域環境の保全等を目的に、内発的かつ持続的な活動を目指した活動を展開するようになった。地域環境等の変化を対策における処方箋として、観光まちづくりが位置付けられている。

　観光まちづくりは、地域に根差す歴史や文化を観光資源として活用し、観光による活性化として注目した方策である。観光まちづくりに関する取り組みを俯瞰すると、地域における課題解決を図りつつ観光による地域振興の手段として取り組まれてきた。その原動力は、地域で生じている課題解決が活動（住民運動）といえよう。その後、政府や自治体の政策にも取り上げられるようになった。2001年の観光政策審議会の答申では、「21世紀初頭における観光振興方策」において実現すべき具体的な施策の中に「観光まちづくりの推進」が掲げられた。観光まちづくりは、各地で展開され、地域の主体的な活動を通じ地域の独自性を醸し出すことで一定の成果を収める地域も出てきている。地域内からの自立的な活動を通じて、生活の質的な向上、より良くしていくことにある。つまり、観光まちづくりの実践は、観光客だけではなく、地域住民の福祉水準を高めていくものとなる。

7-3　移動弱者の旅行ニーズ

　障がい者は、かつて福祉施設や家族のなかに包摂され、社会から隔離された存在だった。ただし彼らが、まったく観光行動をしなかったかというと、そうではない。福祉施設や養護学校などの団体旅行をはじめ、「障害者国体」などのスポーツ大会による遠征などにより、観光行動を経験した移動弱者は存在している。ただし、移動弱者である彼らが所属する団体・組織の枠組みのなかで、観光行動をしていたのである。つまり、健常者と同じ空間に移動弱者がツアーに参加したり、施設や乗り物を利用したりして、観光行動をしていた事例は少ない。

　そのなかで、健常者のツアーに移動弱者が活動をともにした先駆的な事例がある。それは1971年に車いすを利用する石坂氏が、健常者の団体ツアーにま

じりヨーロッパ10か国を観光したことが発端とされている。それを契機に、朝日新聞厚生文化事業団主催した旅のデザインルームが「車いすヨーロッパの旅」を計画催行した。1976年から2004年までの28年間にわたり欧州、北米、南米、中近東などの世界各地へ向けたツアーを実施してきた。この参加者は、障がい者とボランティアを合わせると延べ約900人である。

2013年度に東京都福祉保健局が障がい者に実施した調査では、「障害又は難病のためにあきらめたり妥協したこと」として、身体障がい者の39.9%が13項目のうち「旅行や遠距離の外出」を一番多くあげた。過去の調査結果を見ると2003年が40.2%、2008年が41.5%であり、ほぼ横ばいである。同じように、知的障がい者は28.1%、精神障がい者は38.7%であり、障がいを理由に「旅行や遠距離の外出」を諦めている人が多い。つまり、移動弱者が、自ら選択した観光行動を展開したいという欲求があることがわかる。

高齢者は足腰が弱い人の割合が高く、車いす使用者の様々な身体的障がいや精神的な障がいを持っている場合がある。日本では、65歳以上の高齢者数の増加が見込まれており、彼らを受け入れていくことが求められている。高齢者のなかでも介護が必要な人びとの観光行動の実態と課題については、以下のようになる。

まずは、高齢者のなかでも介護が必要な人びとの観光行動の実態である。家族を介護していると答えた全国男女800名を対象として実施した旅行調査がある[3]。それによると、要介護者が介護者と一緒に一泊以上の旅行実施について、「旅行したことがある」と答えた人は28.5%としている。そうした人びとは、要介護者の8割以上、介護者の7割以上が「旅行を楽しめた」、「旅行で気分転換できた」と旅行後の評価としている。ここから、高齢による移動弱者にとって、観光への参加が、心身をリフレッシュという、満足を充足する機会になっていることがわかる。

次に、高齢者のなかでも介護が必要な人びとの観光行動の課題である。観光庁は、2014年に要介護者との旅行について介護経験のある5,109人を対象としたアンケートを実施した[4]。それによると、要介護者に随行して旅行したことがある者は、日帰り旅行で15%、国内宿泊旅行で9%、であった。この比率は、要介護者が介護状態になる前と比べ、大幅に減少している。また介護者も、移動弱者の介護をするようになってから観光への参加が半分近くに減少している。ここから、移動弱者と介護者が、観光に参加したいという欲求を持ち

152 第7章 福祉的対応を考えた観光まちづくり

つつも、充足できなくなっていることが読み取れる。

　このように各種調査から、障がい者の社会参加が積極的になってきたこと、移動弱者が観光に参加したいという欲求が確認できる。同時に、一部の移動弱者は、すでに観光サービスを消費していることもわかる。観光が福祉水準を高める手段を目指すには、すべての人々が同じ空間で望む形の観光行動ができる環境整備を図ることが求められているのである。

7-4　観光まちづくりと福祉的対応

　観光まちづくりにおける福祉的対応は、観光庁が掲げる「ユニバーサルツーリズム」に関する施策の一環ともとらえることができる。ユニバーサルツーリズムについて観光庁は、「すべての人が楽しめるよう創られた旅行であり、高齢や障がい等の有無にかかわらず、誰もが気兼ねなく参加できる旅行を目指しています」[5] として、移動弱者に対する観光への参加に関して、関連の業界への情報発信等を進めている。近年では、「ユニバーサル」のほかにも「アクセシブル」と称し、移動弱者を幅広く支援する観光サービス提供のあり方が模索されている。これは、障がい者福祉の基本理念でもあり、身体的状態などを問わずすべての人が同じ環境で過ごすことが通常であるというノーマライゼーションに基づく考え方である。JTB総合研究所は、「ノーマライゼーションの観点から高齢者や障がい者が主に参加できる旅行を、日本はバリアフリーツーリズム、欧米はアクセシブルツーリズムと一般に呼ぶ」[6] と述べている。こうした取組みは、世界的に見て時代の流れでもあり、社会の要請でもある。2005年に国連世界観光機関（UNWTO：The World Tourism Organization of the United Nations）は、「誰もができる観光（Accessible Toursim for All）」を提唱した。このように、ノーマライゼーションに基づく考え方が人びとの観光行動の制度作りにも及んでいることがわかる。

　移動弱者も特別視されることなく円滑な観光行動をするには、制度や施設を整備することが肝要となる。そして、彼らの観光行動中における配慮や施設整備を図り、健常者にはない費用などの追加負担を抑制する必要がある。旧観光基本法を改定した観光立国推進基本法の第21条には、移動弱者の受け入れに向け以下のように記されている。

国は、観光旅行者の利便の増進を図るため、高齢者、障がい者、外国人その他特に配慮を要する観光旅行者が円滑に利用できる旅行関連施設及び公共施設の整備及びこれらの利便性の向上、情報の提供等に必要な施策を講じるものとする。

近年では、移動弱者を含め観光への参加を希望する人に対して、それを可能にする制度や施設の整備、観光サービスの提供が進められている。観光庁（2014）の調査では、高齢により介護が必要な移動弱者が、観光への参加に対する不安要素を整理すると、①施設や観光地などにある段差、②移動距離などの事前情報、が挙げられる[7]。ただし、移動弱者と言っても、個別の年齢・身体的など困難な状況やニーズ一人ひとりで異なる。例えば、身体に障がいがあり車いすを利用するような身体的に不自由な場合、歩道等の段差は彼らの移動の障害となる。しかし、視覚が不自由な場合の人にとっては、歩道と車道の区別など段差があることで判断する。そのため、街中にある点字ブロックは、車いすを利用する人にとって段差であるが、視覚に障がいを持つ人にとっては大切な道しるべとなる。したがって、一人ひとりで異なる障がいをすべて満たした整備は難しい。一人ひとり、状態が異なることから、観光行動における障害や障壁となる差を小さくすることが福祉的対応として求められることである。

7-5 観光まちづくりの福祉的対応に向けた制度作り

観光まちづくりを展開していく過程で福祉的対応を促進するためには、地域にある地方自治体、民間事業者など様々な関係者から協力を得ながら、地域の受入体制づくりが必要である。観光まちづくりの展開していくことと同様である。その結果、より多くの移動弱者が特別視されることなく観光行動中に発生する負担を下げ、観光サービスを消費機会が拡大できるようになるといえる。ただし、観光まちづくりの原動力は、地域で生じている課題解決が活動（住民運動）である。そうしたときに、福祉的対応が地域で生じている課題解決が活動として原動力になるとは限らない。より多くの地域に対して影響を与えていくためには、自治体や政府による制度作りが必要である。

そうしたときに政府は、制度や施設を整備して、すべての人びとに満足を与える社会的基盤を作る。政府による制度、施設の整備は、年齢、身体状況などにより、移動弱者が観光への参加にかかる様々な負担を軽減させることに寄与

するのである。そして、サービスの提供にかかる価格を下げるとともに、より多くの人びとに観光への参加を促進する要素となる。移動弱者を支援する制度について振り返ると、2006年には、「高齢者、障害者等の移動等の円滑化の促進に関する法」（通称「バリアフリー法」）を整備した。これは、1994年に制定されたハートビル法と2000年に制定された交通バリアフリー法を統合したものである。そして、2016年4月には「障害を理由とする差別の解消の推進に関する法律」（通称「障害者差別解消法」）を施行し、すべての事業者の事業活動において障がいを理由とする「差別的取扱い」が禁止され、障がい者への「合理的配慮」が求められる。公共施設等の整備では、国土交通省が中心となり、バリアフリー化を進めてきた。具体的には、駅のエスカレーターや障がい者用トイレ、ノンステップバス、車いす等が利用可能な福祉タクシーなどの整備があげられる。一定規模以上の施設に対してバリアフリー化に対する義務付けが行われた。このように、政府による制度作りは、一律的に実施することで移動弱者のサービス消費時にかかる負担軽減にも寄与するものとなる。

　ただし、政府が定めた制度等は、一人ひとりの身体的な状況に対応しながら、個人の嗜好をくみ取って観光サービスを提供することは難しい。そのため、一人ひとりの嗜好に適う観光サービスの提供は、民間企業などが、幅広い関係者による協力のもとにより実施することが望ましい。そうしたときに、政府が助成金を交付する形で制度を作ると、民間企業にも影響を与えるものとなる。民間企業が、公的資金を獲得して、車いす用のスロープの設置、多機能型のトイレの改良などの施設の整備する機会となっているからである。あわせて、民間企業が、従業員に対して移動弱者の支援に関係する資格取得も推進する誘因を与えることにもなっている。それらの機関が各々の役割を果たすことにより、年齢、移動弱者に対して、観光への参加機会を拡大することが可能になる。それにより、移動弱者は、観光への参加という高度な欲求を充足し生活を質的に向上させることができるのである。

　つまり、移動弱者として、ひとくくりにまとめるのではなく、個々の身体的な状態に適う観光サービス提供することで、現実的な支援をすることが可能になる。必要な支援が個別に異なる移動弱者には、一人ひとりの身体的状況と欲求に適う支援方法が求められているのである。このような、移動弱者が観光への参加に際して、健常者には発生しない費用などの追加負担を軽減することで、移動弱者が観光への参加機会を拡大することに寄与する。こうした政府に

よるバリアフリーに関する制度やノーマライゼーションの考え方が定着する以前から移動弱者を積極的に受け入れた地域として高山の取り組みについて、以下では検討を試みる。

7-6　高山における観光まちづくりと福祉的対応

(1) 高山市の福祉的対応の概要

　高山市は、岐阜県の北部、飛騨地方の中央に位置し、400年の歴史を有する伝統文化都市である。ここでは、福祉的対応を考えた観光まちづくりについて歴史的な変遷を踏まえながら検討するために、旧高山市（以下、高山）のなかでも中心市街地に着目して検討を試みる[8]。これは2005年の市町村合併以前から旧高山市の政策を引き継いでいること、高山市の代表的な観光資源が中心市街地に多く存在するからである。そして、高山の中心市街地にある伝統的建造物や朝市などを目的に多くの人びとが訪れている。高山市の「観光統計」から旧・高山市の入込観光客数をみると統計を取り始めてから増加傾向であり、250万人まで達した（図7-2）。ところが、1990年代半ば頃に200万人まで観光客が減少した。

　観光客数の減少を契機に、土野市長（当時）[9]は「住みよいまちは行きよい町」として、地域住民が住みよい環境は、観光客も行きやすい、という福祉観光都市づくりを目指した。高齢・障がい者などをターゲットにして観光政策を

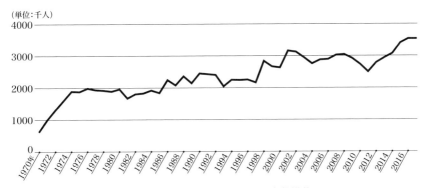

図 7-2　旧高山市観光客入込み者数推移
資料：高山市商工観光部観光課 平成29年度観光統計をもとに筆者作成

展開していった。この基本的な考え方は、すべての人びとが暮らしやすいまち
は、訪れる人にとっても過ごしやすい街になるというものである。そうしたこ
とを意識して、観光客・地域住民の双方にとって意義を持つよう、公共施設、
民間施設のバリアフリー化を進めた。この背景には、高山市内の高齢化へ向け
た対策も含まれていた。

　また一方で、高山で生まれ育った職員だけでは議論が進展しないと考えた。
そこで、高山以外の視点を活性化策に取り入れるために、飛騨高山観光客誘致
促進東京事務所を立ち上げた。また、高山駅を中心とした半径1km圏内をバ
リアフリー関連の重点地区とした。そして、1995年から2010年の間に道路
やトイレなどのハード面の整備を実施した。このようにして、地域住民と観光
客の双方が福祉水準を高めていくことを目指した観光振興を展開していった。

（2）モニターツアーの実施

　観光客のなかでも移動弱者を受け入れていくためには、彼らの移動をはじめ
日常行動を支援に必要な施設整備や知識等が必要である。つまり、移動弱者が
観光行動で感じる課題は、高山に住んでいる地域住民や観光行動に支援が不要
な観光客には、気づきにくいものである。また、この当時は、ノーマライゼー
ションの考え方やバリアフリーに関する制度等が未整備であり、先進的に取り
組んでいる地域が無かった。そのため、移動弱者を対象としたモニターツアー
を実施して、彼らが高山の観光行動中に生じるバリアを検証し、必要な支援策
等について意見を募ることにした。

　1996年より高山市の補助により、移動弱者が参加するモニターツアーを実
施した。モニターツアーの対象者は、車いす利用者など移動に支援が必要な高
山市外に在住する高齢者や障がい者である。モニターツアーは低価格に設定し
たものの、モニターから費用を徴収するようにした。理由は、モニターツアー
に対する趣旨への無関心者の参加を防止するためである。モニターツアーの目
的は、移動弱者が観光行動中に生じるバリアを検証し、まちなかの段差解消や
多目的トイレなどの整備に活かしていくことである。移動弱者をモニターとし
て高山市外から呼び込むために、1995年に設立された飛騨高山観光客誘致促
進東京事務所が旅行会社を介して集客を図った。

　モニターツアーは、リフト付きのワゴン車を利用して市内の代表的な施設や
古い街並みの散策し、障がい者用のホテルを利用するものである。そして、高
山の観光行動で感じたこと（移動中に困ったこと、施設でのサービスなど）に

ついて評価してもらう。モニターツアーで出た意見は、飛騨高山観光客誘致促進東京事務所が報告書としてまとめて、高山市内の各部署が閲覧した。同時に、観光施設などでの感想や不便な点をアンケート、意見交換会で主催者と共有した。また、報告書の内容（モニターツアーで移動弱者からの指摘箇所）から各部署が必要と判断した点に関しては、改善を実施している。その際、行政組織の縦割り的な対応を排除し、社会福祉協議会など福祉や都市計画や交通などの部局間を横断的な対応をした。民間事業者に対しては、施設改修において、その一部を助成も実施した。こうした移動弱者は、海外旅行など観光行動を積極的にしていた参加者に対して、アンケート・コメントを得ることができた。

　首長の発案により始まったモニターツアーであるが、施策を活かしていく仕組みは、条例などで明文化されていなかった。モニターツアーは、観光振興だけではなく、高山の福祉政策等にも反映されるものとなった。そして、「住みよい町は行きよい町」という高山市の諸施策の理念が確立されていった。その当時、高山市の観光戦略は修学旅行や若い女性をターゲットとしており、障がい者や高齢者などの移動弱者をターゲットとする発想は無かった。そのため、飛騨高山観光客誘致促進東京事務所が中心となり、移動弱者も受け入れていくことの重要性を訴え、地域の関係事業者との協力体制を構築していったことを忘れてはいけない。モニターツアーの対象とならなかった施設には、観光バリアフリーに関するマニュアルの配布などにより意識の醸成を図っていった。こうした地域のなかで問題意識を共有し活動に展開することは、観光まちづくりにおいても大切なことである。ハードに関する設備は一定の成果を収めているといえる。

　モニターツアーは、1996年から2010年までの間に年1、2回のペースで17回にわたり実施した。このモニターツアーの参加者は、延べ342人で支援者が138人であった。モニターツアーは、回数を重ねていくうちに、移動弱者の観光行動を円滑にするための段差解消や施設整備から情報提供やPRなど誘客の方法に関することに変化していった。モニターツアーも回数を重ねていくうちに、移動弱者への対応に関するノウハウや施設整備が進んでいった。観光まちづくりの観点から特筆することは、モニターツアー等を実施したできた基本理念が今日でも地域の中で育まれていることである。そして、全国に先駆けて実施されてきたこともあり、各地域から注目されていたのである。

（3）福祉的対応を目指した整備

　移動弱者を受け入れていくために、高山駅を中心に1キロ圏内を重点区域とし、道路の段差解消やトイレの整備など公共空間の改修を進めた。モニターツアーを実施し、移動弱者におけるバリアをいかに取り除くかというバリアフリーに重点をおいてきた。高山は江戸時代に城下町として整備されてきたものが現在の市街地の原型となっている。そのため、車が走行するような今日から考えると道路が狭い。また、道路整備も時期や工法の違いから段差が多く存在している。歩車共存型道路整備を目指し、歩道と道路の段差解消を図った。具体的には、歩道は車道とほぼ同じ高さにし、歩道部分にカラー舗装を施した。また、歩道の幅員は車いすがすれ違える程度にまで拡幅した。道路そのものが狭く、歩道を広く確保できないところは、センターラインを無くして車を運転でスピードを出しにくいような改良をした。

　街中に数多くあるグレーチング（側溝の蓋）細い網目にしたことである（図7-3）。初期の頃は、網目が荒く車いすの車輪が入り込んでしまい走行しにくいという課題があった。そのため、車いすの車輪がはまらないようにグレーチングの網目を1センチ以下の細かなものにした。しかし、雪国である高山において、降り積もった雪をグレーチングの網目から落とす役割として重要な役割を担っていた。そこで、グレーチングに取手を付け、開閉可能なものにして、雪を排水溝に落とせるようにした。雪国である高山の暮らしに適う工夫である。こうしたグレーチングの改良は、車いす利用者だけに恩恵をもたらすものではない。かかとが高いヒールやキャリーカートの車輪の入込防止にも寄与するものとなっている。

　こうした道路の段差解消、グレーチングへの配慮は、ベビーカーやキャリー

図7-3　高山市の側溝のグレーチング

（出典）筆者撮影

カートなど車輪がついた用具を利用する観光客にも便益をもたらすものである。このように、歩道等において段差が小さいことグレーチングの網目が細かいことは、車いすの利用者だけではなく、より多くの人びとに便益をもたらすものとなる。

高山市内の公衆トイレ、公的施設、宿泊施設に、車いすトイレの設置である。トイレは、車いす用でも利用可能な広さを確保しているが、オストメイト、ベビーベッドや着替えができるスペースも併設した。車いす対応のトイレと称しつつも、多様なニーズに応えるトイレが整備されたのである。特に、古い街並みの中の店舗では、多目的トイレの設置そのものが難しい。

これまで実施してきた施設整備を「車いすおでかけマップ」や「点字や音声による観光マップ」として、情報をまとめたものを作成した。また、文字や手話アニメーションによる案内もできる観光情報端末を設置も行った。これらは、移動弱者が自らの自由に観光行動ができるような情報発信である。このように、施設整備と情報発信の双方を展開することで、移動弱者が自らサービスを選択し健常者と同じ空間を観光行動できることを目指した。

また、高山では、福祉観光都市としての取り組んできたことを、市の総合計画や条例に取り入れた。制度化していくことで、観光まちづくりの福祉的対応を多くの人に共有できる状態にしていった。たとえば、「高山市誰にもやさしいまちづくり条例」を制定した。そして、移動弱者に対するサービスの質の向上を目指していった。

高山は、福祉観光都市として移動弱者を受け入れていくことを PR 資源として積極的に活用した。バリアフリー関連の会議等の誘致を行い、福祉的対応を国内外に広くアピールしたのである。全国ノーマライゼーション推進高山会議（2001 年開催）では、全国から約 1,000 名が参加した。ESCAP アジア・太平洋バリアフリー高山会議（2009 年開催）では、3 日間で延べ 900 名が参加した。このようにして、福祉観光都市として様々な移動弱者を受け入れるための取組みの成果に関する講演や市内視察会、会議などを実施した。こうした取組みは、総務省の地域づくり大臣表彰（2007 年）、国土交通省のバリアフリー化推進功労賞を受賞するなど評価を受け、世界的にも注目されている。つまり、高山の観光魅力を発信機会や国内外から福祉的対応を実践している観光まちづくりの先進都市の例として高い評価を受けるものとなるのである。観光まちづくりを地域振興の手段として考えていく場合、福祉観光都市への取組みは

イメージ戦略として有効な方法といえる。

(4) 民間事業者への影響　高山市中心部の取り組み

　高山市は、重要な観光資源や交通施設に接近する場所などの観光行動のポイントとなる場所に関して、バリアフリー整備が重点的に行われている。たとえば、有名な観光地である国史跡「高山陣屋」では、折り畳み式のスロープを用意し、建物内の段差には木製のスロープを設置したことがあげられる。民間事業者の宿泊施設では、モニターツアーの実態を活かし、ユニバーサルルームを設置や多目的トイレの設置など様々な取組みがなされてきた。モニターツアー終了後も自主的に移動弱者を受け入れ意見等を伺い必要な支援策について模索していた宿泊施設もある。

　高山の古い町並みの雰囲気を醸し出す一つひとつの建物は、民間事業者が所有するものである。したがって、行政が主体となり公共事業として整備を進めることができない。また、モニターツアーの対象とならない店舗もあった。そのため、伝統的建造物群保存地区では住民らによる街並み保存会が中心となって、バリアフリー化に関する取組みもある。これは、歴史的な価値を守るために町並みを保存することが主たる目的である。そのため、「申し合わせ事項」として商店の看板の色彩や素材、商品の陳列方法などに関して取り決めている。そのうえで、移動弱者も受け入れていくための取組みを実施しているのである。道路から土産店、飲食店に入りやすいように街並みに配慮したスロープを設置した。そして、店内までの段差を緩和したことである（図7-4、図7-5）。

　また、商品の陳列する棚の高さや通路の確保などで工夫をしている。この

図7-4　道路と店舗までの間にスロープを設置

（出典）筆者撮影

図7-5　入り口から店内までの段差が小さい

（出典）筆者撮影

図7-6 車いす利用者もまちなかを散策
(出典) 筆者撮影

図7-7 段差を明示し事故防止
(出典) 筆者撮影

ように、古い町並みという景観を保存しつつ、より多くの人びとが伝統的な街並みを楽しんでもらえるような工夫をしているのである。また、車いすを利用する移動弱者で同伴者がいる場合もある。筆者が現地調査していたときには、同伴者が機転をきかして店舗から軽食を購入してくるという光景も見受けられた（図7-6）。

段差の解消が難しい箇所は、段差があることを明示することも必要である。伝統的構造物の店舗では、入り口付近に看板を設置することで、すべての人に対して注意喚起している事例も見受けられた（図7-7）。これは、移動弱者だけではなく、健常者にも有効な福祉的対応である。

高山の朝市は、陣屋前広場の「陣屋前朝市」（図7-8）と宮川沿いの「宮川朝市」（図7-9）の2か所で毎日開催し、飛騨地方の特産品、民芸品などを販売している。どちらも、道に段差がなく、商品が陳列している棚も背が低いものを使用している店舗が多い。したがって、車いすを利用する観光客も安心して朝市を楽しむことができるとともに、商品に手が取りやすい。これは、施設

図7-8 「陣屋前朝市」
(出典) 筆者撮影

図7-9 宮川沿いの「宮川朝市」
(出典) 筆者撮影

162 第7章 福祉的対応を考えた観光まちづくり

改修などと異なり、移動弱者を積極的に受け入れていく事例として注目されて
こなかった。しかし、誰でも特別視することなく観光行動を楽しめるという点
では、特筆すべき福祉的対応の一例と言える。

　このように、観光行動で生じると考えられる課題に対して向き合い、その解
消に向けた取組みの集大成が、福祉的対応を考えた観光まちづくりなのであ
る。ただし、すべての人を受け入れるのではなく、どのような受け入れ態勢か
を示すことも必要な取り組みと言えよう

7-7　福祉的対応としての観光まちづくりと今後

　高山の移動弱者を受け入れていく福祉観光都市に関する取組みについて述べ
てきた。しかし、移動弱者は、年齢や身体的に障がいを持つ人だけではなく、
言語や生活文化が異なる外国人もその対象に含まれる。高山では観光地として
のインバウンド施策、福祉施策の両者を包含するかたちで移動弱者の観光行動
で生じるバリアの解消・軽減を目指す取組みを実施した。高山市は、2002 年
に「誰にでもやさしいまちづくり構想」を策定した。これは、身体的な障がい
を持つ人だけでなく、外国人もその対象としたものである。そして、バリアフ
リー施策とインバウンド施策を包括的に扱うようになった。高山のインバウン
ド施策は、1980 年頃より英語併記の案内板の設置、障がい者や外国人への対
応や心がけについてまとめた「おもてなし 365 日」などの冊子の作成・配布
などが取り組まれてきた。

　そのなかでも、外国人に対しては情報バリアフリー対策が積極的である。例
えば、Wi-Fi の無料サービスやコンセントや充電器の貸し出しといったサービ
スがあげられる（図 7-10）。また、メニューの多言語化に関する試みも行われ
ている。こうしたサービスは、店主の手書きにより作成されたものである（図
7-11）。このように、地域の中から観光客が求めているニーズを汲み取る活動
が発生することが観光まちづくりを考えていくうえで大切なことである。ま
た、一部の店舗には、日本語ができる外国人スタッフを雇用している店舗もあ
る。近年では、人口減少や高齢化が進んでいる。そのなかで、移住者として働
いていることは、「住みよいまちは行きよい町」の理念に適うものと言えよう。

　高山について福祉的対応としての観光まちづくりを見たときに、観光事業者
による自律的な取り組みと自治体が整備する制度・政策の双方が機能している

7-7 福祉的対応としての観光まちづくりと今後　*163*

図7-10　WiFi無料サービスやコンセント・充電器の貸し出し

(出典) 筆者撮影

図7-11　メニューの多言語化

(出典) 筆者撮影

と言えよう。つまり、高山市は、様々な条例を定めたり、事業として各種助成を実施したりしている。民間事業者は、一つひとつが、必要な取り組みを模索し、活動を展開している。このような、地域のなかの様々な関係者による自律的な取り組みにより、移動弱者の観光行動にかかる負担が軽減されるのである。その結果、より多くの観光客を受け入れることが可能となる。ただし、観光行動にかかるすべての負担を解消することとは異なる。それは、移動弱者自身が、一人の観光客として高山を歩けたという実感がえられることが重要なポイントと言える。そのため、旅程を工夫することで観光行動の質を高めていくことも必要であろう。

164　第7章　福祉的対応を考えた観光まちづくり

【参考文献】

・伊藤薫（2005）「社会指標の特徴と生活水準の構成要素について」pp.1-39『Review of Economics andInformation Studies』岐阜聖徳学園大学5（3・4）

・井上寛（2010）『障害者旅行の段階的発展』流通経済大学出版会

・糸賀一雄（1968）『福祉の思想』NHKブックス

・稲垣久和『公共福祉という試み　福祉国家から福祉社会へ』中央法規

・岩田正美・上野谷加代子・藤村正之（2013）『ウェルビーイング・タウン』藤村正之（2013）「福祉をつくりあげる仕組み」pp.29-44　有斐閣アルマ

・大社充（2013）『地域プラットフォームによる観光まちづくり：マーケティングの導入と推進体制のマネジメント』学芸出版社

・桶川武朗（2006）p.70『企業』小林末男監修（2006）「現代経営組織辞典」創成者

・垣内俊哉『バリアバリュー障害を価値に変える』新潮社

・川本健太郎「社会参加を促進する社会的企業— 障害者の労働参加の事例から」pp.46-63 牧野毎次（2015）監修『これからの社会的企業に求められるものは何かカリスマからパートナーシップへ』ミネルヴァ書房

・川村匡由（2013）「観光福祉の意義と方法」pp.12-19 川村匡由・立岡浩（2013）『観光福祉論』ミネルヴァ書房

・河村誠治『新版　観光経済学の原理と応用』九州大学出版会

・加山弾（2013）「コミュニティーワーカーの職場」pp.105-128 牧里毎治・杉岡直人・森本佳樹（2013）『ビギナーズ地域福祉』有斐閣アルマ

・観光庁（2014）『平成26年度ユニバーサルツーリズム促進事業ユニバーサルツーリズムに係るマーケティングデータ』観光庁

・観光まちづくり研究会（2000）『観光まちづくりガイドブック—地域づくりの新しい考え方～「観光まちづくり」実践のために』（財）アジア太平洋観光交流センター

・公益財団法人日本交通公社（2015）『旅行年報2015』公益財団法人日本交通公社

・黒田裕司・中島猛・宮永雄介（2011）『シンクタンク・レポート ツーリズム・ビジネスの新たな風— ホテル・旅館のバリアフリー旅行を考える』季刊政策・経営研究2011（1）pp.149-165 三菱UFJリサーチ＆コンサルティング

・槻本邦夫（2006）「観光行動における消費と欲望の構造」pp.43-53「大阪明浄大学第6号」大阪明浄大学

・杏掛博光（2013）「観光福祉の民間事業・活動」pp.70-86 川村匡由・立岡浩（2013）『観光福祉論』ミネルヴァ書房

・近藤鉄浩（2013）「社会福祉とは」pp.7-11 西村昇・日開野博・山下正國『五訂版　社会福祉概論その基礎学習のために』中央法規

・厚生労働省（2015）『平成27年度版厚生労働省白書— 人口減少を考える— ～希望の実現と安心して暮らせる社会を目指して～』厚生労働省

・財務省財務総合政策研究所編（2015）『財政金融統計月報　平成27年度予算特集　第757号』株式会社ワープ

・鹿住倫世（2006）『NPO』p.9 小林末男監修（2006）「現代経営組織辞典」創成社

・武川正吾（2011）『福祉社会（新版）』有斐閣アルマ

- 土井由利子（2004）「特集：保健医療分野における QOL 研究の現状　総論― QOL の概念と QOL 研究の重要性」pp.176-180　J. Natl. Inst. PublicHealth, 53（3）：2004
- 東京都福祉保健基礎調査検討委員会委員（2008）「20 年度『障害者の生活実態』報告書全文」東京都福祉保険局　HP http://www.fukushihoken.metro.tokyo.jp/kiban/chosa_tokei/zenbun/heisei20/20hokokusyozenbun.html　2016 年 9 月 30 日アクセス
- 東京都福祉保健基礎調査検討委員会委員（2013）「25 年度『障害者の生活実態』報告書全文」東京都福祉保険局 HP http://www.fukushihoken.metro.tokyo.jp/kiban/chosa_tokei/zenbun/heisei25/25tyosahokokusyozenbun.html　2016 年 9 月 30 日アクセス
- 中子富貴子（2009）『ソーシャル・インクルージョンの理念によるバリアフリー・ツーリズムの推進に向けて― 地域観光における社会関係資本を活用した社会経済的循環システムの構築の可能性―』福祉のまちづくり研究 11（2），1-9, 2010-01-15
- 一般社団法人日本福祉のまちづくり学会　http://ci.nii.ac.jp/els/110009442188.pdf?id=ART0009920874&type=pdf&lang=jp&host=cinii&order_no=&ppv_type=0&lang_sw=&no=1475193883&cp=2016 年 9 月 30 日　アクセス
- 馬場清（2010）「日本におけるバリアフリー旅行の歴史と意義」pp.50-69 馬場清・吉岡隆幸・馬場清編（2010）『車いすでめぐる日本の世界自然遺産　バリアフリー旅行を解剖する』現代書館
- 廣野俊介（2014）「身体障害者福祉法」pp.120-121 小川喜道・杉野昭博（2014）『よくわかる障害学』ミネルヴァ書房
- 水野映子（2012）『家族を介護している 800 名に聞いた「要介護者の旅行に関する調査」～「要介護の親を旅行に連れて行くことは親孝行になる」と思う人は 72%。要介護者との旅行の最大の不安は「宿泊先で入浴すること」。～』株式会社第一生命経済研究所　http://group.dai-ichi-life.co.jp/dlri/ldi/news/news1206.pdf　2016 年 11 月 23 日アクセス
- 福重元嗣（2013）『ツーリズム産業の経済効果』pp.25-62 櫻川昌哉「ツーリズム成長論」慶應義塾大学出版会
- 森本佳樹（2013）「地域福祉実践とは何か」pp.151-195 牧里毎治・杉岡直人・森本佳樹（2013）『ビギナーズ地域福祉』有斐閣アルマ
- 劉水生（2015）「台湾におけるゴールデン・エージの健康管理」pp.35-44 朴峰寛・盧駿・劉水生（2015）『東アジアの社会・観光・企業（亜東経済国際学会研究叢書― 東北亜福祉経済共同體フォーラム）』五絃舎
- 安村克己（2005）『観光まちづくりの力学―観光と地域の社会学的研究』学文社
- 和田尚久（2015）『観光振興と地域経済』pp.83-90 現代社会研究 13 号

---

1) 国土交通省 HP「観光政策審議会」

　http://www.mlit.go.jp/singikai/unyusingikai/kankosin/kankosin39.html

　2019 年 3 月 22 日アクセス

2) 観光まちづくり研究会（2000）p.26

3) 水野（2012）を参照

4) 観光庁（2014）を参照

5) 観光庁 HP「ユニバーサルツーリズムについて」

166　第7章　福祉的対応を考えた観光まちづくり

http://www.mlit.go.jp/kankocho/shisaku/sangyou/manyuaru.html

2019年3月21日アクセス

6) JTB総合研究所HP

http://www.tourism.jp/tourismdatabase/glossary/universal-tourism/

2016年11月8日アクセス

7) 観光庁（2014）p.42

8) 2005年2月1日に周辺9市町村（丹生川村、清見村、荘川村、宮村、久々野村、朝日村、高根村、国府町、上宝村）を編入合併し、面積は、約2,178㎢となった。これは、ほぼ東京都と匹敵する大きさである。

9) 土野守（第9代）は、日下部尚・前市長の急逝に伴い、旧自治省大臣官房参事官などを歴任した土野守が新市長に選出され、1994年9月4日に着任した。

コラム　　**特定非営利活動法人　湘南バリアフリーツアーセンターの取り組み」**（松本　彩）

スタートはバリアフリービーチ

　あなたには、いわゆる障がい者と呼ばれる友人が何人いますか？　また、彼らが具体的に「できない」「行けない」と思っていることは何か知っていますか？

　2018年度版「障害者白書」によると、日本全体の人口比で障がい者の割合は7.4%だそうです。想像して頂きたいのは、この数字です。会社に従業員が100人いれば7.4人は障がい者がいる、学校ならクラスが30人であれば約2人は障がい者がいる。そんな計算になります。

　しかし、その中で名前が思い浮かぶ障がい者の友人は何人いるでしょうか？

　現在、障がいがある人と健常者との生活圏があらゆる面において分けられている現状があります。そのため、人によっては、一切障がい者に出会わずに1日が終わるという人も少なくないでしょう。

　実は、こんな話からスタートした理由は、私たちの活動は、車いすユーザーの

「私たちにとって海は眺めるものなんです。」

という衝撃の一言から始まったからです。

　鎌倉に住む私たちにとって、小さなころから海に入ることは当たり前で、行こうと思えばいつでも気軽に海水浴に行くことができました。

　なぜ「海は眺めるもの」なのか…。砂に車いすのタイヤが埋もれてしまう、トイレまで行けない、着替える場所まで行けない、シャワーを浴びることができない、海に入る手段がない…。あー、そうか。少し話を聞き、立ち止まって考えてみると、「車いすを使っている人が海に入ることができない理由」が浮かび上がってきます。

　しかし、この状況をどれだけの人が瞬時にイメージできるでしょうか。

　私たちもこの一言がなければ、この活動をしていなかったかもしれないですし、「車いすユーザーが海に行けない」ということを想像もしなかったかもしれません。

　この一言がきっかけで、私たちは、2015年、1日だけ海をバリアフリーにする「バ

リアフリービーチ」というイベントを鎌倉の材木座海岸でスタートさせました。

バリアフリービーチの実施

まず、バリアフリービーチを実施するにあたり、海に入りたいと思っている当事者の「不安」とボランティアの「不安」を解消するための作業を行いました。事前の情報の開示と、不安に思っていることなどのやり取りを行うと同時に、ハード面のバリアも整えました。

　駐車場を確保し、砂浜にベニヤ板を敷き（現在はフランスからの輸入のビーチマット）、海に入れる車いすを用意し、幟を立て、そしてボランティアを集め、イベント実施をしました。5 回目となる 2019 年のバリアフリービーチは残念ながら台風で中止になってしまいましたが、約 50 名の当事者の参加と約 130 名のボランティアが参加予定となっていました。

　今ではバリアフリービーチを障がいがある人だけではなく、ボランティアスタッフも一緒に海に入ることができると楽しみにしています。ごちゃごちゃになって、一緒に楽しむ場というのがとても大切なのだと考えています。

ビーチではなく他の事も

　バリアフリービーチを実施し、様々な障がい者と関わっていくと、海は氷山の一角で、障がいを抱えている人たちが障がいを理由にたくさんのことを諦めているということがわかりました。たとえば、旅先に行っても行きたいお店には段差やトイレの問題などで自力では入ることが難しく、結局ファミリーレストランで食事をすることになってしまったり、自分だけ温泉には入れなかったり…。

　また、古都鎌倉は神社やお寺を中心に、昔からある古いお店や、宿泊施設も車いすで行くことができない場所が多く、当事者にとって楽しむことが容易であるとは言えない状況です。

　そんな現状を変えるため、2016 年に NPO 法人湘南バリアフリーツアーセンターを立ち上げ、「行ける場所に行くのではなく、行きたい場所に行こう。やれることを探すのではなく、やりたいことをやろう。」ということをキーワードに、活動をスタートさせました。

　相談できる窓口の開設とともに情報開示ができるように、鎌倉を中心にバリアフリー

調査などを実施していきました。

　調査していくと、入口には段差があり、車いすユーザーは少し入ることを躊躇してしまうお店でも、お店の人が快く「手伝うのでいつでも来てください」と迎えてくれるところも多くあることに気づかされます。

　ハード面は変えることができなくても、ハートでバリアを越えることができるのです。

　また、イベント事業として、バリアフリービーチの他に、松田町での花火大会の鑑賞や、「成人式に着物を着たかったのに着ることができなかった」という声からはじまった車いすで着物を着て鎌倉を散策するイベント、車いすごと楽しい仮装をしてパレードに参加するイベント、人が少ない裏鎌倉のあじさいツアーなども実施してきました。

　ですが、まだまだ、湘南地域の障がい者のバリアフリーツアーは課題が山積している状況です。

当事者がいなければできないバリアフリー調査

松田町の花火大会鑑賞！

7-7 福祉的対応としての観光まちづくりと今後　169

着物を着て鎌倉を散策！

車イスだから楽しい！ハロウィンパレード！

車イスでも行ける裏鎌倉のあじさいツアー

2018 年に単独で車いす世界一周旅行をされた三代達也氏は「世界共通のバリアフリーは人です」と公言していますが、実はこれこそが今後の日本にとても大切なキーワードではないかと考えています。

2020 年にオリンピック・パラリンピックが湘南地域に来た時に私たちに求められることは、外から来られる様々な立場の人の不便さをイメージし、理解し、ハートでバリアを越えていくことができる環境づくりではないでしょうか。

そのためにはまず、当事者が何に困り、本当は何をしたいのかもっともっと私達は知らなくてはいけません。

その一つ一つの積み重ねが、本当のバリアフリーを生み出していくものだと確信しています。

第8章
サービス介助士の実践

8-1 サービス業で活躍するサービス介助士

　鉄道を利用するときに、駅で「お客様をご案内中です」などのアナウンスとともに、駅員が車いす使用の乗客を車内まで案内しているシーンを見たことがあるだろう。実はこの案内をしている駅員の多くは「サービス介助士」の資格を取得している。実際、空港のコンシェルジュや航空会社の地上係員、キャビンアテンダント、銀行員、デパートやスーパーマーケットの販売員、ホテリエ、福祉車両を販売している自動車販売員がサービス介助士として、高齢者や障がいのある方をスムーズに案内している。このようにサービス業従事者を中心にサービス介助士資格取得者が増えており、現在導入企業は1,000社を超え、全国で17万人以上のサービス介助士がそれぞれのサービス現場で活躍をしている。

図8-1　安心のサービス介助士マーク。このバッジが資格取得者の証である。

8-2 サービス介助士広がりの背景

　サービス介助士とは、公益財団法人 日本ケアフィット共育機構が認定している民間資格である。高齢者や障がいのある人が外出した際に、事業者等が安全、安心におもてなしができるように、介助技術を習得した人材を育成することを目的に2000年にスタートした。

　時を同じくして2000年に施行されたのが、介護保険制度である。介護保険制度とは高齢者の介護を社会全体で支え合う仕組みである。従前の利用者がサービスの選択をすることができなかった高齢者福祉制度や病院への長期入院（いわゆる社会的入院）の問題が指摘されていた高齢者医療制度に代わって、

単に介護を要する高齢者の身の回りの世話をするということを越えて、高齢者が介護保険の世話にならないように短期間で集中的なサービスを提供する自立支援や、利用者の選択により多様なサービス提供主体から保健医療サービスや福祉サービスを総合的に受けられる利用者本位の考え方に変わった。

このことにより、制度利用者は選択の幅が広がり、提供者には競争の原理が生まれた。介護用品を扱う事業者も増え、デパートなどの小売業の参入も見受けられた。そこで問題になったのが、従業員の教育である。

それまで介護や介助にまったく関わらなかった人が介護を必要としている人の立場になってサービス提供をすることは難しい。そこで各事業者が取り組んだのがサービス介助士資格の取得である。それまで、介護の資格と言えば、ホームヘルパー（現介護職員初任者研修）や介護福祉士などがあったが、費用や時間の負担が大きかった。そこで、効率よく必要な知識と技術を取得できるサービス介助士のニーズが高まったのである。

その後、2006（平成18）年に、公共交通機関を対象とした交通バリアフリー法（高齢者、身体障害者等の公共交通機関を利用した移動の円滑化の促進に関する法律）とデパートや旅客施設を対象としたハートビル法（高齢者、身体障害者等が円滑に利用できる特定建築物の建築の促進に関する法律）を統合したバリアフリー新法が施行された。これは高齢者や障がいのある人が移動しやすいようまちづくりを進めるための法律であり、それまで対象者は身体障がい者だけだったが、知的障がい者、精神障がい者、発達障がい者と、すべての障がい者が対象となった。

また、対象物も従来は建物や公共交通機関だけだったが、新法では、それらに加えて道路や屋外駐車場、都市公園と日常生活で利用する施設を広くとらえ、生活空間全体におけるバリアフリー化を進めることとした。このことにより、高齢者や障がいのある方が外出しやすい環境づくりは進むことになった。

こうして、サービス介助士は鉄道事業者へと広がっていった。駅のホームには水はけの関係で傾斜がついていたり、またホームから電車に乗り込む際には、段差があったりする。車いす使用の方を安全に電車内まで案内しようとすると、乗車位置までの誘導、車内へ乗車など、基本的な介助技術を求められることがある。サービス介助士資格の取得は顧客対応する駅員にとって必要不可欠な学びなのである。

また、近年は盲導犬ユーザーや白杖を使用した視覚障がい者がホームから線

路に転落する事故が後を絶たない。2017（平成29）年度におけるホームからの転落件数は2,863件で、このうち視覚障がいのある人の件数は65件であった。よくホームは「欄干のない橋」と表現され、ホーム柵の設置が求められているが、予算や構造上の問題ですべての駅に設置するには時間がかかると言われている。2018（平成30）年現在、全国の約9,000駅中、ホーム柵が設置してあるのは725駅である（国土交通省）。こうした現状のなか、すぐにできることとして、駅員や駅利用者による声かけ運動が行われており、2016年から首都圏の駅には鉄道事業者の共同による「声かけ・サポート」運動のポスターが掲示されている。

図8-2　首都圏の多くの駅で掲示されている「声かけ・サポート」運動のポスター

そこで求められるのが、安心していただける介助技術であり、サービス介助士の存在である。東京地下鉄の飯田橋駅では、普段駅を利用している法政大学と協力し、サービス介助の学びを短時間で学べる「サービス介助基礎研修」を受講した学生による声かけボランティア活動を実施している。

図8-3 電車利用の障がい者への介助サービス

また、サービス介助士の講座内でも、日常時における視覚障がい者への接遇に加え、緊急時の対応も伝えている。

8-3 超高齢社会の進行とサービス介助士

ではなぜ企業が積極的にサービス介助士を取得しているのであろうか。その一因は進行する超高齢社会にある。

現在日本では65歳以上を高齢者としている。人口の高齢化率とは、65歳以上人口の全人口に占める割合であり、65歳以上の高齢者の割合が7％を超すと高齢化社会、14％を超すと高齢社会、21％を超すと超高齢社会という。総務省統計局の「人口推計」によると、2018（平成30）年の日本の総人口は、約1億2,644万人である。そのうち、65歳以上の高齢者が約3,557万人となり、総人口に占める割合（高齢化率）は約28.1％である。つまり4人に1人は高齢者であり、超高齢社会である。さらに100歳以上の方は、1963年では153人だったが、2018年現在では約7万人に増えている（厚生労働省）。なお、90歳以上は200万人いると言われており、高齢者の中でも特に高齢な方も増えていることがわかる。

また「ベビーブーム」と呼ばれた、第二次世界大戦後の1947～1949年の3年間には、年間250万人を超える出生数があったが、第二次世界大戦後70年以上を経た現在、「団塊の世代」も65歳を超え、2025年には全員が75歳以上となり、2036年には33.3％で3人に1人が65歳以上になると推計されている（2017年10月内閣府）。

さらに、平均寿命も延びており、2017年には男性81.09歳、女性87.26歳

8-3 超高齢社会の進行とサービス介助士　175

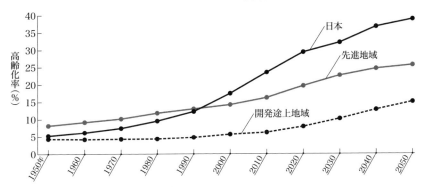

UN, *World Population Prospects*：*The 2010 Revision*
日本は総務省統計局「国勢調査」、国立社会保障・人口問題研究所「日本の将来推計人口」〈2014年1月推計、中位推計〉
※先進地域とは、北部アメリカ、日本、ヨーロッパ、オーストラリアおよびニュージーランドをいう。開発途上地域とは、アフリカ、日本を除くアジア、中南米、メラネシア、ミクロネシア、ポリネシアからなる地域をいう。

図8-4　世界の高齢化率の推移
日本が世界でもトップの高齢社会であることがわかる。

である（厚生労働省）。では、比較的平和で長寿の日本に問題がないかというと、健康寿命という数字がある。健康寿命とは健康で自立した生活を送れる平均期間を推定したものであり、2016年の日本人の健康寿命は男女平均で男性72.14歳、女性74.79歳であった（厚生労働省）。この平均寿命と健康寿命の差から、晩年の約10年に何かしらの生活のしづらさを感じている人が多いということが分かる。

また、障がい者の人数についてみてみると、内閣府（2019年3月）によれば、日本の身体障がい児・者（在宅・施設）は436万人（人口1,000人あたり34人）、知的障がい児・者（在宅・施設）は約108万2,000人（同9人）、

表8-1　世界の平均寿命ランキング　日本がいかに長寿社会かわかる。

順位	国名	男女の平均寿命
1	日本	84.2歳
2	スイス	83.3歳
3	スペイン	83.1歳
4	オーストラリア	82.9歳
4	フランス	82.9歳

順位	国名	男性の平均寿命
1	スイス	81.2歳
2	日本	81.1歳
3	オーストラリア	81.0歳
4	カナダ	80.9歳
4	アイスランド	80.9歳

順位	国名	男性の平均寿命
1	日本	87.1歳
2	フランス	85.7歳
2	スペイン	85.7歳
4	韓国	85.6歳
5	スイス	85.2歳

（出典）WHO世界保健統計2018年版

176　第8章　サービス介助士の実践

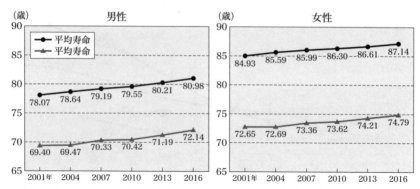

資料：平均寿命：平成13・16・19・25・28年は、厚生労働省「簡易生命表」、平成22年は「完全生命表」
　　　健康寿命：平成13・16・19・22年は、厚生労働科学研究費補助金「健康寿命における将来予測と生活習慣病対策の費用対効果に関する研究」、平成25・28年は「第11回健康日本21（第二次）推進専門委員会資料」

図 8-5　健康寿命と平均寿命の推移
この差を埋めることが縮めていくことが高齢期の健康に繋がる。

　精神障がい者（在宅・施設）は約392万4,000人（同31人）。国民のおよそ7.4％が何らかの障がいを有していると言える。以上から、高齢者と障がい者を併せて考えると、生活の困難さを感じている人は人口の10％以上にのぼると考えても、何ら不思議ではない。
　このような社会状況において、企業は顧客対応において、介助技術と、高齢者や障がいのある人への接遇を学んだサービス介助士の存在が必要となった。

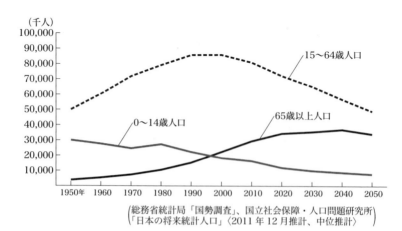

図 8-6　日本の年齢3区分別人口の推移と将来推計
少子高齢化の進行が見て取れる。

表 8-2　身体障がい児・者数（在宅）の内訳

肢体不自由児・者	約 193 万 1,000 人
内部障がい児・者	約 124 万 1,000 人
聴覚・言語障がい児・者	約 34 万 1,000 人
視覚障がい児・者	約 31 万 2,000 人

（出典）厚生労働省『平成 28 年「生活のしづらさなどに関する調査」』

8-4　合理的配慮の提供とサービス介助士

　さらに、2016（平成 28）年 4 月 1 日施行された障害者差別解消法では、事業者に合理的配慮の提供を求めており、障がい者に対する理解と配慮が求められたことから、さらに社員教育の必要性が求められている。この法律は、正式名を「障害を理由とする差別の解消の推進に関する法律」と言い、障がいを理由とする差別の解消を推進する法律で、すべての人がお互いに人格と個性を尊重して共生する社会の実現を目指す法律である。また、この法律における対象者は障害者手帳保持者に限られない点もポイントである。障害者手帳の有無に関わらず、何らかの理由により、心身の機能に障がいがあり、障害および社会的障壁（障がいのある方が、日常生活や社会生活を営む中で、不自由を感じる原因となっている設備やもの・制度・慣行・偏見など。）により継続的に日常生活または社会生活に相当な制限を受けている状態にある方すべてである。

　障害者差別解消法で定められていることは、不当な差別的取扱いの禁止と合理的配慮の提供である。

　不当な差別的取扱いの禁止では、障がいを理由として正当な理由なく、サービスの提供を拒否したり、制限したり、条件を付けたりすることをしてはいけない。合理的配慮の提供では、障がいのある方から何らかの配慮を求められた際（意思表明）に、負担になり過ぎない範囲で、社会的障壁を取り除くために必要で合理的な配慮を行うことが求められている。

　この合理的配慮の事例としては、

・段差がある施設にいらした車いす利用の方に、段差を越えるお手伝いをする、携帯スロープをかける。

・障がいのある方にとっては、取りにくい場所にある商品などを取って渡す、取りやすい位置に置く。

・弱視や色覚障がいのある方に対して文字を大きくしたり、色の組み合わせを

178　第8章　サービス介助士の実践

工夫したりする。

・障がいのある方に対して、筆談や読み上げなどにより、わかりやすい説明を
　する。

など、まさにサービス介助士が日常的に業務でしていることと重なる。サービ
ス介助士が存在することが、合理的配慮の提供に繋がっているのである。な
お、合理的配慮の提供は、民間事業者に関しては努力義務であったが、2018年
10月より東京都では条例で法的義務としたことで、企業の責任は増している。

8-5　サービス介助士資格所得講座とは

では、サービス介助士資格取得講座はどのような内容であるのか。

　サービス介助士資格取得講座は通信教育と実技教習から成り立っている。通
信教育課程では、テキストを見ながら、100問の課題回答を行う。そして、課
題を提出し100問中70問以上の正解で課題合格となり、2日間の実技教習へ
と進める。

　実技教習は、高齢者疑似体験、車いす操作、いすから車いすへの移乗、片ま
ひの人への介助、聴覚に障がいのある人とのコミュニケーション、視覚に障が
いのある人への歩行案内（手引き）、実技テスト、ロールプレイをし、最後に
50問の資格試験を行い、7割以上が合格である。合格者には、認定状と、名
前、ローマ字、写真入りの認定証が送られる。認定証には顔写真が入っている
ことから、資格取得後に日本ケアフィット共育機構が実施する介助ボランティ
ア等で身分証明証代わりにもなっている。なお、日本ケアフィット共育機構で
は、各種イベント会場で「TASKAL（タスカル）」という介助ボランティアブー
スを出し、配慮が必要な来場者をサービス介助士が案内することにより、誰も
が参加しやすい環境作りを行っている。2014年からブラインドサッカーの国
際大会や音楽イベント等で設置が始まり、2018年12月までに121回、のべ
911名のサービス介助士がボランティアとして活動した。

　テキストの内容を見ていくと、サービス介助士には次の3項からなる基本
理念がある。

　　第1項　高齢社会を支えていくにあたり、自立自助の考えが世代を超え
　　　　た全ての人々との共生の時代に必要であると理解できる環境を作るこ
　　　　と。

図 8-7　毎年恒例の「高齢者・障がい者江の島散策介助ボランティア」の様子

　　第 2 項　高齢社会を支えていくにあたり、高齢者を寝たきりにさせず、街中に出て頂き、地域活性化の役割を担って頂く環境を作ること。
　　第 3 項「高齢社会を支えていくにあたり、全ての人に「もてなしの心と介助技術」を学ぶ環境を作ること。
とあり、超高齢社会において必要となる高齢者の活躍と世代間のコミュニケーションの重要性を述べている。単にお手伝いをするだけではなく、支援される人の QOL（Quality of Life）を尊重した接し方を大切にしている。QOL とは「生活の質」などと訳されており、高齢社会において、寿命を伸ばすとともに、いかに長期に渡り自立した生活を送ることができるかを考えるために重要な概念であり、高齢者が外出したり、人とコミュニケーションをとったり、生活の中で達成感を味わったりする機会をサービス介助士がさりげなくお手伝いすることで、QOL の維持、向上に役立っている。

　また、学びには 3 本の柱がある。
　一つ目はホスピタリティ・マインド（Hospitality Mind）である。手伝いをするサービス介助士と手伝いをされる人との間には、ホスピタリティ・マインドが必要である。「仕事だから手伝う」という気持ちではなく、「ともに喜び合える関係性」を求めている。そして、手伝う方法は人によって異なり、何に不自由を感じているか、身体の不自由さがあるとしたらどこにあるのか、どこまで手伝ってほしいかなどは人それぞれであることを考え「百人百様」の精神を

180　第8章　サービス介助士の実践

大切にしている

　二つ目がノーマライゼーション（Normalization）である。ノーマライゼーションとは、障がいの有無にかかわらず、すべての人びとが社会参加できるように環境を作っていくことである。障がいの有無にかかわらずともに生きる「共生社会」づくりを目指すものである。そのために、高齢者や障がい者に対し、その人の能力や個性を決めつけるという先入観や固定観念を排除すること、つまり「心の壁（バリア）」を取り去ることが必要と説明している。

　そして三つ目がジェロントロジー（Gerontology）である。このジェロントロジーは、ギリシャ語のgeron（老人）を語源とする英語のgeronto（加齢・高齢）に科学・研究を意味するlogyがついたもので、一般的には「老年学、加齢学」などと訳されている。

　誰もが超高齢社会における生活を快適に送れるように、高齢社会の課題や将来、加齢による身体面・心理面の変化、社会における高齢者の立場や生きがいなどについて、高齢化が進むなかでの様々な課題を研究する学問である。

　サービス介助士の講座では、これを「創齢学」と表現し、自分の齢（よわい）・人生は自分で創りあげるための学びとしている。超高齢社会の日本において、自分の加齢をしっかり見つめ、長い人生をいかに生きていくかを考えるきっかけとしている。そのことで自分が高齢になったときに過ごしやすい社会を作ることにつながっていくのである。そして加齢を自分ごととして考えることが、誰もが高齢社会における生活を快適に送るために必要な世代間の共生、世代間の円滑なコミュニケーションの第一歩となるのである。

8-6　サービス介助士が身につける介助技術

　次にサービス介助士資格取得講座で行う実技教習と具体的な介助技術について紹介する。

（1）高齢者への接し方

　実技教習では、高齢者疑似体験を行っている。疑似体験ではあるが、自ら動きにくい、見えにくい、聞こえにくい体験をすることで、超高齢社会においてどの様な社会作りにしたら良いかを考えるとともに、将来の自分について考えることができる。疑似体験では、聴覚の変化（低下）を体験するための耳栓をし、視覚の変化や白内障、視野の狭さを体験するため、白内障ゴーグルを装着

する。ひじやひざの関節が曲がりにくい状態を体験する関節サポーター、触覚の低下と指先が不器用になる状態を体験するための手袋をし、指を2本ずつテープでしばる。また、左右の足首に重さの違うおもりを装着して、筋力の低下と平衡感覚の変化を体験する。杖を持って、杖があることの便利さと不便さを体験する。体験中は、安全を確保するため、ゼッケンをつけて体験中であることを周囲の人びとに知らせる。

図8-8　高齢者疑似体験の様子
駅で掲示物を見たり、コンビニエンスストアで買い物をしたりすることにより、高齢者が抱えている生活のしづらさ等を実感する。

　なお、老人性白内障は全白内障の約95％を占める。40歳代から始まり、80歳以上になると100％近くの人が白内障となると言われている。症状は、水晶体が黄ばんでしまいかすんで見えにくくなったり、ぼやけて物が二重三重に見えたりする。よって照明を明るくする。表示物や掲示物にはコントラストの強い色を使用する。大きく、太めの文字を使用するなどの配慮が必要である。

　また、聴力も20歳位をピークに低下し、老人性難聴では電子音等の高音域が聞き取りにくくなり、音を聞き分ける能力が低下するなどの症状が出る。よって低めの声を意識してしっかり、はっきり話す。話の内容を簡潔にわかりやすく話すなどする。

　そのほか、嗅覚の低下により冷蔵庫内の食べ物が腐敗したことに気が付きにくい、味覚の低下により塩味を感じる能力が衰え、塩分を過剰摂取してしまう、などのことがあるので、周囲でも注意する。また、触覚の変化により、熱い・冷たいという感覚が鈍くなり、やけどの危険性も高まるので、食べ物や飲み物を提供する際は、「熱いのでお気をつけください」など声かけをすると良い。

　このように高齢者と接するときは、感覚機能が低下しているということを理解し、コミュニケーションをとることが大切であるが、個人差が大きいこと、機能は複合的に低下することの理解も必要である。

（2）車いす使用者への接し方

　実技教習では、車いす使用者としっかり目線をあわせることや操作の際は何

をするのか、声をかけるなどの接遇面から、段差やスロープの昇降、階段等での持ち上げ技術などを習得をする。また、車いすの機能や使用者の目線を理解するため、車いすに自ら乗り、操作する自操体験も行っている。

介助のポイントとしては、まず車いす使用者にも様々な方がいることを理解することである。下肢の障がいにより歩行が困難な方、高齢により長い距離を歩くことが難しい方、一時的な怪我のある方など様々である。また、原因により、できることやできないことも異なる。立ち上がったり、歩行したりすることが可能な方もいれば、難しい方もいる。

そして、経験や能力により、使用している車いすの種類も異なれば、外出する時に介助者や介助犬の支援が必要か否かも異なるので、街中で困ることも様々である。しかし初対面の場合、その方のできることやできないことの見極めは難しいので、どのようなお手伝いが必要か「何かお手伝いすることはありますか」など本人に声をかけて確認する必要がある。段差や溝を越える、スロープで押す、ドアを開ける、荷物を持つなど、その時どきで必要なお手伝いも異なる。

ここでは基本的な介助方法について、説明する。

図8-9 目線を合わせてコミュニケーションをとるサービス介助士
介助技術はもちろんのこと、一人ひとりに寄り添う姿勢を大切にしている。

車いす使用の際の重要な3点を以下に列挙する。
① ブレーキをかける
　　交差点での信号待ちや、駅で電車を待っているときなど、少しの間、止まって待っているときにも必ず駆動輪の横にあるブレーキをかける。道路や駅のホームは排水の関係で斜めになっている場合がほとんどである。手を放す可能性のある時は、しっかりと両方のブレーキをかける。
② フットレスト（足台）に足が乗っているか確認する。
　　車いすを押す際は、足がフットレストの上にあることを確認する。フットレストに足を置かないで動かすと、車いすを使用する方の足が車いすの下に巻き込まれてしまい怪我につながることもある。

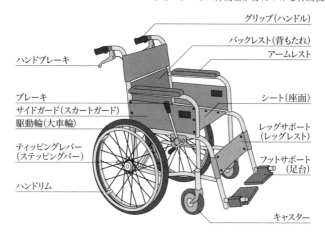

図8-10　車いすの各部の名称

③　声かけをする。

　車いすを押す際は、動作のたびに具体的に声かけをすることを心がける。後ろからお手伝いをするので、「右に曲がります」など動作の前に声かけをすると、安心感に繋がる。また、挨拶や説明をするときには、なるべく車いすを使用する方と自分の目線を合わせる。立ったままの状態でのコミュニケーションだと、圧迫感を与えることもあるし、障がいによっては、上を向くことが難しいという方もいる。

また、具体的介助方法は、

①　段差の上り方

　車いすでは、たとえ1cmの段差でも、キャスター（小車輪）が引っかかり、乗り上げられないことがある。そのときは左右の駆動輪の間にある、ティッピングレバー（ステッピングバー）を使用して、足を前方に押し、ハンドルを手前に引く「てこの原理」でキャスターを上げ、段差を上る。次に後ろの駆動輪を段差にのせるが、グリップを上に持ち上げると、回転するキャスターだけの接地となり、不安定な状態になるので、持ち上げることなく、前方向に押し付けて進むと安全に段差を上ることができる。

②　段差の下り方

　前向きに下りてしまうと車いすが前方へ傾き、転落の可能性もあるので、基本的には車いすを回転させ、後ろ向きにして下りる。

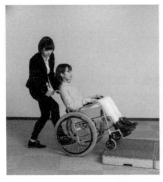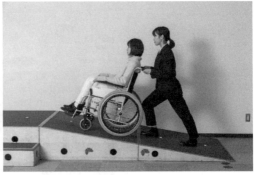

図 8-11　車いす利用者への介助の方法
段差昇降時にはティッピングバーを使用（左）、スロープを上る際は前向きで進む（右）。

③　スロープの操作方法

　上りは前向き、下りは後ろ向きでの案内が基本である。ただ、下りにおいてもアームレスト（肘掛）をしっかり掴むことができるなど、前方への転倒のおそれがない方であれば、前向きを希望することもあるため、相談しながら進めることが大切である。

　なお、数メートルある上りでは、スロープの途中で止まると再び動かすのは大変なので、途中で止まらず一度に上る。長い坂道で上がるのが大変そうであれば、無理をせず他の道を選ぶことも必要である。下りでは、速度が変わると不安にもなりますので、なるべく同じ速度を保って下りる。

　なお、上記は安全面も考慮したうえでの、基本的なお手伝い方法であり、実際にお手伝いする際は、どのようにすれば良いのか確認するなど、十分にコミュニケーションを取る必要がある。

（3）視覚障がい者への接し方

　実技教習では、声のかけ方から、歩行案内（手引き）の基本姿勢、階段昇降や狭い通路の抜け方、具体的な場面を想定し、座席への案内方法や金銭授受を行う。具体的な介助方法としては、まずどのような方が白杖を使っているか理解する必要がある。視覚に障がいのある人は、道路交通法で白杖を持ち歩くか盲導犬を連れていることが義務付けられている。つまり、まったく見えない全盲の方に限らず、弱視の方も白杖を使っている。そして、視覚に障がいのある方全体では、全盲より弱視の方が多い。よって、白杖を使っているからといって、まったく見えていないとは限らないのである。この点を理解することで、

図8-12　手引き案内するサービス介助士
基本的には肘や肩をつかんでもらい、常に一歩先を歩く。

その方が必要とするお手伝いをすることに繋がる。
　具体的介助方法は、以下重要な3点を列挙する。
① **突然、体に触れない。必ず「声かけ」をしてから触れる。**
　　突然、体に触れられたら驚くのは誰でも一緒である。触れる際は、声をかけてからである。
② **身体を押したり、引っ張ったりしない。**
　　身体のバランスを崩して、転倒する危険性もある。方向を変えてほしい場合は、声をかけて自分で変えてもらう。
③ **白杖をむやみに預かったり、引っ張ったりしない。**
　　白杖は、視覚に障がいのある方にとってとても大切なものと理解し、まず、「何かお手伝いすることはありますか」と介助の必要の有無を確認することから始める。
　次に具体的場面でのお手伝い方法について注意事項を列挙する。
　迷っている様子だったらなるべく正面から、明るく笑顔で声かけをする。勤務中であれば、自分の所属や名前も伝え安心していただく。手引きの基本は、視覚障がい者に、介助者の身体のどこかをつかんでもらうことである。通常はひじの上腕寄りや肩をつかんでもらう。歩くときは、介助者が半歩または一歩先を歩き、進む止まるをはっきり言葉で伝える。速度、歩幅は相手に合わせ、歩行は、基本的にまっすぐ進み、方向転換する際は直角に曲がるようにする。
　そして、周囲の様子を把握できるよう、見える情報を具体的に説明しながら歩くが、「こちら、あちら、その辺」などの指示語は、視覚に障がいのある方にはわかりにくいことので、避ける。そして、段差や階段、溝があれば、手前でいったん止まり、「上りか下りか」「段差の高さや数えられる範囲の段数」

「溝の幅」などを詳細に説明し、確認してもらってから通過する。

（4）聴覚障がい者への接し方

　実技教習では、聴覚障がい者とのコミュニケーション方法として、口話（読話）、筆談、手話などの基本や、補聴器や人工内耳などの支援機器について学ぶ。

　ニュースやドラマなどの影響から、聴覚に障がいのある方とのコミュニケーションと言えば、真っ先に手話を思い浮かべる方が多いだろう。実際、手話は有効な方法ではあるが、厚生労働省の資料によると、聴覚に障がいのある方のコミュニケーション手段のうち、手話・手話通訳は18.9％である。つまり、手話以外でコミュニケーションをとる人のほうが多い。

　また、聞こえ方も人それぞれで、「音が極端に小さくしか聞こえない方」「会話は音として耳に入るが、意味のある言葉として聞こえない方」「まったく音が聞こえない方」がいる。生まれつき障がいのある方もいれば、成長の過程で病気や事故により聞こえに障がいが生じた方もいる。その人の聞こえ方や経験によって、補聴器を使用できるか否かも異なるし、主となるコミュニケーション手段も違うのである。

　聴覚障がい者への具体的介助方法について、口話は、話し手の唇や舌の動き、顔の表情から話の内容を読み取る方法で、話し手の注意点は以下である。

　　・はっきり口を動かし、自然に発声する。
　　・早口や、ゆっくり過ぎる話し方をしない。
　　・一音ずつ区切らず、文節で軽く区切る。

　次に筆談がある。筆談は、紙などに文字を書いてコミュニケーションをとる方法で、筆談で大切なのは以下のとおりである。

　　・必要な情報だけを簡潔に書く。
　　・横書きで読みやすい大きさで書く。
　　・口話ができる場合も、間違って伝わってはいけないことは筆談を用いる。

　また、直接のコミュニケーション方法ではないが、理解しておきたいのが、補聴器についてである。補聴器は、外からの音声を大きくして、聞き取れるよう補助する器具である。ただし、聞きたい音だけではなく、周囲の音まで大きくしてしまうことがある。補聴器を使用することで、誰もが同じように聞こえるわけではないことの理解が必要である。そのほか、ジェスチャーも有効な方法である。聴覚に障がいのある方は、これらの方法を組み合わせながらコミュ

図8-13 手話によるコミュニケーション「いらっしゃいませ」
親指を立てた手を手の平に乗せる（左）または、手前（自分の方へ）に引き寄せる（右）。

ニケーションをとっており、こうしたコミュニケーションを試みる際、おさえておきたいのは以下の三つのポイントである。

① **対面する。**
口元の動き、表情などで読み取れることがある。顔と顔を合わせて話す。

② **明るい場所でコミュニケーションをとる。**
話すときの表情や書いたものを見てもらうには、その場の明るさや立つ位置などに配慮する。

③ **1対1を心がける。**
どちらを見ればよいかわかりにくいため、同時に2人以上の人が話をしないようにする。

8-7 心のバリアフリー

最後に2020年のその先に求められているものとして、「心のバリアフリー」がある。心のバリアフリーとは、様々な心身の特性や考え方を持つすべての人びとが、相互に理解を深めようとコミュニケーションをとり、支え合うことである（「ユニバーサルデザイン2020行動計画（2017年2月ユニバーサルデザイン2020関係閣僚会議決定）」）。

心のバリアフリーを実現させるためのポイントとして、「ユニバーサルデザイン2020行動計画」では、以下の3点をあげている。

① 障がいのある人への社会的障壁を取り除くのは社会の責務であるという「障害の社会モデル」を理解すること。

② 障がいのある人（及びその家族）への差別（不当な差別的取扱い及び合

188 第8章 サービス介助士の実践

理的配慮の不提供）を行わないよう徹底すること。

③ 自分とは異なる条件を持つ多様な他者とコミュニケーションを取る力を養い、すべての人が抱える困難や痛みを想像し共感する力を培うこと。

この３点は、サービス介助士の講座で学ぶ内容であり、日本ケアフィット共育機構では東京大学大学院教育学研究科付属バリアフリー教育開発センターと共同開発した映像教材で普及に努めている。

「障害の社会モデル」とは、社会生活上の不利や困難の原因は、社会の作られ方の偏りにあるという考えであり、社会の偏りとは、社会の多数派である障がいのない人にとって使いやすい社会が作られていることで、少数派である障がいのある人は、様々なバリアを課せられているという考え方である。これに対して、社会生活上の不利や困難の原因は、個人の心身機能の制約にあるという考えを「障害の個人（医学）モデル」という。

障害の社会モデルを踏まえた法律である障害者差別解消法では、事業者に対し「合理的配慮の提供」を求めている。配慮と聞くと思いやりや親切心で行う行為と思われがちだが、障害の社会モデルを踏まえて考えると、多数派を優先させた社会の偏りを是正し、機会を均等にするために、しなければならない最低限のことであり、サービス介助士の存在が合理的配慮に繋がるのである。

8-8　サービス介助士の観光分野への展開

サービス介助士は、もともとはサービス業全般を意識して考案され、小売業やカーディーラー等でも導入が進んでいるが、観光関連産業においての導入が顕著となっている。特に鉄道会社や航空会社でサービス介助士資格取得者が増加している。これは、既存の福祉系資格は取得のハードルが高いこともさることながら、サービス介助士資格の網羅している分野が観光関連産業において求められている介助技術と一致しているということが大きい。

ただ、観光関連産業における最も大きなステイクホルダーである旅行会社での導入はなかなか進んでいない。また、添乗員派遣会社での対応も遅れている。観光庁が2018年に行った調査によると、旅行会社のうち障がい者等の旅行の取り扱いに関して、現在取り扱いがある旅行会社は全体の37％、今後も取り扱いの予定がない旅行会社は38％にも達する。今後取り扱いしていきたいと考えているのは12％にとどまる。さらに、2020年東京オリンピック・

図 8-14　観光地におけるサービス介助士と観光客の交流

　パラリンピックに向けて障がいのある外国人を対象とした企画旅行商品の販売の予定がある旅行会社はたった2％である。

　また、観光地側においても、宿泊施設をはじめとして、観光施設、食堂、土産物店にももっと導入が進んでもいいはずである。さらに、直接の介助は行わないまでも、観光地のガイドも介助の知識は知っておく必要があるだろう。観光地において観光客が訪問する場所は、新しくできたところはバリアフリー法によってバリアフリー化がなされているが、伝統的建造物群保存地区（伝建地区）等はバリアが残った形で保存されている。だからこそ、人の介助が今後も必要であり、介助を通しての地元住民との交流が観光客の心に残る大きな思い出になっている。

　すべての人が安心して観光ができるように、観光関連産業すべてにおいて、サービス介助士資格の価値を理解して、今後さらに相互理解が深まっていくことを願わずにはいられない。

【参考文献】
- 公益財団法人 日本ケアフィット共育機構「サービス介助士資格取得講座テキスト」
- 社団法人日本福祉車両未来研究所　NPO法人日本ケアフィットサービス協会（2009）「私は外に出たい　障がい者・高齢者の社会を広げる福祉車両とケアフィッター」評言社
- ヨミドクター　街で障害のある人と出会ったら～共生社会のマナー　https://yomidr.yomiuri.co.jp/column/carefit-togashi/
- 旅行新聞（2019）「障害者等の旅行に関する調査　「取扱の予定なし」4割近く　観光庁」2019年6月1日1面

第9章
身体障がい者補助犬の対応
―身体障がい者補助犬を理解する

9-1　身体障害者補助犬法とは

「身体障害者補助犬（以下、補助犬）」を知っている方がどのぐらいいるだろうか。この言葉は、2002年に身体障害者補助犬法（以下、補助犬法）が成立したことにより誕生した言葉である。

この法律は、盲導犬・介助犬・聴導犬の3種類を「身体障害者補助犬」と総称し、各補助犬とともに自立・社会参加をしているユーザーの補助犬同伴を拒んではならないことを定めたものである。法律の目的は、身体障がい者の自立と社会参加の促進である。身体障害者手帳を有していることがユーザーとなる法律上の条件で、現在の日本における補助犬の実働数は、盲導犬941頭、介助犬65頭、聴導犬68頭である。（2019年3月1日現在）[1]

2016年4月に施行された障害者差別解消法（障害を理由とする差別の解消の推進に関する法律）のなかでも、補助犬や車いすを理由にサービス利用を拒否したり制限したりすることは「不当な差別」として禁じられている。

9-2　盲導犬とは

目が見えない、または見えにくい方（視覚障がい者）の安全で快適な歩行をサポートするのが盲導犬である。盲導犬は、障害物を避けて歩くように訓練されている。また、立ち止まることで曲がり角、段差などをユーザーに伝える。白または黄色の「ハーネス」という胴輪を身体に付け、ユーザーは、盲導犬のハーネスから伝わる高さや角度で歩行に必要な情報を知ることができる。ハーネスの形状は今までのU字ハンドルに加え、最近は、バーハンドルも増えてきている。

盲導犬という言葉が法律のなかで書かれたのは、1978年の道路交通法の改正時である。盲導犬に関する規定が盛り込まれ、車両の一時停止や徐行の義務

により、視覚障がい者の歩行時の保護が規定された。ただし、歩行時の定めであり、交通機関や施設利用等のアクセス権が認められているわけではなかった。

> **（参考）道路交通法**
> （目が見えない者、幼児、高齢者等の保護）
> **第十四条** 目が見えない者（目が見えない者に準ずる者を含む。以下同じ。）は、道路を通行するときは、政令で定めるつえを携え、又は政令で定める盲導犬を連れていなければならない。

視覚障がい者は基本的に、頭のなかに地図（メンタルマップ）を描き、その地図に情報を組み合わせて歩行している。社会の多くの方が「盲導犬はスーパードッグで、ナビをしてくれている」という誤解をしているようだ

図9-1　盲導犬
（出典）日本補助犬情報センター

が、残念ながら、盲導犬とは言えどもただの「犬」なので、ナビ機能は搭載されていない。盲導犬が教えてくれるのは前述の「曲がり角・段差・障害物」の三つである。盲導犬歩行も白杖歩行と同じく、ユーザーの頭のなかに地図が必要で、その地図に盲導犬や白杖から伝わってくる情報を組み合わせて、ユーザーが判断し、指示を出しながら歩行しているのである。したがって、白杖歩行であっても、盲導犬歩行であっても、どちらにせよ地図がわからない初めての場所などでは、単独歩行は不可能であり、道順の説明や、誘導介助が必要になる。

盲導犬を連れている視覚障がい者の手伝いをするときなどの声かけの際には、「あなたに声をかけていますよ」という事がわかるように、「盲導犬お連れの方（白杖の方）、何かお手伝いできることはありますか？」と必ず必要なサポートの確認をする。突然手を引いたり、背中を押したりするのは、危険な行為になるので、行ってはならない。

また、視覚障がい者にとって何より危険なのが横断歩道である。犬の目は人間の目に比べて色を感じる細胞がとても少なく信号の色の判別はできない。残念ながら盲導犬も同様である。したがって、多くの視覚障がい者は、音響式信号機でない限りは、周囲の音に耳を澄ませ、「自分の前を車が横切ってないか？

自分と同じ方向の人が動き始めたか？」などの情報を慎重に確認して渡っているのが現状である。ぜひ、横断歩道で視覚障がい者（白杖または盲導犬歩行）を見かけたら、「まだ赤ですよ」「青になりましたよ」の声かけをしていただきたい。

豆知識①「音響信号機の音の秘密」

　青になると、「カッコー、カッコー」「ピヨ、ピヨ」と鳴っていますよね。この音は「誘導音」というのですが、実はこれ、ただ鳴っているだけではなく、方角などの情報も教えてくれているって知っていましたか？
- 「カッコー、カッコー」→東西、または主道路（幅の広い道路）横断用
- 「ピヨ、ピヨ」→南北、または従道路（幅の狭い道路）横断用

9-3　介助犬とは

　手足に障がいがあり、車いすや電動車いす、杖などを使用して移動する肢体不自由者の日常生活動作をサポートするのが介助犬である。介助犬は、落としたものを拾って渡す、指示したものを探して持ってくる、ドアや窓を開閉する、冷蔵庫を開けてペットボトルを運んでくる、靴や靴下を脱がせる、上着等の脱衣のサポートをするなど、ユーザーを助ける様々な役割を果たす。このほか、車いすで転倒した際や、急な体調変化などの緊急時に、電話の子機や携帯電話を探して手元まで持ってくるなどの多岐に渡る作業を行う。肢体不自由者は、一人ひとり状態が異なるので、介助犬を必要とする希望者に対して、候補犬が決まった時点でオーダーメイドに近いテーラーメイドで訓練することになる。介助犬のユーザーは、車いすの利用者に限らず、歩行障がいがあって杖で歩行する方も対象となっており、介助犬とともに歩くことで、バランスがとれ歩行が安定する方もおり、こうした役割の介助犬をバランスドッグとも言う。

　犬ができる作業は限られているが、介助犬

図9-2　介助犬

が日常生活をサポートしてくれることが肢体不自由者の心理的負担感の軽減に非常に大きな役割を果たすといわれている。これを人に頼む場合、例え家族であったとしても、落とす度に何度も拾う作業をお願いしたり、忙しい時間に作業をお願いしたりするのは、何かしらの気兼ねをしてしまう。ましてや外出先で、見ず知らずの人を呼び止め、その方の時間をもらって「すみません、小銭を落としたので拾っていただけますか」とお願いするのは相当に気を使うようで、小銭を落としたとしても、お願いする場合は「100 円から」という人も少なくない。そんな時、介助犬であれば、小銭の価値は関係なく、何度失敗しようとも「大好きなパートナーに褒めてもらえるチャンス！」とばかりに、シッポを振りながら喜んでサポートしてくれる。これは、ユーザーにとって「人にやってもらった」作業ではなく、「自分が指示を出し、この子（介助犬）ができた」＝「自分でできた」という自己肯定感にも繋がり、結果として自立と社会参加が促進される。

　肢体不自由者にあわせて幅広い作業をする介助犬ではあるが、盲導犬同様にスーパードッグではなく、できないこともある。高いところの物をとったり、段差を乗り越えたりするための介助などのサポートは、犬にはできない。ぜひとも一般社会の方々積極的なサポートをいただきたい。突然車いすを押すような行為は危険になるので、「何かお手伝いできることはありますか」と必ず必要なサポートの確認をしたうえで、当事者が真に必要としているサポートをしていただきたい。

　障がいがあるが故の気兼ねや社会参加上でのストレスをなくすことが理想であるが、まだ課題は山積している。ぜひとも 2020 年以降のレガシーとして、社会全体でかなえていきたいところである。

9-4　聴導犬とは

　耳が聴こえない、聴こえにくい方に、生活上不可欠である情報となる音を身体にタッチするなどして知らせ、必要に応じて音源へ誘導するのが聴導犬である。後ろから来る車や自転車などの接近やクラクション音、目覚まし時計、玄関のチャイムやドアのノック音、キッチンタイマーやケトルの笛の音、家族が呼んでいる声や赤ちゃんの泣き声、火災報知機などユーザーに様々な音の情報を伝える役割を持つ。

聴導犬は、小型犬から大型犬まで様々な犬種が実働しており、ふつうのペットと間違えやすい補助犬でもある。保健所に収容されている保護犬のなかから、適性を見極められ、聴導犬の訓練を受ける場合もある。（欧米では主流）

また、聴導犬のもうひとつの大きな役割として、一緒に社会参加することにより、外見からはほとんど見てわからない「聴覚障がい者」を「聴導犬を連れているということは、この人は聴覚障がい者なんだ」と、他の方々に認識してもらうという役割がある。障がいがわかることで、必要なサポートを受けることができ、社会参加するうえでも非常に心強いパートナーとなることがわかる。

図9-3　聴導犬

やはり聴導犬もスーパードッグではないため、緊急時の音声アナウンスなどの内容は、ユーザーに伝えることはできない。「聴導犬」の表示をつけた犬を同伴していたり、緊急アナウンスが聞こえていない様子の場合、その方は聴覚障がい者の可能性があるので、緊急アナウンスの情報などをスマートホンの入力や筆談などで伝えるようにする。普段のコミュニケーションであれば、手話はできなくても、口を大きく開きながらゆっくり話すこととジェスチャーで十分に会話できることも多いので、臆せずコミュニケーションをとるようにしていただきたい。そのときは、マスクをつけていると口の形が見えないので、マスクは外して話しかけるようにする。

9-5　サポートの方法

以上のように盲導犬、介助犬、聴導犬それぞれにサポートする対象の障がいが異なる。そのため訓練の方法も異なるが、身体障がい者が自立と社会参加を促進するうえで、欠かせない大切なパートナーであることは共通している。また、「補助犬法」により公的に認められたペアなので、社会全体で「あたりまえ」に受け入れができるはずである。

サポート方法の共通点は、必ず犬ではなく、ユーザーである人に対して「何

かお手伝いできることはありますか」と声かけをすることである。これは補助犬ユーザーに限らず、すべての社会参加のシーンでサポートが必要な様々な方の場合も同様である。そのうえで、過度になりすぎず、できる範囲のサポートをすれば、さらに多くの方々が安心して社会参加できるようになる。障害者差別解消法（障害を理由とする差別の解消の推進に関する法律）では「合理的配慮」の提供が必要とされているが、「合理的配慮」とは、配慮を提供される側とする側の双方の建設的対話による相互理解を通じて、必要かつ合理的な範囲で、柔軟に対応がなされるものである。当事者が「必要としているサポートを伝える」ところからすべてが始まる。

　さらに、補助犬たちが1日のなかで仕事をする時間は、2〜3割であると言われている。そのほかの時間は、犬としての時間（遊んだり、排泄したり、食事したり…）と睡眠時間がほとんどを占める。犬は浅い眠りを繰り返す動物なので、電車内で出会った補助犬が、例え寝ていたとしても、それは「待機」という「お仕事中」であり、いつ作業が発生するかわからない。むやみに声かけをしたり、触ったり、注意を引くようなことをしてしまうと、いざ作業が必要になったときに集中できずに正しい作業が行えず危険な状況になることも考えられる。街で出会う補助犬たちには、突然触ったり声をかけたりすることはせず、温かく見守ることが大切である。

9-6　身体障害者補助犬法による認定

　補助犬を希望する身体障がい者は、多くの場合、在住の自治体へ助成金申請のための手続きを進めるとともに、ユーザーとしての適性評価を受ける。「適性あり」となれば、訓練事業者で候補犬が選ばれ、合同訓練が始まる。合同訓練とは、希望者である身体障がい者と候補犬がともに訓練する期間であり、この過程が最も重要となる。最初はトレーナーの指示にしか従わない候補犬が、希望者とともに過ごす時間を長くしていき、コミュニケーションをとることでお互いに大切なパートナーへと成長していく。

　認定の最終段階としては、厚生労働省が指定した認定指定法人（暫定的に盲導犬は国家公安委員会指定の法人）にて、実際の社会参加のシーンも含めた動作検証を受け、認定審査委員会を経て認定され、認定証と表示が手元に届くこととなる。審査の基準としては、各補助犬が補助犬として必要な動作を実行で

196 第9章 身体障がい者補助犬の対応 ―身体障がい者補助犬を理解する

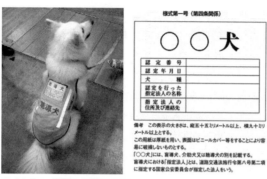

図 9-4 補助犬の表示例（左）と補助犬の表示（中）、身体障害者補助犬認定証（右）

きることはいうまでもないが、ユーザーがパートナーとなる補助犬に対して的確な指示を出せるか、適切なコミュニケーションをとれているか、さらに補助犬ユーザーとして、パートナーとなる補助犬と社会参加する際のマナーを守るための行動管理・衛生管理（排泄物処理等含む）ができているかなどが審査される。車の運転免許証の交付をイメージしていただければ、わかりやすいのではないだろうか。補助犬ユーザーは、パートナーである補助犬とともに、社会に参加する免許証を国から交付させているので、受け入れ側は、安心して受け入れできる状況にある。このことの理解が必要であり、認定された補助犬ペアに関しては、「補助犬同伴を拒否してはならない」という法律に守られているのである。正しい理解のもと、正しい受け入れを徹底することが重要である。

　補助犬法では、補助犬であることがわかるように表示をつけ、認定証（図9-4参照）と健康管理手帳の携帯が義務付けられているので、ペットとの区別は容易である。交通事業者や施設などが必要に応じて、表示を確認したり、認定証の提示を求めたりすることは法律上問題ない。

9-7　身体障害者補助犬法成立のきっかけ

　そもそも、法律ができるきっかけとなったのが、宝塚市在住の木村佳友氏の初代介助犬シンシア[2]の存在であった。盲導犬は道路交通法に記載されており法的認知があったが、介助犬はまったく認知されておらず、公共交通機関も施設利用も、同伴拒否が続いた。盲導犬のように法的根拠が介助犬にも必要、ということで1996年に活動が始まった。介助犬シンシアと木村氏を支援する

運動が宝塚市を動かし、兵庫県を動かし、その勢いは国に届き、「介助犬法整備」の流れを作り出した。日本補助犬情報センター[3]の前身団体である日本介助犬アカデミーは1997年12月に設立、木村氏を理事に迎えてアドボカシーを展開した。活動のなかで、全日本盲導犬使用者の会会長（当時）清水和行氏と盲導犬ティップ、聴導犬ユーザータッチの会会長（当時）松本江理氏と聴導犬美音（みお）も合流し、「介助犬法」から「補助犬法」に拡大された。道路交通法のなかでも、盲導犬を同伴してのアクセス権は認められていなかったため、盲導犬ですら、当時は同伴拒否を受けても泣き寝入りするしかなかっ

図9-5　JR宝塚駅前にある介助犬シンシアの銅像[4]

た。その後、日本補助犬情報センターは身体障害者補助犬を推進する議員の会の事務局として、各補助犬ユーザーの会とともに、議員立法である「身体障害者補助犬法」の成立の瞬間を迎えたのだが、その後もこの法律が社会に「あたりまえ」に浸透し、当会の活動が必要なくなることを目標に活動を続けている。補助犬法は、当時、障害者権利条約の批准も、障害者差別解消法もなかった日本において、「障害者のアクセス権」を初めて認めた画期的な法律であったことは間違いない。だからこそ、多くの方に本法律の趣旨を正しく知っていただきたいと考えている。

9-8　補助犬同伴受け入れについて

　最近、見かけることも多くなった「補助犬同伴 Welcome」（図9-6）のシールを、ご存知だろうか。このシールが貼ってあるお店だけが補助犬同伴者の利用ができるのではなく、補助犬法啓発のための啓発シールである。もちろん貼っていないお店でも、法律により利用できることとなっている。
　補助犬法では、補助犬の同伴を拒んではならないとされている。しかし2016年の調査によると、66％の補助犬ユーザーが補助犬同伴拒否の経験があるという残念な結果がある。前述のとおり補助犬法で補助犬はペットとの区別

図 9-6 「補助犬同伴 Welcome」の表示例

(出典) 厚生労働省、宝塚市 (シンシア基金)

が容易につくように表示し、使用者は認定証と健康管理手帳を携帯し、補助犬の健康・衛生・行動管理に全責任を持って社会参加をしており、そのうえで受け入れを義務化している。しかしながら、いまだに「とにかく犬は困る」「他のお客様に迷惑」という理由で断られることがなくならない。拒否した側は「犬」を拒否したつもりでも、拒否された側は障がいがある「自分」が拒否されたという気持ちになる。これは、確実に人権の問題なのである。もちろん、社会には犬嫌いや犬アレルギーの方が存在することも忘れてはならない。どんな状況でも受け入れろ、ということではなく、確認をしたうえで、申し出があれば近くには案内しないなどの配慮をすることで、双方同じお客様として気持ちよく利用できるよう調整することができる。

　障害者差別解消法のなかでも「補助犬同伴拒否＝差別的取扱い」であるとされているにも関わらず、同伴拒否がなくならない現状には、補助犬法の認知不足が大きな原因と思われる。補助犬法を知らない人の割合が64％という調査結果からもわかるとおり、まずは「正しく知る」人のネットワークを拡散する必要がある。ぜひとも読者諸氏には、その一端を担っていただきたい。

　「自分は死ぬまで障がい者になることはない」と言い切れる人は1人もいないはずである。障がいがある方々の問題を、自分とは無関係とは思わず、自分のこと、家族のことのように考えていただけるようになれば、すべての人に優しい社会に近づけるはずである。まずは、社会の構成員一人ひとりが、心のバリアフリーから始めてみていただきたい。

豆知識② 排泄場所のご案内

　補助犬は、ユーザーの指示のもとで排泄するように管理されているので、むやみに排泄をすることはありません。排泄場所は、外の植え込みやアスファルトの上等の場合と、排泄用の凝固剤を入れたビニール袋を腰につけてする、ペットシーツを敷いてその上でする、などいくつかの方法があります。もちろん後処理もユーザーの大切な責務です。排泄方法は各々の状況によって異なるため、補助犬ユーザーから排泄場所を尋ねられた際は「どのような場所をお探しですか」と確認したうえで、屋内であれば障がい者用トイレ、または、屋外の植え込みや駐車場などの施設内の排水処理がしやすい場所等を排泄エリアとして案内していただけると安心です。

【参考文献】

・警視庁ウェブサイト「信号機のバリアフリー化について」 https://www.keishicho.metro.tokyo.jp/kotsu/jikoboshi/koreisha/accessibility.html
・けあサポブログ「ほじょ犬ってなぁに?」第3回　盲導犬のお仕事紹介（2） http://www.caresapo.jp/kaigo/hojoken/pd4fc8000000dkqp.html
・内閣府ホームページ「障害を理由とする差別の解消の推進に関する基本方針」 https://www8.cao.go.jp/shougai/suishin/sabekai/kihonhoushin/honbun.html
　2019年3月21日アクセス
・木村佳友・毎日新聞社阪神支局取材班（2000）「介助犬シンシア」毎日新聞社
・松本江理（2003）「教えてもっと、美しい音を」アーティストハウス
・全日本盲導犬使用者の会（2002）「犬と歩いて・・・盲導犬ユーザーの詩」ワニブックス
・特定非営利活動法人日本補助犬情報センター（2016）「補助犬受入実態の把握および阻害要因の調査（補助犬ユーザーアンケート調査編）」 https://www.jsdrc.jp/doc-manual/2016-hojoken-ukeire-chosa-user-01b.pdf
・「身体障害者補助犬受け入れマニュアル＜事業者編＞」 https://www.jsdrc.jp/jsdrc_doc_manual/manual_jigyo/ ）
・特定非営利活動法人 日本介助犬アカデミー「よくわかる補助犬同伴受け入れマニュアル」中央法規出版
・松中久美子・甲田菜穂子（2012）一般成人の身体障害者補助犬法の周知と補助犬の受け入れ―補助犬法改正後の共存意識について― 日本心理学会第76回大会発表論文集
　https://psych.or.jp/meeting/proceedings/76/contents/pdf/1PMB03.pdf

---

1）厚生労働省 補助犬情報 https://www.mhlw.go.jp/stf/seisakunitsuite/bunya/hukushi_kaigo/shougaishahukushi/hojoken/index.html　2019年3月21日アクセス
2）介助犬「シンシア日記」http://cynthia.life.coocan.jp/wp/
3）日本補助犬情報センター　http://www.jsdrc.jp
4）写真：JR宝塚駅改札前の介助犬シンシア像。→介助犬シンシア日記
　http://cynthia.life.coocan.jp/wp/news/cynthia_monument/

第10章
障がい者とアートの可能性
―観光へのまなざし

10-1　障がい者とアートの関わり方

　日本を代表する前衛アーティストの草間彌生（1929～）は若い世代にも人気の高い芸術家である。2016年文化勲章を受章、2017年国立新美術館で開催された個展「草間彌生　わが永遠の魂」展では、会期日数80日間で19万4,256人[1]の入館者があり、現代美術の展覧会としては異例の大成功を収めた。国内外でも草間の展覧会は注目され、ジャカルタからニューヨークまで世界中で展覧会が開かれている。代表作「黄かぼちゃ」は、年間70万人以上[2]の観光客が押し寄せる香川県直島のシンボルになっている（図10-1）。草間は病院で制作を続ける統合失調症患者である。しかし、彼女は現代美術作家として広く知られており、「アール・ブリュット」の枠に収まるものではない。そもそも障がいのある人の作品制作は「アール・ブリュット」のジャンルに分けられるものではないという考えもある。

図10-1　草間彌生『黄かぼちゃ』香川県直島

（出典）筆者撮影

　アートとは何か、現代美術とは何か。表現や創造されたものの発信方法によってその定義が変化するのが美術の世界の事情である。作家が障がいを持つ人だとその作品は「福祉」的分類に置かれ、現代アートと違う扱いになってしまうことが多い。そしてまた、昨今の「アール・ブリュット」ブームの中で特別視され、もてはやされるケースも少なくない。2020年の東京オリンピック・パラリンピック[3]を前に全国各地でアール・ブリュット関連の芸術祭、展覧会やセミナーが次々と開催され、福祉関係者、美術界、NPO、企業関係者など様々な参加者でどこも大盛況である。

　しかし、ここまで注目を浴びながら、障がい者アートが地域活性や観光客誘

致につながると「考えてもいない」し、「考えてはいけない」空気が感じられる。共生社会を目指すと言いながら、分断された現状。それは、日本では長らく障がい者アートが「芸術」ではなく、「福祉」の分野として扱われてきた歴史的経緯があるからだ。

　「アール・ブリュット」や「アウトサイダー・アート」は、障がい者の芸術活動を指す言葉ではないが、作り手の中で障がいをもつ人が多いことも事実である。そのような作品を前に、福祉的な理念を語ると、それは美術に対する問題提起ではなくなってしまう。日本のアウトサイダー・アートは「エイブル・アート」とも呼ばれているが、「エイブル・アート」が目指しているのは、障がい者を取り巻く社会環境の改革であり、その改革は芸術の在り方や我々の芸術への接し方の改革を目指すものではない、という見解もある。[4] これまで日本では、「障がい者の可能性（エイブル）」が「アート」そのものより重要視されてきたのだ。

　いま、世界の注目を集めている日本のアートシーンやデザイン分野で、障がいのある人たちが活躍を期待されている。既成概念にとらわれない自由で刺激的な表現を時代が求めているのだ。障がい者たちの「現代」アーティストとしての自立と成功こそが、多様な価値観が混在する社会の実現につながるのではないだろうか。本章では、障がい者と創作活動の歴史をふりかえりながら、日本におけるこれまでの障がい者とアートを取り巻く活動を紹介し、障がい者の芸術活動における観光の役割を考察したい。

10-2　アール・ブリュットとは

（1）欧米における障がい者アート ——————————

　欧米で障がい者が生み出した表現に芸術的価値が見出されるようになったのは、20 世紀に入ってからである。シュルレアリスムやドイツ表現主義の芸術家たちが注目し、創作の中に取り入れていった。フランスの前衛画家ジャン・デュビュッフェ（Jean Dubuffet）[5] はドイツの精神病理学者ハンス・プリンツホルン（Hans Prinzhorn）の著書『精神病患者の芸術性』に影響され、1945 年頃から精神病院で患者が描いた作品をコレクションしていた。彼は、社会から隔絶された状態（病院の中など）にあってこそ、模倣のない創造性あふれる

作品が生み出されるのだ、と考え「アール・ブリュット（Art Brut）」という呼び名を考案した。フランス語で「生の芸術」「加工されていない芸術」を意味する言葉である。英語ではアウトサイダー・アート（Outsider Art）とも呼ばれている。

アール・ブリュットは、一般には「障がい者の芸術」という意味で考えられてしまいがちだが、元々は、この言葉自体が「障がい者の芸術」という表現を否定する形で生まれたものである。デュビュッフェは、「真の創造性は孤絶から生まれ、妥協の余地のない個性をもつ、…それは美術館や画廊やサロンに溢れ返っている『文化的芸術』に見られる体制順応主義とは正反対のものである」[6]と規定し、アール・ブリュットの作品を高く評価した。

1948年、デュビュッフェは、作家のアンドレ・ブルトンら友人とともにアール・ブリュット協会を設立し、展覧会の企画、作品集の出版準備などを開始した。最初はパリの地下画廊で秘密めいた雰囲気の中で開催された展覧会も、1949年にはルネ・ドゥルーアン画廊で大きな展覧会を催すまでになり、大勢の鑑賞者を集めた。その後、紆余曲折はあったものの、コレクションは拡充され、1967年にパリ装飾美術館で大規模な展覧会が開催されるまでになった。1971年、デュビュッフェは、公の立場を与えてくれる公共団体を探した末、5,000点もの作品をスイスのローザンヌ市に寄付した。デュビュッフェのコレクションは18世紀の貴族の館に展示され、1976年「アール・ブリュット・コレクション」が開館した。はじめて公の場で一般公開されたこれらの作品は、開館以来40年以上にわたり評判を集め、この展示室は世界中から多くの人々が訪れる市の中心的観光スポットのひとつになっている。

アール・ブリュット・コレクションの歴代の館長らも従っているデュビュッフェ自身によるアール・ブリュットの定義がある。[7]

① 原初の人間の本質や、最も自発的で個性的な創意に負っている
② 完全に純粋で、なまで、再発見された、すべての層の総体における作者による芸術活動であり、作者固有の衝動だけから出発している
③ 自発的なそして非常に創意に富んだ特徴を示し、因習的な芸術もしくは月並な文化に可能な限り負っていない

アール・ブリュットと言えば、状況的にそれを「障がい者の芸術」と認識してしまいがちだが、デュビュッフェの言葉には、そのような断定の意味はない。「消化不良の人の芸術や、膝に疾患のある人の芸術というのがないように、

狂人の芸術というものもない」と彼自身の言葉がある。アーティストの純粋で、生の、作品を生み出す衝動を背景とした芸術こそ「生の芸術」であり、アール・ブリュットなのだ。

アウトサイダー・アートという英語の呼び名は、英国の美術史家ロジャー・カーディナル（Roger Cardinal）が、フランス語の「アール・ブリュット」を英訳したものである。インサイドの枠に入らないアート、という意味で、肯定的にも作品を排除するような否定的な意味にもとられる。欧米の美術市場では「アール・ブリュット（アウトサイダー・アート）」というジャンルが確立しており、これらの作品は高値で売買されている。アール・ブリュットと認められた作品には一定の権威と地位が与えられているのだ。1989年には、新発見されたアウトサイダー・アートの作品を掲載する雑誌「Raw Vision」が創刊され、アート市場関係者の注目を集めた。[8] しかし、この「アウトサイダー」といういささか排他的なイメージを持つ言葉に議論を招いていることを含め、芸術表現を行う障がい者の立場に立って、医療や福祉、アート市場などの在り方の見直しが求められている。[9] アール・ブリュットの作品だと位置づけられさえすれば高額取引されるというアート市場の在り方や、アール・ブリュットには真の創造性が体現されているという先入観、芸術的評価とは何かという根本からの問い直しが必要になっているのだ。[10] アウトサイダー・アートが一般的になり、話題を集めれば集めるほど、既存の枠組みの中に作品を押し込めることになっているのではないか。作家が誰であれ、アートはアートであり、アウトサイドという形容詞は特に必要ないのではないか、という議論もある。

欧米における障がい者の人権に関する意識の高まりは、1971年に国連が「知的障害者の権利宣言」を採択した後に始まった。そして、1978年に施行されたバザーリア法を契機に福祉制度の改革が行われ、芸術表現のための施設が併設されている病院が次々と表れた。そこでは、患者にはアトリエと画材が提供され、自由に創作活動をしている。1983年に「国連障害者の10年」[11]の取り組みが決まると、障がい者の権利擁護はますます高まりをみせた。その動きの中で、障がいのある人が社会参加する方法の一つとして芸術活動が意識され、芸術活動と福祉の結びつきが強まったと考えられる。

（2）日本における障がい者アート

日本における障がい者の芸術表現を語るうえで先駆的存在なのが山下清である。山下清は、千葉県の知的障害児施設「八幡学園」でちぎり絵細工に出会

い、学園の顧問医を勤めていた精神病理学者・式場隆三郎の指導を受けること
で芸術的才能が一層開花する。式場は最も早い時期にアウトサイダー・アート
に関心を示した日本人の一人である。そして、1937（昭和12）年秋には、八
幡学園の園児たちの貼り絵に注目した早稲田大学心理学教室の講師であった戸
川行男により早稲田大学で小さな展覧会が行われた。1938（昭和13）年11
月には同大学の大隈講堂にて「特異児童労作展覧会」が行われ、山下の作品も
展示された。連日超満員になるほどの盛況ぶりで、新聞の批評も大変好意的な
ものだった。精神科医の式場は全国各地で山下清の展覧会を開催し、1950年
代に山下清ブームを巻き起こした。このブームは1980年代になって『裸の大
将』という人気テレビドラマにもつながり、山下は「放浪の画家」などと呼ば
れることになった。

　しかし、この現象が日本のアウトサイダー・アートの方向性を決定づけるよ
うになった。山下清ブーム以降、知的障がい者のある人の芸術性を無批判に賞
賛する流れを美術関係者が警戒したからだ。また、そのプロモーションに情熱
を燃やした式場が医師であったため、美術評論的立場ではなく、「障がい者教
育」という理念が重視されてしまった側面もある。山下清の作品を「アート」
として評論するのではなく、「教育の成果・福祉の向上の産物」として評価し
たために、美術界とは隔たりができてしまった。その後、日本では福祉施設で
の創作活動が美術界と分断され、福祉の領域と強く結びついて展開していくこ
とになる。このような福祉と美術の奇妙な分離状態が日本の障がい者アートを
特徴づけるようになった。[12] 欧米では、精神科医が提示する資料をアートとつ
なげたのはデュビュッフェなど前衛アーティストだったが、日本にはアール・
ブリュットと関係をもち、積極的にプロモーションしようとするアーティスト
が当時ほとんどいなかった点が方向性の違いをさらに決定づけた。

　一方で、障がい者アートに積極的に関与した芸術家が全くいなかったわけで
はない。1950年に始まる神戸市立盲学校での福来四郎 [13] の粘土造形教育や、
1954年からの前衛陶芸家八木一夫の窯業指導、1964年の京都府亀岡市の松
花園みずのき寮で始まった西垣籌一の絵画教室、1968年に開園した宮城まり
子によるねむの木学園など、福祉施設等での芸術活動が続けられた。

（3）世界にはばたく日本のアール・ブリュット ――――――――――

　日本で福祉と芸術活動を結びつけた先駆的施設に滋賀県の近江学園がある。
同学園は、1946年に滋賀県大津市に設立された戦災孤児や生活困窮児、知的

障がい児たちのための施設だ。最初は民間施設としてスタートし、1948年には滋賀県の県営となり、我が国初の複合児童施設となった。設立者の糸賀一雄は「発達保障」など注目すべき「問題提起」を行った。それは、この世に生を受けた者はみな独自の発達を遂げており、それを一定の尺度で測ることはできない。「精神薄弱児の生まれてきた使命があるとすれば、それは『世の光』となることである。親も社会も気づかず、本人も気づいていないこの宝を、本人の中に発掘して、それをダイヤモンドのように磨きをかける役割が必要である。そのことの意義に気づいてきたら、親も救われる。社会も浄化される。本人も生き甲斐を感ずるようになる」[14] そして、そのひとつが造作活動である、と考えた。

　近江学園の敷地には、たまたま陶芸に適した陶土があったため、登り窯が築かれ、窯業が職業教育の一環として行われた。そのなかに、自由な造形を楽しむ子供もいて、ここで陶芸を教えていたのが前衛陶芸家の八木一夫である。[15]八木は、1953年頃から学園に出入りし、オブジェ制作をするようになり、55年にはボランティア指導員となった。子供たちと相互に刺激しあい作品制作をするまでになったが、子供たちの純粋な行動に心打たれ、自分の創作活動ができなくなると感じ、1年で学園を去ってしまう。しかし、短期間ではあったが、八木と近江学園との関わりは滋賀県の造形活動に大きな影響を与えることとなる。例えば、一麦寮（近江学園の施設のひとつ）では「遊戯焼」と名付けた作品集が刊行され、阪神百貨店で展示即売会が開催された。[16]

　このような活動により滋賀県内で造形活動を行う施設は増え、滋賀県と京都府の施設が共同開催する「土と色展」が京都市美術館（1981〜98年に隔年で10回、2014年・16年）で開催されるなど造形活動の活性化がもたらされた。こうして滋賀県は、障がい者の芸術支援に真っ先に着手したリーダー的な県となる。

　滋賀県社会福祉事業団は2004年、近江八幡市の昭和初期（築80年）の町屋「野間邸」を改修して「ボーダレス・アートミュージアムNOMA」を開設する。このミュージアムの特徴は、「障がいのある人の表現活動の紹介を軸に据えることだけに留まらず、それを一般のアーティストの作品と共に展示することで「人の持つ普遍的な表現の力」を感じてもらうところにあり、このことで、「「障がい者と健常者」をはじめ、様々なボーダー（境界）を超えていくという実践」を試みている。[17] 名称のＮＯ-ＭＡは施設である町屋の名前から、

206 第10章 障がい者とアートの可能性 —観光へのまなざし

図10-2 「アール・ブリュット／交差する魂」パナソニック汐留美術館の展示風景①
[2008年5月24日〜7月20日]（写真提供：パナソニック汐留美術館）

ボーダレスは、「福祉と文化との交差」「アートとまちづくりとの協働」「障がいの有無」という境目を超えた魅力ある場所を目指していることにちなんでいる。ユニークな活動としては、2006年から、アール・ブリュット・コレクション（スイス・ローザンヌ市）との連携プロジェクトに取り組んでいることで、2008年にはコラボレーション展「JAPON」展がローザンヌで開催された。この展覧会はスイスの作品とともに日本国内でも東京、北海道、滋賀を巡回する「アール・ブリュット／交差する魂」展として開催され、スイスと日本で両国のアール・ブリュット作品が紹介された。（図10-2、図10-3）

この「JAPON」展を見たパリ市立アル・サン・ピエール美術館の館長からの申し入れで、パリでも日本の作家63人、約800点の出展作品による「アー

図10-3 「アール・ブリュット／交差する魂」パナソニック汐留美術館の展示風景②
[2008年5月24日〜7月20日]（写真提供：パナソニック汐留美術館）

ル・ブリュット・ジャポネ」展が開催された。（滋賀県からは18人の作家が出展。）当初は2010年3月24日〜9月中旬までの会期だったが、大盛況のため2011年1月2日まで会期が延長され、12万人という多くの観覧者数を記録した。パリでの盛況ぶりは国内外のメディアでも紹介され、展覧会はオランダ、ベルギー、イギリス、ドイツなど欧州6か国を巡回し、また日本でも同展の巡回展が各地で開催された。

　なぜこのようにNO-MAが積極的にローザンヌやパリと連携を進めたのであろうか。その理由は、日本では、芸術的評価を得るのが難しかったためである。日本でアール・ブリュットは長らく福祉の分野で扱われてきたため、芸術的評価を得て美術館で展示・収蔵されたりすることはほとんどなく、施設で捨てられてしまったものも多数あった。ローザンヌで開催することで、日本でも評価を得ようという考えである。滋賀県社会福祉事業団の北岡賢剛理事長は、「アール・ブリュット／交差する魂」展の展覧会図録冒頭で、「日本の美術界が取り扱わなかった作品たちを、アール・ブリュット・コレクションが評価し、このたびのような企画になりました。この展覧会が福祉的な観点から論じられるのはまったくの的はずれだと思いますが、美術という常識に当てはめて議論されるのも、どこか不自由さを感じてしまいます。アール・ブリュット・コレクションのリュシエンヌ・ペリー館長は、「ヨーロッパでも日本と同じようなプロセスを踏んできた」と言います。福祉や美術の枠を取っ払い、感動する作品に対して、伸び伸びと、そして自由に発信ができたらと考えています」と述べている。[18]

　この企画は海外で高い評価を受け、日本のメディアなどでも広く紹介されるようになり、福祉、医療、美術といった分野の領域を超えて、広く一般に大きな注目を集めた。今、再びスイスのアール・ブリュット・コレクションで「日本のアール・ブリュット」展が開催されており、日本の作品への関心の高さを伺うことができる。

10-3　障がい者アートで共生社会の実現へ

　「みんなが同じ生を受け、みんなに違う生き方がある。障がいのある人たちの生きる場づくりから、個を支えあう新しいコミュニティづくりへ」
—たんぽぽの家のＨＰより http://tanpoponoye.org/about/

（1）障がい者アートと市民参加　～たんぽぽの家の活動から ──

　障がい者の芸術表現を通じて、それまでの障がい者観や福祉観を転換し、社会全体で共感できる輪を広げていく活動をしているのが、奈良市の「たんぽぽの家」である。たんぽぽの家は、アートやケアをテーマとしたプロジェクトを行う「一般財団法人 たんぽぽの家」、障がいのある人や子供、高齢者などへ福祉サービスを提供する「社会福祉法人 わたぼうしの会」、運動を支えるボランティア団体「奈良たんぽぽの会」の三つの組織が連携をしながら運営をしている。障がい者がありのままの自分を表現し、鑑賞者が作品と出会うことで芸術の至福を感じる─そのことで障がい者自身が社会から受け入れられている、見る人に感動を贈っているという誇りをもつことができる。[19] このようなたんぽぽの家の活動は、障がい者のセルフ・エスティームを育むことになった。「福祉」「障がい」の社会的なイメージを変え、既存の概念や偏見の領域を越えるために、アートの「想像する力」と「創造する力」を活かしていく、というのがその活動の基本にある。

　たんぽぽの家は、1973年、奈良県で障がい児の母親たちが中心になって発足した民間組織「奈良たんぽぽの家」から始まった。当時、福祉は行政の仕事だと考えられており、「障がい者は保護される存在で、福祉の受給者だ」という認識しかなかったが、母親たちは行政が頼りにならないと感じ、自分たちで地域に開かれた自立の家を目指し活動を開始した。同じ頃、現理事長で当時新聞記者だった播磨靖夫は、障がい者に取材をしたところ「受け入れてもらえた経験が少ないから、みんな自己主張がうまくできない」[20] ということに気づく。たんぽぽの家と出会った播磨は、もっと自由に表現し、自己主張ができる場を設けようと「わたぼうし音楽祭」を企画した。コンサートは障がい者の書いた詩に若者がメロディーをつけ歌うというもので、音楽によって彼らの表現が社会に出ていく様を目の当たりにした。文化の力、芸術の力である。

　生活と芸術をもっと近づけたい、たんぽぽの家の活動理念は社会をアートで変えていくことにある。ユニークな活動のひとつに＜ひと・アート・まち＞[21]プロジェクトの中の＜プライベート美術館＞がある。この企画は、町の店の人たちが障がい者の作品から好きなものを選んで持ち帰り、自分の店に飾るというものだ。作品を「飾ってもらう」のではなく、「選んで飾る」という能動的な行為によって市民が参加意識を持つことができる。市民教育の一環と言えよう。

（2）企業と障がい者アートをつなげる：エイブル・アート・ムーヴメント

　いまや企業の社会貢献活動としてよく行われる障がい者芸術支援活動だが、その背景にはたんぽぽの家を中心に95年に「エイブル・アート・ムーヴメント（可能性の芸術運動）」[22]が始動したことが大きい。「エイブル・アート（ABLE ART ＝可能性の芸術）」とは、既存のアートとは異なる可能性が内在している障がいのある人たちの芸術活動を促進し、新しい芸術の可能性を広げていく活動の総称のことで、「たんぽぽの家」の播磨理事長らによって造られた言葉である。芸術表現によって障がい者の意識が変わっていくことを目の当たりにし、自己決定と選択を強いられる芸術活動を通し、主体的な「個」としての自覚を持たせよう、というもので、「社会の芸術化、芸術の社会化」を目指して多様な活動を展開している。

　代表的な企業とのコラボレーション企画のひとつがトヨタ自動車の「トヨタ・エイブルアート・フォーラム」である。1995年から2003年まで開催され、障がい者の芸術活動に対する社会的評価を高めるための環境整備と活動を推進する人材の育成を目指し、7年間に全国で63回のフォーラムを開催した。

表10-1　企業による障がい者芸術支援の事例

企業名・プロジェクト名	実施期間	概　　要
トヨタ自動車株式会社 トヨタ・エイブルアート・フォーラム	1995年〜2003年	エイブル・アート・ムーヴメントが地域に根付くよう全国でフォーラムを開催
富士ゼロックス株式会社 エイブル・アート・ワークショップ	1995年〜2007年	社員のボランティア組織「端数倶楽部」が、エンジニア、デザイナー、障がい者、一般人を交えてワークショップを開催
NEC「ABLE ARTの世界@ NEC」	1999〜2002年	インターネット上の作品ギャラリーサービスとして、障がい者の書の作品展を開催
三菱地所株式会社	2002年〜	障がいのある子供たちを対象としたアートコンクール
株式会社林原「林原国際芸術祭 "希望の星"」	2003年〜	日本、アジア、欧米で障がい者アートの美術展を開催
明治安田生命保険相互会社 「エイブル・アート・オンステージ」	2004〜08年	障がい者の舞台表現活動を支援

　（出典）若林朋子「初期の障害者アートを支えた企業の支援」『ソーシャルアート』学芸出版社2016年 p.295 より抜粋

福祉関係者、美術関係者、教育関係者、地方自治体関係者、学生など約7,700人以上の参加があったフォーラムは、この分野の最前線で今活躍する各地のNPOの基盤づくりに貢献した。2001年にトヨタ自動車は、（社）企業メセナ協議会が主催する「2001メセナ大賞バリアフリー賞」を受賞し、企業のブランドイメージ向上、そして宣伝にもつながった。以後、企業の社会貢献活動は様々なかたちで広がりを見せている。（表10-1）

　エイブル・アートを支える企業は他にもあり、たとえば大成建設㈱などはアワード「エイブル・アート・アワード」を支援しており、近畿労働金庫は関西地区のギャラリーやカフェを使った展覧会「ひと・アート・まち」を支援、富士ゼロックス㈱のボランティア組織である端数倶楽部は自社の研修所を使ってワークショップを開催、NECは「ABLE ARTの世界@NEC」というサイトを運営して作品紹介も行っている。この他にも、パンフレットの表紙やカレンダーにエイブル・アートの作品を使っている企業など数多くある。

　企業とのコラボレーションで大きく前進したエイブル・アートの活動だが、2020年東京オリンピック・パラリンピック競技大会に向けては、経団連・商工会議所・経済同友会を中心に全国の企業が自治体等による「オリンピック・パラリンピック等経済界協議会」という組織が形成された。誰もがストレスなく快適に過ごせる環境を作り、多様な人々が活躍できる社会の実現を目指し、ソフトレガシー（文化・ムーブメント）と、ハードレガシー（科学技術・イノベーション）をテーマに、各種プログラムを推進・展開している。

　企業と社会福祉事業を行うNPOの連携は、それぞれの強みや特徴を生かし活動をすることに意味がある。この連携によって、NPOにとっては、企業ならではのリソース活用（資金・組織・人材・施設・ビジネスノウハウ等）と、多様なネットワーク形成による活動の質・量の向上が可能となる。また、企業にとっては、NPOのリソース活用（専門知識をもった人材・固有の情報・ネットワーク）と、多様な価値観の導入による新たな企業活動の確立、新しい社会貢献イメージの獲得が可能となるのだ。

（3）アーティストとして自立への道：エイブル・アート・カンパニー

　たんぽぽの家は2004年、アトリエやギャラリーなどを併設した「アートセンターHANA」としてリニューアルオープンする。すべての人がアートを通じて自由に自分を表現したり、互いの感性を交換することができるコミュニティ・アートセンターである。障がいのある人たちが個性をいかしながらビ

ジュアルアーツやパフォーミングアーツに取り組むスタジオ、今を生きる人たちの表現を紹介するギャラリー、コミュニケーションの場としてのカフェ＆ショップ、アートの可能性について探求するインフォメーションセンターやミーティングルームがある。たんぽぽの家で活動をしていたアーティストの中には、オーストラリア政府の支援を受け、グループ展を開催し、「ならまちの観光ポスター」に採用された事例もある。芸術表現のための環境が整い、個々の表現力が高まったことで、アーティストたちは国内外から注目されるようになった。

　また、2006 年の「障害者雇用促進法」の改正と「障害者自立支援法」の施行を機に、たんぽぽの家はアート市場に参入する。法律ができたとはいえ、障がい者にとってまだまだ職業選択の幅は少なく限定された就労しかない、という現実があったからだ。障がい者の「絵画や陶芸、詩、ダンス等の芸術表現が肯定され、また受容され、ときには経済的価値を実現することが成熟した社会なのではないか」と考え、財団法人たんぽぽの家、NPO 法人エイブル・アート・ジャパン、NPO 法人まるの 3 団体によって「エイブル・アート・カンパニー」が設立され、障がい者による造形作品を販売し、広告や商品のデザインに活かす活動を開始した。[24]

　各地で展開された 2008 年のプロモーションイベントでは、東京で 2,500 人、福岡で 1,300 人を超える来場者があり、客層もコラボレーションの相手となる企業の人々が多かった。ビジネルのパートナーとして、あるいは受注先候補として考えてきた人々であった。契約企業の中には、無添加化粧品メーカ「ハーバー研究所」やアパレルブランド「TAKEO KIKUCHI」などがある。株式会社インクスの男性用アンダーウェアに作品が採用され伊勢丹新宿店「アートコネクト by 伊勢丹メンズ」で販売されたり、またタビオ株式会社のデザインソックスなど次々と商品展開されており、カンパニーの売上高もいまや 1,000 万円を超えている。

　最近の事例では、東京ミッドタウン・デザインハブ第 77 回企画展の一環で開催されている JAGDA つながりの展覧会 Part 2 が挙げられる。日本グラフィックデザイナー協会（JAGDA）は、2018 年から 2020 年までの 3 年間、デザインの "つなぐ力" を使って、障がいのあるアーティストとパラリンピアンを応援している。Part 1 ではマスキングテープ、Part 2 では、スポーツ観戦などに持参でき、省資源にもつながる「タンブラー」を取り上げた。このタン

ブラーのカバーは、Part 1 と同じく「エイブルアート・カンパニー」の作品ライブラリー（一部を除く）から会員デザイナーが選び、デザインしたものである。東京ミッドタウン・デザインハブを皮切りに、1 年をかけて全国で展示・チャリティ販売をしている。デザイナーは職能を活かしたボランティアに参加し、アーティストへの作品使用料や製造原価を除く販売収益は日本パラリンピアンズ協会に寄付される。

　また、MHD モエ・ヘネシーディアジオは、2017 年度よりエイブル・アート・ジャパンと CSR 活動のパートナーとして活動をスタートし、障がいのあるアーティストが社員との交流を通しソーシャルマナーを学び、社会で活躍するため支援プログラム "Art de Vivre" を企画・実施し、作品をノベルティーグッズにもしている。

　エイブル・アート・カンパニーのウェブサイトでは、現在 104 人、9,957 点の作品が公開され、興味のある人はいつでもアクセスできるようになっている。アート作品と企業をつなぐ役割をしているのがカンパニーの役割で、仕事が成立した時には使用実績に応じてアーティストに著作権使用料が支払われる。（図 10-4）

　また、エイブル・アート・ジャパンは、2010 年、障がいのある人の表現と社会をつなぐアートスペースとして、アーツ千代田 3331 内に A/A gallery をオープンした。A/A gallery は、障がいのある作家の作品を専門に紹介し販売するギャラリーである。このギャラリーが開設され、気軽にアートに触れる機会ができたことで、若者が作品やアーティストの面白さにダイレクトに魅了され、それをきっかけに福祉施設などの現場で働くようになっているケースもある。近年、アーツ千代田 3331 のポコラート展をはじめ、公募展の機会は飛躍的に増えている。地方にも障がいのある人の作品を発表するギャラリーが増え、障がいのある人たちが活動できる自由なアトリエ風のスタジオが多くなっているのは、たんぽぽの家をはじめ各地の市民団体の地道な活動があったからである。

　エイブル・アート・カンパニーでは、東日本大震災以後、東北の障がいのある人の仕事づくりの支援にも力を入れている。アートやデザインを通して東北の障がいのある人と新しい仕事を起こす取り組みは、障がいのある人の仕事だけでなく、コミュニティの仕事として地域復興につながっていくものである。

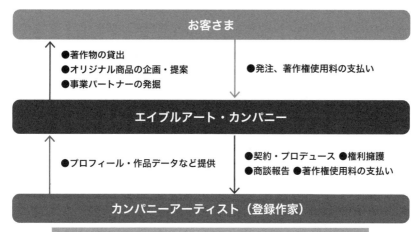

図 10-4　エイブル・アート・カンパニーのシステム

（出典）エイブル・アート・カンパニー HP（www.ableartcom.jp）より

　こうして生まれたのが、「Good job! プロジェクト」である。このプロジェクトはアートを仕事につなげ、さらにそれをソーシャル・ビジネスにしていくことを目的としている。アートやデザインを通じて障がいのある人の生きがいを作り、さらに地域活性化、産業振興など異分野をつなぐプラットフォームを作る。社会の困難な課題をクリエイティビティによって解決する試みである。

　この「Good Job! プロジェクト」は 2016 年グッドデザイン賞金賞を受賞。2016-7 年にこの Good Job! 展が北海道・宮城・東京・愛知・大阪・兵庫・福岡・大分など全国で開催され、これからのしごと・はたらき方を提案している取り組みが紹介され、話題になった。さらに、世にひろめるべき取り組みを発見・発信することを目的とした「Good Job! Award」、そして新しい仕事を作りだす実践的・実験的な拠点「Good Job! センター」を奈良県香芝市にオープンした。福祉の垣根を超えて、異分野と連携し、従来の障がい者の労働観を変革することを目指している。

10-4　ソーシャル・インクルージョンとアート

（1）ソーシャル・インクルージョンとは

　「たんぽぽの家」の 40 年以上にわたる活動は、日本におけるソーシャル・

インクルージョンの代表的なものと言えよう。ソーシャル・インクルージョンとは、「全ての人々を孤独や孤立、排除や摩擦から援護し、健康で文化的な生活の実現につなげるよう、社会の構成員として包み支え合う」という理念（障害保健福祉研究情報システムによる定義）である。イギリスやフランスなどのヨーロッパ諸国における社会福祉の再編にあたっての基調とされた。社会的に排除され（失業者、貧困者、ホームレスなど）社会参加の機会を奪われた人たちに対して教育や就労の機会を作ることにより、社会の中での役割を見出すことを目指している。ヨーロッパでは、就労や教育分野だけでなく、文化面での取り組みとして行われており、博物館や美術館などの公共文化施設では、差別や文化面での社会的排除（ソーシャル・エクスクルージョン）を解決するためのプログラムも開催されている。

　日本では、2000年に厚生労働省から出された「社会的な援護を要する人々に対する社会福祉のあり方に関する検討会」においてソーシャル・インクルージョンの必要性が提案された。これはソーシャル・インクルージョンがイギリスやフランスで一つの政策目標とされていることに鑑み、日本の新たな福祉課題へ対応するための理念として位置づけられたものである。しかし、残念ながらそこには芸術文化への視点はない。芸術文化とソーシャル・インクルージョンが初めて結びつけられたのは、文化庁が出した「文化芸術の振興に関する基本的な方針（第3次）」（2011年2月8日閣議決定）の中においてである．ここで、「文化芸術は、子ども・若者や、高齢者、障がい者、失業者、在留外国人等にも社会参加の機会を開く社会的基盤となり得るものであり、昨今、そのような社会包摂の機能も注目されつつある」とされた。これが日本においてソーシャル・インクルージョンと芸術文化が初めて結びつけられた瞬間である。[26]

　翌2012年には「劇場、音楽堂等の活性化に関する法律」が制定され、それに基づいて2013年「劇場、音楽堂等の活性化のための取り組みに関する指針」が告示された．そこには「劇場、音楽堂は…個人の年齢若しくは性別又は個人を取り巻く社会的状況等にかかわりなく、すべての国民が、潤いと誇りを感じることのできる心豊かな生活を実現するための場として、また、社会参加の機会を開く社会包摂の機能を有する基盤として、常に活力ある社会を構築するための大きな役割を担っている」と示されており、文化芸術の効用としてソーシャル・インクルージョンが謳われている。[27]

文化庁の提言には障がい者の芸術活動の意義として、社会参加と共生社会の実現が示されているだけではなく、障がい者が生み出す芸術は、芸術の範囲に広がりや深まりを持たせ、芸術文化の発展に寄与すると示されている。そこにはアートを通した障がい者のソーシャル・インクルージョンを、国を挙げて支援しようという意図があるように思われる。2014年、国の事業として始まった「障害者の芸術活動支援モデル事業」や、2020年東京オリンピック・パラリンピックを機にスポーツの祭典とともに、文化の祭典として全国津々浦々で魅力ある文化プログラムを展開し、国内外の人々を日本文化で魅了する文化庁の「「文化力」プロジェクト」は、それぞれの事業が緊密な連携を図り障がい者の芸術活動の振興を推進していく事業として、障がい福祉分野でも大いに注目されている。オリンピック・パラリンピックを機に「きっかけ」づくりをすることが現在の文化庁をはじめ地方自治体の目的であり、加速度的に広がる障がい者アートに関する事業を20年以降も続けられることが重要なポイントである。

（2）すべての人のための美術館

障がい者のアートによる社会参加について紹介してきたが、次に障がいのある人がユーザーとして美術館・博物館を訪れる場合について考えていきたい。1990年代以降、美術館はハード重視からソフト重視へと転換をはかり、数々の普及事業を実施してきた。妊婦、乳幼児、高齢者、外国人、障がい者など誰でも利用し、芸術を享受できるのが本来あるべき美術館の姿である。

美術館とは最も遠い存在と思われがちな視覚障がい者のための美術鑑賞活動を行う市民団体もある。そのひとつ、1999年に発足した「ミュージアムアクセスグループMAR」は、人と美術を、人と美術館を、人と人とをもっと身近にもっと開放していくことを目的に、美術館とは一番遠い存在である視覚障がい者と一緒に「視る」ことを重視している。

MARの開催するプログラムは、コミュニケーションを重視し、ガイド役と視覚障がい者というような一方通行的な関係ではなく、一緒に楽しく見る仲間として「見て感じて気づくこと」を大切にしたユニークなものだ。東京都美術館では、企画展の休館日一日を「障害者特別鑑賞会」としている。企画展は混雑がひどく、障がいのある人たちがゆっくり楽しめる環境ではなかった。しかし、美術館としては誰でもが楽しめる場づくりをしたいという思いがあり、ボランティアとの協働により、MARのプログラムによるアクセシビリティの高

216　第10章　障がい者とアートの可能性 ―観光へのまなざし

い鑑賞会が開催できるようになった。

　このプロジェクトの流れを汲み、横浜市民ギャラリーあざみ野で企画されたのが、「みんなの美術館プロジェクト」である。このプロジェクトはインクルーシブ・デザインの手法を用いたもので、美術館、NPO、学芸員、研究者が協力して「美術館×インクルーシブ×デザイン実行委員会」を立ち上げ、実施された。インクルーシブ・デザインとは「サービスや製品の対象とするグループについて、できるだけ多くのユーザーを包含し、かつ利益や顧客満足というビジネス目標に対し有効なデザインを目指す」[28] 考え方である。ユニバーサルデザインと理念は同じであるが、アプローチが違っている。高齢者、障がい者、外国人など、従来、デザインプロセスから除外されてきた多様な人々を、デザインプロセスの上流から巻き込むデザイン手法であり、ユニバーサルデザインがあくまでもデザイナーがユーザーのためにデザインをするのに対し、インクルーシブ・デザインではユーザー自身が「リードユーザー」としてデザインの現場に参加する。多くの企業では、既成概念を打ち破るヒット商品を生み出す洞察を得るためにインクルーシブ・デザインのワークショップを導入している。

　美術館のワークショップでは、視覚・聴覚障がい者、乳幼児連れの親子、外国人など美術鑑賞に課題が多いと想定されるユーザーに「リードユーザー」として参加してもらい、美術館の改善点をグループで設備・展示室・サービス・人・安全などについての「気づき」をメモして分類する作業を行う。この改善案は、横浜市民ギャラリーあざみ野で採用され、現在も継続して実施されている。以下が一例である。

- 「駅までお迎えつき」ギャラリートーク
- 見えにくい人のために、作品キャプション・手持ち資料を作成
- ふりかえりスペースの設置（鑑賞後に感想を他の人と共有できるスペース）
- 優先ロッカーの設置（ロッカーの中段を車いすの人や子供の優先利用とする）
- ゆるキャラ「あざみん」の誕生（参加者がデザイン、作成したギャラリーマスコット）
- 様々な地図（ＨＰ上に車いすユーザー向けの高低差の分かる地図や、視覚障がい者向けに言葉による地図情報を掲載）[29]

これらの新しいアイディアは、「デザインノート」としてHPに公開され、美術館・博物館の学芸員、展示デザインの専門家、ボランティアなどと共有された。決して対処マニュアルではないが、魅力的な提案としてミュージアムの現場で心地よい美術館づくりのために役立っている。

表10-2　ソーシャル・インクルージョンを実践する主な美術館

美術館名	主なワークショップ名
東京都美術館	とびらプロジェクト
世田谷区美術館	視覚障害者とつくる美術鑑賞ワークショップ
川崎市市民ミュージアム	視覚障害者とつくる美術鑑賞ワークショップ
森美術館	「手話ツアー」「耳と手でみるアート」など
横浜美術館	子どものアトリエ「学校のためのプログラム」
水戸芸術館	視覚障害者とつくる美術鑑賞ワークショップ
せんだいメディアテーク	視覚障害のある人と音声ガイドを協働制作
名古屋市美術館	視覚障害者とつくる美術鑑賞ワークショップ

（3）バリアフリーなアート鑑賞

　日ごろアートと接する機会の少ない人々に、アートの多様な表現や題材、素材を通じて刺激的で知的な新しい体験を提供しているのがNPO法人「アーツ・アライヴ」である。普段、施設などで過ごし外出などできない状態の人たちがアートにふれることで、自らの感情や思いを認知し、それを表現し、仲間と共有する喜び、生きる張り合いを感じてもらうのが目的である。主に、認知症および、その家族あるいは、介護者を対象に美術館の展示室で、アートと認知症についての特別のトレーニングを受けた専門家のガイドのもと、1時間ほどの美術鑑賞を介した対話を行い、それに続いて作品製作を行う。体調の問題から美術館への訪問ができない人々には、施設等で複製の作品を用いて実施する。以上のような内容で、ニューヨーク近代美術館の全面的な協力のもと2011年ブリヂストン美術館で始めて以来、「アーツ・アライヴ」は国立西洋美術館、東京ステーションギャラリーなどでも活動している。

　このプログラムはアートおよび認知症の両方の世界から高く評価され、米国では、70以上の美術館で採用されているプログラムである。美術館に来られない人たちを積極的に美術の現場に参加させる、また逆に、アートを美術館やギャラリーの場から解放し、病院や施設に展示する―欧米ではあたりまえのよ

うに実施されていることを日本に普及させている。アーツ・アライヴの林容子代表は「作家と入居者や患者さんがアートを通して、自己を見つめなおし、自己を再認識する時間をもつことで生きることへの活力を取り戻すこと」を目的としている、[30]と語っている。

10-5　アートで目指す共生社会─観光へのまなざし

　数多くの NPO や市民団体が多彩なアートイベントを企画している一方で、地域活性化にアートを活用し、観光客を呼び込もうとする大規模な芸術祭も注目されている。

　2000 年から新潟県で開催されている「大地の芸術祭　越後妻有アート・トリエンナーレ」では、世界各国のアーティストによる作品が新潟県十日町市と津南町からなる越後妻有地域において制作、設置された。有名、無名の多くの芸術家が何日もかけ、作品を制作するが、この新しい芸術祭の試みは「過疎高齢化が進むこの地域の活性化を目的とする」と謳っている。地域の潜在的な魅力をアーティストの感性によって引き出し、アピールすることで地域に活力を与えようという試みである。この企画によって、世界各地、日本各地から作家やボランティア、そして観光客が、豪雪で知られ、地震よる被害の記憶も新しいこの土地にやってきた。日本独特の里山を歩き回り、地域で暮らす住民と交流し、地域、ジャンル、世代を超えて協働した。芸術祭のために制作された芸術作品やデザインされた公共施設を基盤として、失われつつある棚田などの自然環境や風習、集落などを再生することで、地域活性化を実現しようとしたのである。越後妻有アート・トリエンナーレは 2018 年 54 万 8,380 人の来場者があり、前回 2015 年度と比較しても 1 万 8,000 人近く来場者が増加している。[31]地域の芸術祭への関心の広がりがわかる。

　「大地の芸術祭」と同時期に新潟県佐渡島で開催されたのが「さどの島銀河芸術祭 2018」である。目的は「大地の芸術祭」と同じであり、「佐渡の自然や歴史、点在する民話や伝承を掘りおこし、島内外からの刺激とともに新しい創造空間を造り出し、「銀河」のようなきらめきや美的価値観を創造していくこと」である。[32]島内各地で、作品展示やアートイベントを島内の寺社や漁港、廃校、舟小屋、棚田などで行い、既知の観光地とは異なるスポットを訪ねてもらうことで、参加者、鑑賞者に佐渡についてより深く知ってもらうことが狙い

である。「大地の芸術祭」よりも規模が小さいものの、この芸術祭では障がい福祉に携わる有志10名ほどで実行委員会が結成され、障害福祉サービス事業所のメンバーも協力しながら、島内の障がいを持つ方々に協力を依頼し、30名を超える作家の展示を榮法寺と旅荘国見荘で行った。地域と観光を結びつける芸術祭に障がい者アートが積極的に組み込まれているのは大変意味深い。

大規模な芸術祭と障がい者アートの祭典が同時に開催される動きもでている。「第32回国民文化祭・なら2017」である。国民文化祭とは、文化庁が主催し、全国各地で国民一般の行っている各種の文化活動を全国的規模で発表し、競演し、交流する場を提供することにより、国民の文化活動への参加の機運を高め、新しい芸術文化の創造を促すことを狙いとした祭典である。[33)]1981年から始まり、毎年一つの開催都道府県が選ばれ、文化庁、開催都道府県とその市町村の共同事業として行われる。この年、厚生労働省の事業であり、障害者週間（毎年12月3日～9日）に合わせて全国で持ち回り開催されている「第17回障害者芸術・文化祭」の開催地が同じ奈良であったため、初めて「国民文化祭」との一体開催が実現した。

この流れは続き、2018年「国民文化祭おおいた2018」と「第18回全国障害者芸術・文化祭おおいた大会」が同時開催された。障がい者アート事業は大分県内すべての市町村で開催され、まちなかのあちこちには障がい者アートの作品が飾られた。（図10-5）大分県立美術館でも「一人ひとりのもつ可能性を活かす仕組みを考えるアート展　Action！」が開催された。本展は、障がい者アートの展示・鑑賞だけを目的とする展覧会ではなく、活動に従事する人や当事者へのインタビューを中心に紹介した展覧会である。2015年度から大分県立美術館で開催されている。展示室にはインタビューパネルと作品が同時に展示されているが、県立美術館の広い展示空間に独創的に配置された展示空間は息をのむ壮大なスケールである。作品の力強さは現代美術の展覧会を凌駕している。（図10-6）

図10-5　「回遊劇場～ひらく・であう・めぐる～」で商店街に展示された作品

（出典）筆者撮影

文化祭と障害者芸術祭が一体化したことにより、障がいのあるなしに関係なく、多くの県内外の人々が様々な芸術を楽しんでもらう機会を得られた。大分の国民文化祭の総入場者数は237万人で、前年の奈良の140万人と比較しても大盛況だったことがうかがえる。ただ、表向きは一体化して行っていたこの文化祭も、運営サイドに立つと、文化庁と厚生労働省という管轄が違う二つの芸術祭が同時進行で実施されているような関係の隔たりが感じられた。観光客としてはイベントや展示会の主催が文化庁か厚生労働省かは全く関係ない。「美術」（芸術）と「福祉」の間の壁の存在は否定できないであろう。

図10-6 「障がいのある人による芸術展 ときめき作品展」（iichiko総合文化センター、大分市） （出典）筆者撮影

大分県では、2016（平成28）年に「障害者の芸術活動支援に関する提言」がまとめられ、障がいの有無にかかわらず心豊かにくらすことができる大分県づくりを目指した県条例が施行された。2018年の文化祭の一体的開催、2019年のラグビーワールドカップ、2020年の東京オリンピック・パラリンピックの文化プログラムなど、その後の一層の芸術文化振興を目指したソーシャル・インクルージョンによる福祉の枠を越えた障がい者芸術の発展が期待されている。[35]

日本において障がい者の芸術支援活動はまだ道半ばである。障がい者だけではない。社会から孤立し、社会とつながりにくい状況にある人たちを、アートを通してもう一度社会につなぎ直すことで、地域社会が再生していくはずだ。年齢や性別、障がいの有無に関わらず、自由にアートを制作したり、鑑賞したり、楽しめる社会の実現には何が必要なのだろう。いくつか挙げるとすれば、障がい者の芸術活動を理解する人材の育成、障がい者が芸術鑑賞できる施設づくり、芸術作品の発表の場とそれを評価するシステムづくり、障がい者や家族、福祉関係者、芸術関係者、企業などとのネットワークづくり、各地のアートプロジェクトなどとの交流連携などがあるが、最後に「観光へのまなざし」をもつことを提案したい。

「観光客」というのは、分断された社会の中の「第3の存在」である。そう

いう新しい視点をもった存在を積極的に巻き込むことで、今まで自分がその土地に対して持っていたイメージが変化する効能もあるのではないか。観光によって全く新しい人間観、社会観が生まれてくると考えられないだろうか。また、観光客によって、地域のビジネスが展開し、地域活性化にもつながる。観光客年間 3,000 万人時代を迎えた今だからこそ、障がい者アートの盛り上がりを大いに期待したい。

　最後に NPO 法人 クリエイティブサポートレッツの活動を紹介する。2000年の設立以来、同法人はソーシャル・インクルージョンを目指し、「居場所づくり」や「アート」的な手法を通してそれを実現する試みを行っていた。しかし、なかなかその道は険しく、そうした中で見出されたのが「観光」だった。レッツの考える「観光」とは、与えられたものを見に行くことではなく、自ら「光」を探しに行く、「光を観る旅」である。2016 年より行っている「タイムトラベル 100 時間ツアー」は、障がい福祉施設アルス・ノヴァやノヴァ公民館にツアー参加者は一泊以上滞在し、そこにある時間を体感する。障がいのある人たちの芸術作品だけでなく、彼らの存在や日常こそが創造的であり、美しさだけでない生々しさや混とんとした様子を含めて伝えたい、という思いがあって企画された。レッツの久保田翠代表は次の様に言う：「観光は、気楽に様々な価値観に触れることができる機会だと考えています。そして、こうした観光地を人々が自由に移動することは、分断がますます進み、多様な価値観を受け入れがたくなっている社会を超えていくひとつの手法になるかもしれません」[36]

　自分の中の様々な障壁、バリア、価値観を知ることができる観光。観光には、大きな期待と同時にソーシャルインクルージョンにおける課題解決の手法の可能性も秘められているとは言えないだろうか。

【参考文献】
・はたよしこ編著（2008）「アウトサイダー・アートの世界―東と西のアール・ブリュット―」紀伊国屋書店
・糸賀一雄（1965）「この子らを世の光に」柏樹社
・川井田洋子（2013）『障害者の芸術表現』水曜社
・末永照和（2012）『評伝　ジャン・デュビュッフェ』青土社
・タックマン、モーリス／エリエル、S・キャロル著、世田谷美術館監修（1993 年）『20 世紀美術とアウトサイダー・アート　パラレル・ヴィジョン』淡交社
・たんぽぽの家編（2016）「障害のある人とアートで社会を変える　ソーシャル・アート」学芸出版社

222 第 10 章　障がい者とアートの可能性 —観光へのまなざし

・テヴォー、ミシェル著、杉浦昌昭訳（2017）『アール・ブリュット　野生芸術の真髄』人文書院
・服部力（2003）「アウトサイダー・アート　現代美術が忘れた「芸術」」、光文社新書
・林容子（2006）「進化するアートコミュニケーション」レイライン
・「1 人ひとりのもつ可能性を活かす仕組みを考えるアート展　ACTION！」（2018）第 33 回国民文
　化祭大分県実行委員会、第 18 回全国障害者芸術・文化祭実行委員会
・「「表現未満、」プロジェクト観光事業報告書　光を、観る—観光のすがた」（2018）認定 NPO 法人
　クリエイティブサポートレッツ
・マクラガン・デイヴィッド著、松田和也訳（2011）「アウトサイダー・アート—芸術のはじまる場
　所」青土社
・水野大二郎他（2014）「インクルーシブデザイン　社会の課題を解決する参加型デザイン」学芸出
　版社
・森下静香他（2016）「ソーシャルアート：障害のある人とアートで社会を変える」学芸出版社
・Maclagan、David（2009）, *Outsider art: From the margins to the marketplace*, Reaktion Books, London,
・岡部修二（2002）「エイブル・アートにおける企業メセナ」～トヨタ・エイブルアート・フォー
　ラムの例～Arts Policy & Management No.16, UFJ 総合研究所
・田中修二（2018）「大分県の取組「障がい者の芸術活動支援に関する提言」を踏まえた大分県の現
　状と今後について」、障がい者アートフォーラム関係資料
・匂坂智昭（2013）『宙吊りになる感性：アール・ブリュットにおける違和感』、成城美学美術史
　（19）
・半田　結（2018）「ソーシャル・インクルージョンをめざす「アートによる支援」」-関西福祉大
　学共同研究「日常生活の支援手段としてのアートに関する研究」から-関西福祉大学紀要 Vol.21,

1）平成 28 年度「国立新美術館活動報告書」
　　「草間彌生　わが永遠の魂 YAYOI KUSAMA: My Eternal Soul」会期：平成 29（2017）年 2 月 22
　　日（水）～5 月 22 日（月）日数：34 日（全会期；80 日）入場者数：194,256 人（1 日平均 5,713
　　人）入場：有料 種別：共催展。ほぼ同時期に開催され、国立新美術館開館 10 周年　チェコ文化
　　年事業として開催され、NHK で大々的に宣伝された「ミュシャ展」に迫る入館者数で、大成功を
　　収めた。（参考：「ミュシャ展 Alfons Mucha」会期：平成 29（2017）年 3 月 8 日（水）～6 月 5
　　日（月）日数：21 日（全会期；79 日）入場者数：135,199 人（1 日平均 6,438 人）入場：有料 種
　　別：共催展）
2）直島町観光入込客数ホームページ　www.naoshima.net/wp-content/uploads/2018/01/）2016 年
　　度実績：727,057 人、2017 年度実績：508,044 人
3）オリンピック憲章には、「オリンピズムは、スポーツを文化、教育と融合させ、生き方の創造を探
　　求 するもの」と謳われ、開催都市が「文化プログラム」を開催するように定められている。
　　2012 年の ロンドンオリンピック・パラリンピックでは、開催都市ロンドンだけでなく、イギリ
　　ス全土で約 11 万 7000 件の文化プログラムが行われ、大きな成果を上げた。2020 年の東京大会
　　においても、日本全国で「文化プログラム」が実施されることになっており、全国的に様々な文
　　化資源を生かしたプログラムが展開されるよう、各地で取り組みが行われている。
4）服部力（2003）「アウトサイダー・アート　現代美術が忘れた「芸術」」、光文社新書 p.129-130

10-5 アートで目指す共生社会―観光へのまなざし *223*

5) ジャン＝フィリップ＝アルチュール・デュビュッフェ（Jean Philippe Arthur Dubuffet, 1901 年 7
月 31 日-1985 年 5 月 12 日）20 世紀のフランスの画家。アンフォルメルの先駆者と見なされて
いる。従来の西洋美術の伝統的価値観を否定して、アール・ブリュット（生の芸術）を提唱した。
彼が影響を受けた精神病理学者ハンス・プリンツホルンは、精神病患者の作品を研究することで、
人間が表現を行うという衝動の本質を見極めようとし、マックス・エルンストなどシュルレアリ
ストの画家たちにも影響を及ぼした。

6) Maclagan、David（2009), *Outsider art: From the margins to the marketplace*, Reaktion Books, London,
p.10（松田和也訳（2011 年）「アウトサイダー・アート―芸術のはじまる場所」青土社、p.43）

7) 匂坂 智昭（2013）『宙吊りになる感性：アール・ブリュットにおける違和感』、成城美学美術史
（19）, p.39-61,

8) 川井田洋子（2013）『障害者の芸術表現』水曜社、p.32

9) 川井田（2013）p.32

10) Maclagan（2009）pp14-15、邦訳 pp47-48（川井田（2013）p.33）

11) 1982 年に開催された第 37 回国連総会では、1981 年の国際障害者年の趣旨をより具体的なもの
とするため、「障害者に関する世界行動計画」を採択した。同時に、この計画の実施を推進するた
め、1983 年から 1992 年の 10 年間を「国連障害者の十年」と宣言した。92 年で終了した後も、
1992 年 4 月北京で行われた国連アジア太平洋経済社会委員会（ESCAP）の第 48 回総会におい
て、1993 年から 2002 年までの 10 年間を「アジア太平洋障害者の十年」と宣言し、アジア太平
洋地域においては、更に「障害者の十年」を継続し、障がい者対策の推進を図っていくことと
なった。（川井田（2013）p.34）

12) 服部正（2003）

13) 福来四郎（1920-　）昭和後期―平成時代の教育者。昭和 25 年神戸市立盲学校の教師となり、
粘土工作を指導し、触覚をとおして造形能力をひきだす教育にあたる。絵画作品集を 70ヵ国の身
体障がい児施設におくるなど、国際親善にもつくした。

14) 糸賀一雄（1965）「この子らを世の光に」柏樹社刊

15) 八木一夫（1918〜1979）陶芸家。京都生まれ。非実用的なオブジェとしての陶芸を創始し、前
衛陶芸の先駆けとなった。

16) 川井田（2013）p46

17) ボーダレス・アート NOMA の HP　http://www.no-ma.jp/about/index.html

18) 北岡賢剛（2008）、「ごあいさつ―「アール・ブリュット」の展覧会開催と、本書の刊行にあたっ
て」、「アウトサイダー・アートの世界―東と西のアール・ブリュットー」はたよしこ編著、紀伊
国屋書店、p.10

19) 播磨靖夫（2018）「たんぽぽの家」「ACTION！」第 33 回国民文化祭大分県実行委員会、第 18
回全国障害者芸術・文化祭実行委員会、p15-16

20) 同上、p.13

21) エイブル・アート近畿「ひと・アート・まち」は、エイブル・アート・ムーブメントに共感した
近畿ろうきんが 2000 年にスタートさせ、毎年近畿 2 府 4 県を巡回開催。本プロジェクトは、「メ
セナアワード 2006」（企業メセナ協議会主催）において、文化庁長官賞を受賞した。

22) 1994 年「日本障害者芸術文化協会」設立。2000 年「エイブル・アート・ジャパン」に改称。

23) 岡部修二（2002）「エイブル・アートにおける企業メセナ」〜トヨタ・エイブルアート・フォー

224 第 10 章 障がい者とアートの可能性 —観光へのまなざし

ラムの例〜Arts Policy & Management No.16, UFJ 総合研究所

24) 川井田（2013）p.76

25) 柴崎由美子×中谷由美子【エイブル・アート・ジャパン インタビュー】アートによるソーシャル
インクルージョン＊の最前線！ http://www.tokyoartbeat.com/tablog/entries.ja/2015/09/able_
art_japan_interview.html

26) 半田 結（2018）「ソーシャル・インクルージョンをめざす「アートによる支援」」—関西福祉
大学共同研究「日常生活の支援手段としてのアートに関する研究」から—関西福祉大学紀要
Vol.21, pp.61‐71（文化庁ホームページ http://www.bunka.go.jp/seisaku/bunka_gyosei/
hoshin/index.）

27) 文化庁のホームページ http://www.bunka.go.jp/seisaku/bunka_gyosei/shokan_horei/geijutsu_
bunka/index.html

28) 平井康之（2014）『インクルーシブデザインとは何か』「インクルーシブデザイン 社会の課題
を解決する参加型デザイン」学芸出版社、p.46

29) 岡崎智美・梅田亜由美（2014）『多様な「見たい」をカタチにする「みんなの美術館プロジェク
ト」』同上書、p.148

30) 林容子（2006）「進化するアートコミュニケーション」レイライン、p.75

31) 「「大地の芸術祭」開催結果概報 「越後妻有 2018 秋」について」新潟県十日町市観光交流課報
道資料より、平成 30 年 9 月 http://www.echigo-tsumari.jp/common/img/about/20180926_
press_release.pdf

32) 「さどの島銀河芸術祭」開催概要 http://sado-art.com/ja/about

33) 文化庁のホームページ http://www.bunka.go.jp/seisaku/geijutsubunka/chiiki/kokubunsai/

34) 本展は、2015 年度から大分県立美術館で開催されている。障がい者アートの展示・鑑賞を目的
とする展覧会ではなく、活動に従事する方々や当事者へのインタビューを中心に紹介し、課題や
ビジョンを共有する、考え、活動が生まれる場づくりを目指している。

35) 田中修二（2018）「大分県の取組「障がい者の芸術活動支援に関する提言」を踏まえた大分県の
現状と今後について」、障がい者アートフォーラム関係資料

36) 久保田翠（2018）「「表現未満、」プロジェクト観光事業報告書 光を、観る—観光のすがた」認
定 NPO 法人クリエイティブサポートレッツ。レッツの「観光事業」は「表現未満、」プロジェク
トの一環で行われているもので、静岡県文化プログラムの応援を受け 2016 年度から展開してい
る。

コラム **るんびにぃ美術館の事業と、その目指す社会について** （板垣崇志）

　るんびにぃ美術館は小さくて、ユニークな美術館です。岩手県花巻市で知的障がい者
支援事業を 50 年ほどやってきた社会福祉法人が運営しています。

　1 階のギャラリーで作品をじっくり味わい、もし興味が広がったならば 2 階のアトリ
エを訪ねてみてください。作品の制作現場を実際に見て、アーティストたちと交流する
ことができます。彼らの自由な創造性と魅力的な人柄に触れて、きっと心地よい興奮で
心が満たされるでしょう。

　その後は館内のカフェで、おいしい料理やコーヒーでお腹を満たすこともできます。

カフェで出されるパンとラスクは、この美術館の中で焼かれたものです。るんびいい美術館には、パン工房も一緒にあるのです。

　この美術館は、知的な障がいや精神の障がいなどのある作者が創造した表現作品を——世の中ではしばしばアウトサイダーアート、あるいはアール・ブリュットと呼ばれたりするような作品を——多く展示します。ですが、「アウトサイダーアート」や「アール・ブリュット」の美術館ではありません。

　私たちの心は、沢山のものを区別します。障がい者と健常者。おとなとこども。男性と女性。国、人種、人と動物と植物…。この世界は、そういった無数のボーダー（境界）でできています。もしも、すべてのボーダーを心から消し去って、それらをただ一つのものとして見ることができたなら。もしそんなことができたなら、世界はどんなふうに見えるのでしょう。

　そこにはただ、命がある。
　すべてのものが持つ本当の姿。それを命と言うのだと、私はそう思います。

　私はこの美術館で、見る人が意識の様々な階層で命を感じるような表現物を、ノンジャンルに、ボーダレスに紹介したいと考えています。命は、あらゆる境界線を越えて広がっています。アウトサイドもインサイドもありません。障がい者も、そうでない者も。

　るんびいい美術館の事業にとっての本質的な課題は、あらゆる社会的マイノリティ（少数派）への社会の疎外という問題です。一生をマジョリティ（多数派）で過ごせる人はいません。どんな人も病と老いによって必ずマイノリティとなり、この問題の当事者になります。

　人の社会に「疎外」は宿命のように深く根を下ろしています。なぜ、人間は「疎外」を必要とするのか。巨大で複雑な課題ですが、その根底に人間の「心」のはたらきがあるのは確かです。私たちは「表現」の力を介した「心」へのアプローチを通して、経済的生産性に偏らない多様な価値への信頼を、社会に促したい。

　アートは心の世界と物の世界の境目に生まれます。疎外は、本質として物の世界を支配する仕組みの有限性（例えば貨幣や物的資源の有限性、時間や空間などの有限性）から発生して心に影響を及ぼし、心の問題となります。心は常に物質との間に軋轢を抱き、だいたいは劣勢です。その軋轢のはざまにアートは生まれます。

　そんな中で、私たちが宿す「命」が本当に欲しているものは何か。軋轢の中でも命に目を向け、意識し、考える社会。社会がそんな価値観を成熟させていく中に、この軋轢を乗り越える道、疎外を克服していく道があるのではないか。

　単なる生存以上の生が許される状況下において、人は心の充足を求めます。心の充足

とは、心における「欠乏感」からの解放です。多くの場合において、人は幸福の増大を所有の拡大、すなわち自分の意のままに支配できる物ごとを増やすことで達成できると見なしています。

しかし、私たちが生きる世界は、少なくとも物的次元に限って見る限り宿命的に有限です。有限なこの世界において所有のみを追及することは、必然的に争いや貧富や差別の付け火となります。幸福の追求が目的に反して人を失意へと導き、さらなる欠乏を生み出すのです。

またあらゆる所有は、所有の根拠である「自己」の不可避な喪失――「死」によって失われてしまいます。所有による幸福は、幻影のようにあまりにも不確かです。

争いや事件など様々な人為による不幸のなかで、人間の「欠乏感」が背後に存在しないものはあるでしょうか。所有の拡大――言い換えるなら「自己の肥大化」による幸福追求は、決して成就し得ない誤った方法であるばかりでなく、その志向そのものが人間存在の「病」であると言うべきかもしれません。

描き、奏で、舞い、詠う。そうした営為は太古より、人間の意識が物質世界の無数の呪縛を離れ、解放された自身の心の深奥へ、あるいは自由や無限性の理想へと飛躍しようとする行為でした。

ただ生存することでさえ困難な時代にあっても、その行為が人間の世界に絶えたことはありませんでした。それは人間が自身の内なる世界へ、さらにはその彼方の命へ――すなわち根源的な永遠性へと帰ることを求めずにはいられない存在であることを意味しています。

命は万物が共有するただ一つの根源であり、平和や平等や愛の本質的な基盤です。命は一切の「所有」が成立しない世界であり、それゆえにあらゆる束縛が意味を失い、真の自由が回復されます。命とは、移ろうことのない真の充足そのものです。

人であれ他の動物であれ、生まれたばかりの赤んぼう、あるいは小さな幼子を見てください。その子らが乳で満たされ、空腹を感じることなくある時。その体に痛みなく、心に恐れなく、絶対の信頼に足る庇護者に優しく抱きしめられてある時。人を含む様々な動物の、その子らがどれほど安らかで心優しくあるかを見てください。

それが命の最初の姿です。この世界の有限と欠乏のさいなみを知る前の命が、いかなるものであったかを示すイコンです。

有限と欠乏に駆り立てられ、幾時代を通じて所有を追い求め続けるうちに、私たちはいつしか命の姿を見失いました。人間は本当の充足の在り処を失い、常にさまよい、常に飢えを覚え、常に不安にとらわれる存在となりました。人間の芸術もまた、肥大した自己のゆがんだ鏡像へと変質し始め、その本来の力を忘れかけてはいないでしょうか。

るんびにい美術館は芸術表現がもつ力を、「人間を命に回帰させる力」と捉えます。芸術とは本来、「文化」などという名の薄く小さな枠組みを遥かに越えて、人間存在の根源と直接に結びつき、人間の意識を人間が本当に求めている場所へと解き放つ力を持つものです。

人間にとって本当の幸福への道は、命の記憶を回復することからのみ始まります。自身が命であることをもう一度知るのです。

私たち一人ひとりの生命観を成熟させ、一人ひとりの成熟した生命観を基盤とした社会を生み出していく。るんびにい美術館が目指すものです。

命のミュージアム **るんびにい美術館** borderless art collection

岩手県花巻市にある社会福祉法人 光林会の運営による小規模美術館。対外的には美術展示施設の顔を持つが、同時に多機能型の障がい者支援施設でもあり、生活介護事業所のアトリエ、就労継続B型事業所のカフェとベーカリー、公益事業のギャラリーで構成されている。美術展示のほかに、知的障がいの当事者が講師を務める出前授業などにも取り組んでいる。

〈住所・電話・ホームページ〉
〒025-0065 岩手県花巻市星が丘1丁目21-29
0198-22-5057
http://www.kourinkai-swc.or.jp/museum-lumbi/

第11章
ホスピタリティを学ぶ対象としての福祉

11-1 ホスピタリティ＝おもてなし？

　接客業に従事していると、ホスピタリティという言葉を聞かない日はないと言っても過言ではないほど耳にする。しかし、ホスピタリティという言葉は、これだけ重要だと言われている割には、よく聞いてみると、「おもてなし」とか「心配り」といった意味でしかとらえられていないのではないだろうか。ここで、既存のホスピタリティ研究から、ホスピタリティとは何かということを明らかにしておきたい。

　ホスピタリティの研究分野においては多くの研究者が独自の理論を展開している中で、なかなか統一した理論はないのだが、ここでは、最も論理的にホスピタリティ概念をとらえている徳江順一郎の研究（2018）をもとにホスピタリティを概観してみる。

　従来のホスピタリティの議論は、サービスという言葉が語源に「奴隷」という意味をもつことからも、「主人」と「奴隷」という関係性で語っており、一方でホスピタリティはサービスの上位に位置し、「おもてなし」という行為的側面が強調されたものととらえているものが多い。

　徳江はそれに対して異論を唱え、サービスこそがプロセスの代行という行為的側面を果たすものであり、ホスピタリティは、主体間の関係性マネジメントであると説いている。図11-1からも分かるように、サービスの語源 sevos か

```
✓サービス（service） ←　servos　→　slave（奴隷）
                                    servant（召使い）

✓ホスピタリティ（hospitality）
              ←　hospes　→　host（主人）
                            hospital（病院）
                            hostile（敵）
```

図11-1　サービスとホスピタリティの語源の相違

らは、slave（奴隷）、servant（召使い）と上下関係、主従関係を固定するような語が派生しているが、hospitality からは、よく言われる hospital（病院）、host（主人）だけでなく、hostile（敵）という語も派生してきている。ここからも、ホスピタリティが上下関係、主従関係が固定されるイメージではなく、自分と他者の関係性そのものを表していることが理解できよう。

そして、サービスよりもホスピタリティが上位だということはナンセンスであり、ホスピタリティは、不確実性のある環境下において、関係性をマネジメントするとの考え方であると徳江は説いているのである。

さらに、徳江は、ホスピタリティの機能を分かりやすく説明するために、人々の関係性を「安心」と「信頼」という二つの概念を用いて考究している。

11-2　安心保障関係

経済学の用語で、「レモン市場」という言葉がある。レモンとはまさに柑橘類のレモンであるが、別義で役に立たない物や人、欠陥品、ポンコツ車といった意味がある。買い手にばれないことをいいことに、故障が内在する中古車（それをレモンと称する）を販売しようとするセールスマンばかりだと、市場には質の悪い中古車ばかりになってしまい、買い手はそれから逃れるすべを知る由もなく、買い手は中古車を買うことそのものを敬遠することになり、中古車市場が成り立たなくなってしまうことのように、財やサービスの品質が買い手にとって未知であるために、不良品ばかりが出回ってしまう市場のことをレモン市場と言う。世の中はまさにレモン市場にあふれていて、欠陥品をつかませられないか、騙されないか、裏切られないか、不安に思うことが多い。かつて世間を騒がせた中国製の食品偽装の問題はまさにそのレモン市場の様相だったと言えよう。

そこで、買い手の不安を解消するために、ちゃんとした商売をしているように伝えることが必要となる。それが、マナーを徹底したり、敬語を使ったり、マニュアルを通して品質の均質化を図ったり、人によってクオリティが変化するといけないので、サービスのパッケージ化を図ったりする行為に結びつく。そのような仕掛けを加えることで、買い手が抱く心配事を除去し、安心を保障する。そこで得られる関係のことを「安心保障関係」と言う。安心保障関係では、サービスは固定化され、誰がサービスを行っても均質的となり、不確実性

図11-2 安心保障関係

が低減されていく。共通のメリットを強調するために、敵の敵は味方といった行動モデルもこの安心保障関係ではよく使われる。敵が共通だと知ったとき人は安心するその心理を突いているのである。

就職活動で、学歴を見たり、資格の有無を問うたりするのは、まさにこの安心を保障するためのプロセスだと思うと納得がいく。人事部の採用担当者は、自分の上司（採用担当責任者）から、目前にならんだ同じような就活生の中で、なぜこの人に内定を出すか問われたときに、学歴や資格を語ると説得力が増すことからも、この安心保障関係が、初対面とか初期段階での関係性構築では有効に機能する。

相手のことが分からないときに、相手を安心させるツールこそが、学歴だったり資格だったり丁寧な言葉遣いだったり身だしなみだったりといった、パッケージ化されたマニュアル的なものだと言える。

11-3　相互信頼関係

サービス現場では、このサービスのパッケージ化やマナー教育、マニュアルの徹底など、ほとんどが、このお客様との安心保障関係を構築するための業務が多いように思われる。

例えば、大手回転寿司チェーンがいま全国にネットワークを広げているが、値段が不透明だった既存の寿司店と比較して、1皿○○円と明確に提示してあるので、会計のときに不安になることはなくなった。ただ、この場合、お客様は自分のすでに知っているネタを注文するので、どうしても、新たな価値を創

造するというよりも、価格勝負となることの方が多い。

一方、値札のないような、大将おまかせでにぎってもらう高級寿司店に行くと、例えばこんな光景に出くわすことがある。

大将：「お客様、なにか苦手なものはありますか？」
客　：「私はどうもアワビが苦手でね。」
大将：「かしこまりました。」…
　　　　…
　　　「お客様、ためしにこれちょっと食べてみてください。」
客　：「あれ、これは初めて食べる食感だ。うまいね。これはなんてネタですか？」
大将：「アワビなんです」

図11-3　多くのお客で賑わう大手回転寿司チェーン店

図11-4　高級寿司店

以上のやり取りは、固定的サービスによる安心保障関係では絶対に実現できないものである。お客様は現にアワビが苦手と言っているのに、よりによってそのアワビを提示するなんて、もしかしたら怒られるかもしれない。でも、そこに、安心を越えた相互信頼関係があるからこそ、こういった新しい価値を提供することができる。徳江は、この不確実性の敢えて高い環境において関係性をマネジメントしえる行動こそホスピタリティだと喝破している。

このことからも、ホスピタリティ＝単なるおもてなしではないことはよく理解できるであろう。おもてなしと呼ばれている行為の多くは、安心を保障するためのマナーやサービスのパッケージ化に比重が置かれているからであって、「心からの」なんて言葉が頭についていることも多いが、よく吟味してみると、その中身の本質はサービスのパッケージ化ではないだろうか。お客様を心からお迎えするために打ち水をする、お客様の言葉をさえぎらず、すべて話してもらってからこちらの対応を始める、謝罪の意を伝えるために眉毛で表現をする等々、ホスピタリティの専門家と言われる人々の口から出てくるホスピタリティの実践事例がどれだけマニュアル化されているか、皮肉としか言いようが

ない。

　前述した寿司屋の大将も、お客様の言う通り、お客様の苦手なアワビを除いて寿司を盛りつければ、自分にとっての失敗はない。でも、敢えて不確実性すなわちリスクを取って、そして自分の腕を信じて、お客様に新たな価値を提供するチャレンジを行った。このチャレンジが成功したら、期待を上回る感動を生み、それがゆるぎない信頼へと結びつく。信頼とは、片方だけが感じていたのでは信頼関係とはならない。お互いに信頼しあって初めて信頼関係は構築できるのである。

　その意味では、「安心保障関係」の上位に「相互信頼関係」が位置づけられる。その相互信頼関係は、不確実性を除去するのではなく、"あってあるもの"としてとらえ、そのリスクを承知のうえで相互の信頼のもとに構築する関係で、この関係性が構築できたとき、期待を上回る感動が起こることが多い。そのときに、サービスの提供者側は、利己的な気持ちだけでなく、お客様の喜びこそ、自分の喜びといった利他の心が生まれてくることが多い。自分にとって目の前の利益だけを追い求めていくと、先述した「レモン市場」のような事態にもなりかねない。そのためにも、もちろん商業活動なので利益の追求は何ら悪いことではないけれども、そのお客様の喜ぶことを最優先に取り組むといった発想が、この相互信頼関係では求められているのである。

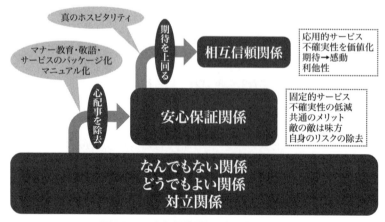

図 11-5　安心保障関係と相互信頼関係

11-4　福祉の現場から着想を得た新たな関係性 としての「一体関係」

　以上がホスピタリティに関する徳江理論である。最高のホスピタリティを提供していると自他ともに認めているような、一流ホテルマン、フルサービスキャリアのキャビンアテンダント、テーマパークなどで従事する人々と話をすると、この「安心保障関係」の構築のための行動と、「相互信頼関係」の構築のための行動とにそれぞれ整理すると、なるほどなと理解できるところが多い。

　一方で、最近は福祉施設もホスピタリティを重視するという方針が多くの組織で取り入れられ、ホテルマンやマナー講師からのホスピタリティ講座を職員に対して受講させている施設もかなり多くなった。そのため、入所者の方々への対応、家族への対応が昔とは大きく変わったと言われることが多くなった。しかし、そのようなホスピタリティ教育が施された福祉施設で働く人々と接したときに、上述したような一流のホテルマンやキャビンアテンダントと接したときの感覚とは違う感覚を抱くことがここ数回あった。

　神奈川・湘南地区を中心に高齢者と保育事業を広げている福祉法人伸こう福祉会では、「入所者の方にありがとうと言わせるな」としているそうである。「ありがとう」等の感謝の言葉こそが、接客時のモチベーションの源泉のように言われている。しかし、あまりにそれがフォーカスされ過ぎて、お年寄りの側は常に「ありがとう」、「すみません」を言い続けなければならない状況に陥っている。利他といいながら自分に見返りを求めていることからこそこの現象は起こっているのではなかろうか。伸こう福祉会では、その「相互信頼関係」を無理に結ぼうとするあまり、相手に感謝を強要することの矛盾を日常業務から見抜いたのである。一流ホテルや機内なら非日常の「ハレ」であるから、ありがとうも連発できるけれど、福祉施設は日常の「ケ」である。だからこそ余計にそのような一時的、表面的な対応だと化けの皮が剥がれてしまうのである。

　さらに、ディズニーやリッツカールトンといった感動経営、感動のホスピタリティの事例が世間にあふれているが、福祉関係者の態度は、感動の押し売りはしていない。福祉施設では感動を演出しようとして日々の業務に当たっているわけではない。例えて言うなら、こだわりぬいたポン酢が最近店頭にも並ぶ

234　第11章　ホスピタリティを学ぶ対象としての福祉

ようになったが、それらは一度はおいしいけれど、毎日使っているとまた普通の一般的なミツカン味ぽんが恋しくなるのと似ている。感動を強要するのではなく、自然に、普通に、さわやかな空気のような存在で気持ちよくサービスをすることが求められているのである。

　また、お客様のために誠心誠意尽くしたとしても、それが伝わらないことがある。そして、「相互信頼関係」を構築できたと思っても、信頼は往々にして裏切られることがある。サービスの現場でも、サービスの達人と言われる人からも、たまには心を尽くすサービスをしたときにその恩をあだで返される話をよく耳にする。

　だが、福祉関係者の方々とお話をすると、お客様に裏切られるという感覚が一様にない。その違いはどこから出てくるのか。

　それは、相互信頼関係でよく出てくるキーワードである「利他性」という言葉ではなかろうか。福祉施設での対応はもちろん他者のためにサービスしているのだが、福祉施設の対応と「利他性」という言葉がどうも結びつかない。それは、「利」という言葉に引っ掛かりがあり、利をどちらに分配するかという発想が、福祉にはないからではなかろうか。

　利他性が言われるときに必ずセットになるのが、他人のためにやった行為は必ず自分にも返ってくる。だから人のためにつくしましょうなんてことになる。でも、それって結局自分のためにやっていることになる。自分の利のために、戦略的に「誰かのために」をやっているに過ぎない。

　その意味で、相互信頼関係も、まだ相手を「対象」として自分とは一線を画して見ている。対象ではない。相手はすなわち自分であり、すなわち、お客様と自分とは「一体」であるという考え方こそ、福祉施設において実践されている考え方ではなかろうか。

　裏切られて悔しい思いをするという感覚は相互信頼関係特有である。安心保障関係では裏切られることはどこかで想定していて、それも含めて敬語やマニュアルで対応しているのではなかろうか。不確実性は完全には除去できないけれど、それでもできるだけ除去するように動く。裏切られるのも想定の範囲内である。だから腹が立たない。一方、相互信頼関係は裏切られないことが前提なので、裏切られたら腹が立つ。

　ところが、一体関係だと、裏切りという発想それ自体がない。お客様は自分だから。だから、お客様がもしもうそを言ってだまそうとしても、落ち込まな

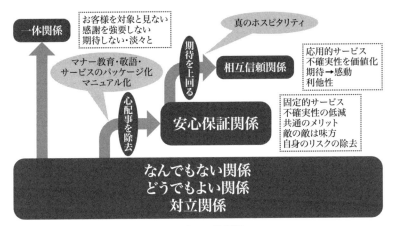

図11-6　一体関係

い、自分だから。人間の弱さ、醜さ、それもすべて含めて自分。今は元気に活動できている自分もいずれ老いる。老いたらいくら地位が高かろうとお金を持っていようと、誰かの世話にならなければいけない。自分にも内在する弱さ、醜さ、人を疑う気持ち、うらやむ気持ち、嫉妬する気持ち、そんな異心を人間の根本に立ち戻って、それに気が付いたときにその都度祓う（払う、掃う）。そのようなマインドを福祉施設の関係者から感じ取った。

さらに、最近では、AIに接客業も取って代わられるのではないかと言われているが、AIは一体関係のマインドには到底至らない。AIにできるのは、ただ安心保障関係の構築だけである。安心保障関係の構築に終始している接客業は、間違いなく取って代わられるであろう。

11-5　既存学問からのインプリケーション

この「一体関係」に関して、既存学問、特に福祉社会学系の分野ではどのように扱われているだろうか。

星加良司は、自身も全盲であり、障害社会学の研究者として積極的に障がい者と社会の関係性について言及している。障がいを持つ当事者だからこそ分かるその人間関係の深奥に関して「障害とは何か」（2007）において考究を深めている。ここで星加は介助者と被介助者（障害者）の関係性が常に「非対称性」を帯びることを述べている。「日常生活の基本的な動作に介助を要する障

害者にとって、介助という行為は生存のために不可欠な要素であり、介助者の存在もまた生活の不可欠な要素である。介助者の存在は生活の必要条件として求めざるを得ないのである。一方、介助者の側にはそのような必然性は存在しない。介助から離れることは可能であり、現に介助を行っているからといって、将来にわたってその対象となる障害者の存在を必要とするわけではない。」[1] この現実を星加は喝破している。そして、結局日々の生活を営むために、障がい者にとっては介助者を「用意」することが決定的に重要であり、介助者をえり好みできない現在の介助供給体制下では、障がい者は自己主張を控え、介助者の意志に順応することで、介助を確保しなければいけないという現実がある。

　そこで、星加は、その非対称性による不利益を解決する一つの方法として、「介助の有償化」を挙げる。障がい者が介助者を「雇用」し、それに必要となる費用は公的セクターが負担するという枠組みである。これで、介助者と被介助者の関係性は、お世話をしてあげる人、お世話をされる人という関係から、被雇用者と雇用者という関係になる。ただ、この枠組みが機能するためには、介助供給の量的な確保である。障がい者側が「特定の介助者の存在に固執する」ことなく、自由にその関係性を解消できるイニシアチブを持つことができるならば、この枠組みは生かされる。しかし、現実はそこまでの量的な確保はままならない。

　介助の形態として、家族による介助が最も一般的である。親が障がいを持つ子どもを介助するケースであるが、この場合は、介助者が被介助者に対して抑圧的に対応することはこれまでも再三議論されてきたことである。家族による介助は余計に非対称性を固定するものとなっている。

　もう一つの介助の形態として、ボランティアという枠組みも存在する。ボランティアは「道徳的・倫理的あるいは感情的な動機によって、介助者が障害者との関わりを生活の一部に組み込む」ことである。この場合、ボランティアの介助者は介助行為の中で、新しい価値を発見し、その活動に生きがいや使命感を持つ。すなわち、介助者側の問題点として、介助者は障がい者の存在は必ずしも必要ではないという事実であったから、このボランティアによる介助、被介助の関係は少なくとも、この問題は解決する。

　星加は決してこのボランティアによる介助も非対称性を完全に除去するものとはとらえてはいないが、被介助者を「対象」として見るのではなく、「自分

事」として見るという視点は他の関係にはないものであり、その意味で、福祉施設が一体関係というあらたな関係性を見出したことはこれと無関係ではないと思われる。

　また、石川准は「アイデンティティ・ゲーム　存在証明の社会学」(1992)においてさらにラディカルに障がい者の置かれた状況を自身も障がいを持つ者として社会に問うている。

　石川は障がい者と介助者の置かれている立場の違いの典型例を会話形式で紹介しているので、そのまま引用する。(S：障がい者、K：介助者)

　K「*あの、今日の交通費と映画代いただけますか*」

　S「*えっ、今日は友だちとして一緒に映画を見ると思っていたから、お金の持ち合わせがないんだけど*」

　K「*別に今日でなくても次回でいいんですけど*」

　S「*じゃあ、映画代も払わなければいけないというわけなの*」

　K「*そうしていただければうれしいんですけど*」

　S「*私も介助者として行ってもらうか、友人として行くか、はっきり言っておかなかったのも悪かったけれども、今度は友だち関係ではなく、純粋に介助者だとして付き合っていきますからね*」

　K「*そういうふうに思っていただくと気が楽です*」

　このやり取りを提示して、石川は多くの読者がSに対して否定的な見解を持ったことを示している。しかし、ここで、石川はいつの間にかSに対して「障害者役割」を演じることを強制されていることを指摘する。「介助者と親密かつ対等に付き合う」のは、その障害者役割に反するというのだ。「つつましく貧しくひそやかに、ボランティアに頼って受け身に暮らすのが障害者らしい生き方」とし、「障害者には、愛やヒューマニズムを喚起し触発するようにふるまうこと」が期待されている。愛らしくあることが障害者役割であり、障がい者のケアは愛やヒューマニズムにあふれた人々の自発的な善意によって行われるべきだと、社会から無意識のうちに求められているというのだ。

　ここにおいても、障がい者は常に対象と見られてしまうことで、そこにたとえ愛やヒューマニズムがあったとしても、対象として見られている間は、障がい者と介助者の関係は対等にはならない。福祉の世界では、この関係からの乗り越えを愛やヒューマニズムに求めなかった。既存のホスピタリティ分野が感

動にその役割を期待しているが、感動がこの関係からの乗り越えに関して無力であることは、ここまで読み進めてもらった読者なら理解できるであろう。

11-6　先を行く福祉施設のマインド

　福祉の現場では、包み隠さないありのままの人間そのものを毎日の業務で取り扱っている。その現場からは人間とはいかなるものか、普段見えないものも見えてくる。

　かつては福祉の現場では、認知症の入所者の方を扱う際、子どもに返ったとみなして、赤ちゃん言葉で接したりもしていた。そして、身体拘束なども日常茶飯事で、まさに人間としてではなく、モノとして扱っていたようなところもあった。

　それらの反省が先進的な福祉施設では大いに生かされており、まさに人間の尊厳を最後まで全うしてもらおうと担当者の人々はみな一人ひとりに対して試行錯誤を続けながら、人生を見つめ続けている。

　先述した伸こう福祉会では、ありがとうを言わせないだけでなく、さらに先を行き、入所者の人に対してありがとうと言ってもらえるような場づくりをしている。それぞれの入所者が得意分野を生かして活動することで、地域にも開かれた施設として、入所者だけでなく外部の人からもありがとうと言われる機会を創出している。

　一方、一流ホテル、フルサービスキャリア、テーマパークでは、お客様がありがとうと言われるシーンは、「ご利用いただき、ありがとうございます」「お買い上げいただき、ありがとうございます」だけではないか。それを越えようとは全然していないではないか。この「ご利用いただき…」「お買い上げいただき…」から一体関係は感じない。まだ相手を対象として見て、利がどちらにあるのかということにとどまっている。真の人間関係とは、利をどちらに置くかではない。あなたと出会えてよかったと心から思い、お互いが生きているということの奇跡を共有すること、気持ちが一体となったことに大歓喜を見出すこと、この境地は既存のホスピタリティ分野からは感じることはなく、福祉施設からは感じることができた。

　そのようなプロセスから、もはや先進的な福祉施設におけるマインドは、一流ホテル、フルサービスキャリア、テーマパークの先を行っているのではない

か。ホスピタリティ産業と言われている分野の人々は、たまに来る相互信頼関係を心待ちにしながら、日常の安心保障関係の構築に最も心血を注いでいる。そのプロセスに満足し、ホスピタリティなら自分たちが一番だと思っていたら、福祉施設での従事者が至っている境地は理解できない。基本的には福祉は異業種だと言って認めたくはないだろうが、人を扱うという意味では全く一緒である。福祉施設から学ぶといったら、車いすの押し方とかバリアフリーのハード整備といったことばかりが議題になるが、そういった介助技法のテクニックにとどまらず、福祉施設従事者がどのような想いで利用者の方々に接しているのか、是非新たなるマインドを学び取ってもらいたい。

【参考文献】

・石川准（1992）「アイデンティティ・ゲーム　存在証明の社会学」新評論
・石川准（1999）「人はなぜ認められたいのか　アイデンティティ依存の社会学」旬報社
・徳江順一郎（2018）「ホスピタリティ・マネジメント第2版」同文舘出版
・星加良司（2007）「障害とは何か」生活書院
・社会福祉法人伸こう福祉会（2019）「Musical Beautiful Life 2 でこぼこ☆ピース」
・社会福祉法人伸こう福祉会（2017）「アニュアルレポート」

1）星加（2007）p.240-241

第12章
福祉的対応の今後の展開

12-1　旅行会社における今後の展開

　観光行動の一連の流れは、点から線へ、そして面へアクセシビリティ（アクセスのしやすさ・利用しやすさ）である必要がある。その一連の流れを組み合わせることができるのが、関係機関をコラボレーションし、顧客にワンストップサービスを事業として提供できる旅行業者であることは前述の通りである。旅行業者はボランティアではなく、事業として営んでいるのである。つまり、アクセシブルツーリズムが促進されるには、まず旅行業者のビジネス的モチベーションを上げることが重要となる。

　そのためには、日本市場での旅のユニバーサルデザイン化に関する市場性を明らかにすることである。以下、旅のユニバーサルデザイン化に関する市場特性・潜在的観光収入を証明する必要性と、「発地型旅行商品」と「着地型旅行商品」に分けて旅行業者の今後の展開を考察する。

ア）アクセシブルツーリズムの市場特性・潜在的観光収入の証明

　まず前述した、Bowtell（2015）の研究を日本市場で証明をすることが重要であると考える。つまり、障がい者は、「健常者よりも1日あたりの旅行にかける支出額が大きい」「気に入るとリピーターになる」「旅行期間が長い」「介護人や家族が同行し、1人では旅行をしない」「オフシーズンを選択するケースが多い」という経験則ではそうであろうと思われることと、その経済効果の実証である。他にも、アクセシブルツーリズムが促進されると、その対象者（当人と介助者）だけではなく、一般の顧客も増加するなども同様である。そして、何よりも旅行業界として必要な証明は、旅のリハビリ効果の科学的根拠である。旅行して元気になったという事例はよく聞かれるところであるが、旅と健康に関する効能が科学的、学術的に示されれば、旅行業者の営業スタイルも、薦める商品も一変することとなる。一朝一夕に証明できることではないと思われるが、様々な研究を期待するものである。

イ）発地型旅行商品に対する考察

　もともと旅行業界では出発地から目的地までを商品とする発地型旅行商品しかイメージしていなかったが、近年旅行目的地で造成される着地型旅行商品が着目されてきたため、あえて発地型という概念がでてきた。そして基本、現在の旅行業者は発地型旅行商品の販売が主なビジネスである。しかしながら、旅行業者の心のバリア「クレームと責任に対する不安」が旅行の福祉的対応の促進を阻んでいる。そこで、この意識を排除することを目的とした施策を以下、2点提案する。

　1点目は、責任ある信頼できる組織への依頼である。つまり、旅のユニバーサルデザイン化に特化した旅行サービス手配業者（ランドオペレーター）の設立と、その業者への業務の依頼である。各旅行業者は、旅行サービス手配業者に旅行内容を伝え、個々の要望に沿った旅行素材を商品として造成し販売する。福祉的対応を熟知した旅行サービス手配業者に会社として業務依頼できるようになれば、担当者としてその不安は減少するであろう。また、大手旅行業者であれば、自社グループ会社内にそのような旅行サービス手配業者を設立できれば、その効果は計り知れないと推察する。このランドオペレーターの設立は、大手旅行業者ではすでに存在しているが、言ってみれば旅行業界全体のアクセシブルツーリズムヘルプデスクの設立に相当するとも考える。

　2点目は、資格制度の導入である。現在、どの旅行業者でも、クルーズコンサルタントの盾が店頭に飾られている。かつて旅行業者が取り組んではいけない3Cと言われるものがあった。それはコンピューター、チャーター、クルーズである。取り組んではいけない3Cは、現在ではまさに、取り組まざる得ないものであり、今や笑い話である。アクセシブルツーリズムコンサルタントのような、資格制度を創設する。障害者差別解消法の基本的理解からそのサービス提供方など、その盾が並ぶことにより、その旅行業者の価値が向上する。サービス介助士や手話の資格取得も促進される。また、高齢者や障がい者とはまったく違った層であるが、LGBT（Lesbian Gay Bisexual Transgender）への理解も必要である。LGBTフレンドリーを告知し、LGBTツーリズムに取り組むことも多様な顧客に対応することであり、旅行業者のビジネス的モチベーションを上げることとなる。そして、業務を理解することにより、旅行サービス手配業者に依頼する内容も精査されたものとなるであろう。さらに、いずれ自社手配催行することが期待できる。

242 第12章 福祉的対応の今後の展開

ウ）着地型旅行商品に対する考察

障がい者にとって、土が大敵と思われている畑での農作業体験ができるグリーンツーリズムや、砂浜や海で遊ぶマリンツーリズムなど、各地でそれぞれ趣向を凝らしたバリアフリーツアーが存在する。また、石川県中能登町には「バリアフリー滝行」（図・表各12-1）といったインパクトのあるツアーも存在する。これらのツアーに参加するにあたり、旅行業者は発地型旅行商品での募集型企画旅行を催行させるには無理があると思われる。地域に人を呼び込むのも、地域の旅行業者の使命である。それぞれの地における着地型旅行商品の造成も今後の旅行業者の取り組み事項である。バリアフリー滝行は両脇に浮きがついた車いすに乗ったまま滝行を行なうことができるイベントである。2016年より年に1度モニターツアーとして実施され、2018年8月に3年目を向かえた。どのような経緯でこのようなツアーが運営されていているのか、中能登町企画課の駒井氏にその実情を尋ねた。

表12-1　バリアフリー滝行に関する調査

ツアー造成のきっかけ	行きたいところに行けたらいいなとの思いで、誰もが楽しめる観光地を目指して、バリアフリーを推進する中能登町が、車いす利用者でも観光が楽しめるかどうかを、パラアイスホッケー・バンクーバーパラリンピック銀メダリストの上原大祐さんと検証を始めた。そして、不動滝の滝行に目がとまり、車いす利用者でも充分楽しむことができるバリアフリー滝行がスタートした。
ツアー開発に際しての苦労をした点	着替えの負担をかけずに水に濡れない白装束を開発したこと。滝行体験に際して、濡れたいけど濡れたくない、全身濡れたくないという様々なリクエストにどう応えていくかの検証と熟考をしたことが苦労をした点でもあり、最大の楽しみでもあった。
現在までの参加人員	2016年10月　10名
	2017年7月　　5名
	2018年8月　　7名　（障がいの方に同伴者を含む）
参加地域	東京・沖縄・横浜・北海道・金沢・石川県能都町。
滝行の費用	宿泊を伴うモニターツアーのため、固定額は算出していない。今後はツアー催行を行い、費用は一般の顧客と同価格の1,500円（白装束レンタル＋体験料）を予定している。
一般の顧客への影響	バリアフリー滝行がメディアに取り上げられたことによって、7月末〜10月末までの一般参加者が増加した。
参加者の感想・コメント	空気が清々しく感じる。一生、滝行ができるとは思っていなかった。全身に水を浴びなくても、空気の感じで涼しさが伝わる。

(出典) 中能登町企画課より筆者作成

図 12-1　バリアフリー滝行の様子

　このモニターツアーは中能登町と石川バリアフリーツアーセンターが企画をし、旅行商品としての造成の依頼を受けた県内旅行業者が企画旅行として実施をした。今後、バリアフリー滝行そのものは一般の顧客同様7月～10月の実施を試みるだけではなく、冬場の滝行も企画中であり、また、冬場の需要喚起に関しては、バリアフリー神社のツアーを造成中であるという。中能登町は、旅行業者に対して福祉バスの手配や、バリアフリーツアーセンターと連携したパッケージツアーの宣伝や販売を期待している。

　旅行業者はそれぞれの地において、地域と当事者を含め着地型旅行商品を造成していくことも使命である。その企画を立案するのに際し大切なことは、健常者がいだくファンタジーデザイン（夢のデザイン）ではなく、当事者を入れてデザインする、シンプルにゲーム感覚で解決するといった点が重要である。さらには、ピンポイントではなく全体に適用できるよう、特殊な枠組みではなく、一般的な枠組みのなかでの解決が求められる。また、着地型旅行商品は国内旅行者のみならず、インバウンドにも対応できるという側面を持つ。

　障がいの社会モデルは、バリアは社会側にあるという考え方である。一方、障がいの医学モデルは見えない、聞こえない、歩けないのは本人の問題であり、個人の努力と解釈される。合理的配慮を重ねることによって社会の環境整備につながり社会モデルに近づいていくことになる。旅行業者は着地型旅行商品の開発に際し、何が課題なのか、知らないことを知ることがまず重要であ

244 第12章 福祉的対応の今後の展開

る。まず、やってみよう。そこから課題が見えてくる。そして、その企画、その取り組みが旅行業者によって世の中が創られていくことになるのである。

最後にバリアフリー旅行の取り扱い事例のインタビュー調査において、旅行の福祉的対応に特化した旅行業者からいくつかの不安要素が明らかになった項目を列挙する。

それは、

① 今後、福祉的対応の対象者たる顧客の権利意識が向上し、業務が困難になるのではないか。

② マーケットは確かに拡大するが、裕福な層とそうでない層に二極化し、過当競争がおきるのではないか。

といった、2点である。しかしながら、どのような顧客に対しても、ビジネスの根幹は同じである。要は選ばれる企業にならなければならないということである。アクセシブルツーリズム市場がさらに成長し、成熟するにつれて、更なるマーケットへの挑戦が必要である。

12-2　公共交通機関の今後の展開

（1）航空会社と空港の今後の展開　〜アクセス交通も含めて ──

第3章で空港と航空会社の福祉的対応について検証した。空港で特筆すべきは、中部国際空港（セントレア）の取り組みである。一般的に施設のバリアフリー化の計画を策定するときは、業者の意向を受けた設計担当者と結託した有識者と称する人がすべてを理解したかのごとく持論を展開して結局業者の意見が優先されることが少なくないが、セントレアの場合は、2005年の開港まで5年にわたって、空港会社とは別組織の社会福祉法人 AJU 自立の家が空港のユニバーサルデザインに携わった。障がい者が中心になった場合は苦情を一方的に申し立てるといったパターンになりがちであるが、よりよいデザインのために、ときには障がいの内容によって違ってくる意見も障がい者が当事者となって調整、集約し、できるだけ多くの人が幸せになるようなデザインが採用された。その結果が、誰からも使い勝手のよい、全トイレがほぼバリアフリーという、他に例を見ないトイレとして結実した。国が出したバリアフリーのガイドラインに義務的に沿っていたのでは、多機能トイレを一つ作り、あとは一般的なトイレを並べるというものしか考え付かないだろう。しかし、セントレ

12-2 公共交通機関の今後の展開 *245*

アがここまで工夫を凝らすのは、国際線での羽田空港、成田空港、関西空港との競争だけでなく、県営名古屋空港や富士山静岡空港との国内線の競争にもさらされているからとも言える。

また、日本航空のプライオリティゲストセンターの対応にも言及した。日本航空も４５・４７体制[1]が終わり、自由競争に晒されたことで、劣位であった国内線の選好性向上のためにプライオリティゲストへの積極的対応が始まったと言っていい。

すなわち、福祉的対応は自由競争とは真逆の位置にあるように認識されがちだが、実際のベストプラクティスは過酷な自由競争によって生まれてきたのである。国からの押し付け等の義務的取り組みではなく、自分たちの価値を高めるための自主的取り組みの中から、真に利用者にとって利用することで幸せになれるアイデアが生まれてきた。バリアフリー法や障害者差別解消法に基づいて、今後は官民こぞって基本計画やガイドラインを作成することになろう。もちろん、義務的取り組みを行うことで、例外なく最低ラインが保証されるようになるというメリットも存在するが、自主的取り組みからこそ真に利用者にとって利用することで幸せになれるアイデアは生まれてくることを忘れてはならない。そして、その取り組みのプロセスでは、利権の絡んだ有識者を利用することは極力排除し、当事者が参加して、調整し、集約することが必要である。さらに、当事者の人選も障がい者だけでなく、ベビーカーを引くママや左利きの人など、健常者ではあるが、現在の施設設備に何かしらの不便を感じている人にも参加してもらうべきである。

福祉的対応という観点から検証した場合、航空機・空港の対応は、普段生活しているときに人の手を借りることがなく生きている人は、空港においても人の手を借りなくても行けるところまで行くことができ、もし不可能になった場合はすぐ対応してくれる係員がどこにでもスタンバイしていることである。また、現在、JR において新幹線や有料特急では検札を廃止し、さらには車内販売もことごとく廃止したことから、乗車中係員とのコミュニケーションをとる機会がなくなったが、航空機内ではキャビンアテンダントがシートベルトの確認や飲み物サービスなどで何度となくコミュニケーションする機会がある。何か不測の事態があったときに呼び出すボタンもついている。これはすべての人にとって心強いことではなかろうか。

基本的には旅客個々人に任せ、何かあったときはすぐ助けに駆けつけること

ができるというちょうどよい距離感が福祉的対応には求められる。

　さらに、航空機という交通はドアツードアになりえない。言い換えれば、航空機は必ず地上交通と接続しなければならないという宿命を持つ。よって、航空機や空港だけが福祉的対応を完璧にしたとしても、そこまでのアクセス手段のほうに福祉的対応ができていなければ、おのずと航空機の利用も遠のいてしまう。そこで、地上交通に関しても一体的に対応することが望まれる。

　第3章でセントレアの取組みを紹介したが、さらに上を行くのが香港国際空港である。香港空港ではCIQ（Customs（税関）、Immigration（出入国審査）、Quarantine（検疫）の頭文字をとったもので、出入国手続きの総称）を通過して、入国したら、即、目の前に空港アクセス鉄道「エアポートエクスプレス（機場快綫）」のプラットホームがある。

　さらに、香港空港から搭乗する場合は、エアポートエクスプレスの香港駅および九龍駅のチェックインカウンターでチェックインが可能であり、受託手荷物もここで預けることができる。

　このように、空港と接続する結節点だけでなく、地上交通それ自体もさらなるバリアフリー化が求められる。ただ、地上交通は激烈な競争に晒されているというより、慢性的な顧客減少に悩んでおり、そのため業界全体が縮小マインドに陥っており、さらなる投資が必要なバリアフリー化には消極的である。少子化で人口がどんどん減っていくという負の側面ばかりを見ていたのでは、路線廃止と値上げという利用者がそっぽを向くような戦略しか思いつかない。高齢者が増加し、満70歳以上には高齢者講習が義務付けられ、免許の自主返納も促されるようになるなど、高齢者がマイカーを持ちづらくなってきているこ

図12-2　香港国際空港の出国ゲート

図12-3　同じフロアにすぐエアポートエクスプレスのプラットホームがある

とや折からの原油価格の高騰等、公共交通機関にとっての追い風要因も確実に存在する。利便性と価格の競争力さえ確保されれば公共交通機関を利用する人は確実に存在するのである。

福祉予算を公共交通機関にも配分して、バリアフリー化を進めることを主張する意見も少なくないが、筆者は敢えてそれを主張しない。ただでさえお上意識が強く自主的なマインドが乏しい公共交通機関が予算をもらったとしても、高価な輸入バスを購入して、メンテナンスに多額の費用をかけて、本来のすべての人々への利便性という観点は結局身につかずにまた財政難に陥るのは目に見えている。航空との接続という文脈でバリアフリーを実現するためには、リムジンバスにもさらなるバリアフリー対応のバスを求めたい。

（2）地上交通の今後の展開

鉄道は、後を絶たない踏切事故や慢性的な渋滞等を回避するために高架化の流れは止むを得ないであろう。ただ、高架になると改札を通ってホームにたどり着くまでに必ず階段を昇って降りることになる。エレベーターやエスカレーターが最寄りの出入口にすべて備わっているとは限らない。地下鉄はホームが地中深くにあるため、移動はさらに大変である。これから超高齢社会が到来し、階段の昇降に不自由を感じる人が増えてくる中で、地下鉄ばかりを建設を促進する政策は将来の乗客のことを考慮に入れられていないと言っても過言ではない。

ヨーロッパでは超低床型のLRT（ノンステップの次世代型路面電車）が国策で進められている。安全地帯からの段差はまったくなく、車いすでもそのまま乗車することができる。中国煙台市では架線を張らないでバス停に停車したときに充電しながら走る架線なしトロリーバスの運行が開始された。トロリーバスは一般のバスと比較しても収容人数が多く、排気もクリーンなので次世代にはうってつけなのだが、架線のあるところしか運行できず、その架線が景観を損なうという欠点があった。しかし、充電しながら走ることで、架線なしのトロリーを実現することができた。日本では移動はどうしても電車主体で考えられているが、バリアフリーを論じた場合、高架や地下を走る電車にはおのずと限界があり、もっと多様な組み合わせがあってもいいのではなかろうか。

日本においては一般的にバスという乗り物は鉄道の補完的役割が強い。これは日本特有の歴史に由来するもので、明治維新でバスと電車が同時に輸入されてきたことや、昭和に入ってバスを扱う所轄が鉄道省となったことで国鉄をは

248 第12章　福祉的対応の今後の展開

日本におけるバスのおこりと過当競争	
1898年	フランス人テブネが初めて日本に自動車を持ち込む。
1903年	広島県横川～可部間に乗合バス試運転が始まる。（実現はならず）
1903年	京都二井商会が堀川中立売～祇園間で6名乗り乗合路線バスを運行開始。整備不良が相次ぎ、数ヶ月で営業休止へ。
	路面電車の台頭。路面電車が優先され、事業許可取得は難しかった。
1913年	京王電気軌道が新宿～笹塚間、調布～府中間でバス運行開始。調布～笹塚間の電車開通にともない、新宿延伸までの代替措置としてバスが採用された。（継続的に運用された最初の事例。）
1913年	東京各所の遊覧目的で、東京遊覧自動車株式会社が設立される。（観光バスのおこり）
1915年	京王電気軌道が新宿延伸に伴い、乗合バス廃止。
1919年	東京市街自動車が新橋～上野間を運行開始。市電を脅かす存在に。
1923年	関東大震災で市電が被災。復旧までの間代替交通手段としてバスが大量に供給。（円太郎バス）
1930年	自動車運送の監督権をめぐり内務、通信、鉄道3省で所管争いが発生。通信省から鉄道省に所管を引き継ぐ。そのことで、鉄道会社が乗合バスの営業に乗り出し、弱小事業者を吸収始める。
1931年	全国の乗合自動車事業者数が4276社となる。
1933年	バス事業者間の競争が激化し、『自動車交通事業法』施行により、バス事業が免許制となる。
	このころから、観光バスも全国的に普及し始める。

図12-4　日本におけるバスのおこり

（出典）島川　崇　2004年日本国際観光学会例会発表資料

じめとする鉄道会社が弱小バス会社を片っ端から吸収合併していったことから、歴史的に、鉄道が基幹路線を運行し、バスはその基幹路線に対してフィーダーとしての役割を担うという代替機関的役割が色濃く現れることになる。

　一方、英国等ヨーロッパでは、日本ほど公共交通機関の中でのバスの位置づけは低くない。なぜならば、バスは歴史的に公共交通の本流としての位置づけがなされているからである。バスは乗合馬車（オムニバス）から直接発生した。そして列車は乗合馬車とは異なる駅馬車から発生し、路面電車、地下鉄、ケーブルカーは乗合馬車から派生した鉄道馬車から発展してきた。

　ロンドン市内では今でも都心まで地下鉄が走っていない道路の沿線に住んでいる住民はバスで都心に通勤通学することは一般的である。たまたま住んでいる町が、都心まで地下鉄が通っているか、バス路線なのかといったレベルの話に過ぎない。英国ではバス網も発達しており、一部のクラシックな2階建てバスを除き、ほとんどのバスは最新の2階建てバスを含めて1階部分はノンステップ車で、しかもリフトも付いており、車いす利用者も運転手のサポートなく自力で乗降ができる。また乗車しても簡単な巻きつけ式の2点シートベルトで、背中をクッションに押し付け、支え棒を持つことで安定を保つようになっている。

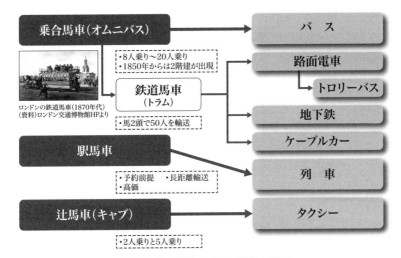

図 12-5　英国のバス・列車の起源
(出典) 島川　崇　2004 年日本国際観光学会例会発表資料

　一方、日本のバスは、乗車に際し、運転手がいちいち運転台から降り、スロープを出して乗せ、座席を折りたたみ、専用ベルトを取り出して羽交い絞めのように固定する。車いすに乗った乗客が来た場合、都合5分―8分はかかると言われている。これではいくらノンステップバスを導入しても、車いすのバス利用者が増えるはずがない。

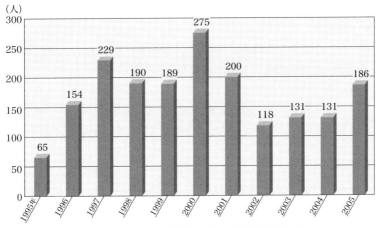

図 12-6　仙台市交通局の車いす利用客の推移
(出典) 仙台市交通局内部資料　ヒアリングより

第12章 福祉的対応の今後の展開

図12-7　英国仕様のバス（写真は香港）

図12-8　英国仕様のバスはすべてリフト付き

図12-9　英国仕様のバスの車いす座席（写真は香港）

図12-10　日本のバスでの車いす固定の様子

　まさかの事故が起こったときの責任問題を回避するために、みすみすビジネスチャンスを逃しているといっても過言ではないだろう。次のグラフは仙台市交通局のバスを利用した車いすの乗客の人数の変化である。1年間で延べたった100-200人しか利用していないのである。

　「すべての」というキーワードは、すべての人に対して、ということと同時に、すべての車両、すべての乗降所がバリアフリーになっていないと、結局は使えないものになってしまうということが見て取れる。一部だけ実現しても意味をなさない。

　ただ国が出したガイドラインに沿ってバリアフリー施策を進めていっただけでは、本当にバリアフリーが必要な人の需要の創発にはつながっていない。常にお客様の声を真摯に聞き、それを改善へとつなげていく日々の地道なプロセスこそ必要なのである。そして、できるところから少しずつではなく、ハズレなくすべてをバリアフリーにするよう努めなければならないのである。

12-3　宿泊施設における今後の展開

第6章で論じたように、宿泊施設がそれ単独でバリアフリーやユニバーサルデザインを実現したとしても、それだけではあまり意味がない。前項の旅行会社、航空会社といった、他の観光を担う主体とも連動することによって、観光の福祉的対応が本当の意味を持つことになる。

とはいえ、観光全体の時間において、宿泊施設が占める割合は比較的高い。そのため、宿泊施設が積極的にバリアフリーを推進していくことは、やはり意義のあることと考えられる。しかし、施設・設備を長く使いながらサービス提供を実施する宿泊施設では、一足飛びに実現できるものではない。現時点でベストの設備を設置したとしても、10年後、20年後にも通用するかどうかは分からないからである。

一般に、ホテルや旅館のバリアフリールームは広いことが多い。そのため、どうしても金額的に割高となってしまうケースが多くなる。このことは、健常者に比べると、障がい者や高齢者の選択肢が少なくなってしまうことを意味する。

ただし、生活水準の上昇に伴って、消費者が求める「最低限」の広さも、順次大きくなってきている。それは、旅館業法で定める最低限度の広さの施設が、もはや新規開業ではほぼ見られなくなってきていることからも明らかだろう。

こうしたことから、今後、新築により開業する施設は、特別なバリアフリーの客室を法令にしたがって設置するということではなく、すべての客室に段差がなく、結果としてすべての部屋がユニバーサルに近いということを前提として考えるべきであろう。特にわが国では高齢者が増加していくことになるため、これは当然の流れであるととらえられる。

そして、その一部は、バスルームにおけるバリアフリーも意識していけばいいのである。それも、「ドーミーイン」などでみられるような、バスタブなしでシャワーのみの客室設置により、比較的簡単に対応しうる。シャワーのみの客室についても、前向きに考えていくべきではないだろうか。わが国ではどうしてもバスタブへの信仰が強いようにも感じられるが、一方でバスタブがあってもシャワーのみで済ませてしまうお客様も増えており、「ドーミーイン」の対応はその証でもある。

このレベルの改装であればそう大がかりなものではない。そして、これはほ

とんどのお客様が使わないにも関わらず、多くの客室にバスルームが設置されている旅館でも同様の対応が可能である。

究極的には、全部屋がバリアフリーとなる宿泊施設が出現することも予測される。ユニバーサルデザインの考え方からすれば、障がい者に優しい施設は、誰にも優しい施設となるからである。そして、そうした施設は当然、乳幼児や高齢者にとっても利用しやすいものとなり、今後の市場拡大も期待できることになる。さらに、これは現時点ではまだ一般的ではない対応であるが、ロボットによる清掃なども、段差が少ない方が対応しやすいことは言うまでもない。そのため、コスト削減の余地も生じることになる。

施設や設備は、一度作ってしまうと、何年も継続して使う必要が生じる。しかし近年では、少なくとも改装の方法は多様化し、低価格で可能なものも増えてきている。バリアフリーやユニバーサルサービスといったキーワードを軸として施設構成を考えるべき時代に差しかかりつつあることを、宿泊施設はもっと意識するべきではないだろうか。

12-4　まちづくりにおける今後の展開

地域住民と観光客との効用を高める手段として、福祉と観光の関係が注目されるようになった。そして、観光まちづくりは、地域固有の文化や生態系といった地域資源の活用策を模索し地域課題の解決を図りつつ地域の独自性を醸し出す観光による地域振興として、各地で展開されている。これは、自治体、民間企業など多様な関係者が各々の役割を果たし地域が主体となることを目指す活動である。

観光は、一人ひとりの観光行動から欲求を充足し満足・効用を得られる点から福祉水準を高めるための手段でもある。この背景には、多くの人びとの生活水準の向上を受け、社会文化的な条件の向上を求める傾向が出てきたこと、観光が一人ひとりの生活の中に浸透してきたことがあげられる。観光行動から得られるものは、休息・気晴らし・自己啓発・連携強化など、様々な欲求の充足を可能とする社会参加なのである。近年では、交通や通信をはじめインフラ整備が進んだ。そして、様々な障壁が取り払われ、都市間、地域間、国際間を問わず、多くの人びとが観光をしやすくなった。道路や公共施設などにおけるバリアフリーの推進、政策・制度の整備が進み、移動弱者を見かけることが増え

てきている。近年では、障がい者の社会参加が積極的になってきたこと、移動弱者が観光に参加したいという欲求が確認できる。それは、身体的な障がいだけではなく、国外の言語や生活文化など異なる人々が日本に多く訪れている。

　観光は、地域側から見れば地域環境の向上など地域振興の手段となりうる。そして、観光客から見れば、自らの欲求の充足となる。それゆえ観光は、自ら置かれた状態と異なる他者（≒観光客）との交流である。そのように考えたときに、観光客の状態は、移動弱者をはじめ一人ひとりで異なる。観光が福祉水準を高める手段を目指すのならば、自らの選択のもとに活動を展開できるか否かにかかってくる。したがって、すべての観光客が、自ら商品・サービスの選択を行い、消費・体験できる環境づくりが求められる。観光まちづくりとして地域側の視点から考えた場合、自ら置かれた状態と異なる他者を受け入れていくことに対して何らかのメリットがあるものとすることが求められる。そして、住みやすい地域となることで訪れやすい観光地となるのである。こうした、観光まちづくりにおける福祉的対応に関する考え方、取り組みは多くの地域で受け入れられていると言える。

　ただし、観光まちづくりにおける福祉的対応は、観光客の状態を問わずに万能的な受け入れが可能となる施設面の改良や情報発信することではない。例えば、移動弱者の対応はどこまで可能かを示すことも必要であろう。他方では、身近にいる人が困っている人を見かけたときに手を差し伸べるといったことも必要なことであろう。このように、受け入れる地域が機転を利かして、移動弱者に対して必要な配慮や対応が自然とできる「さり気なさ」が福祉的対応の目指すべきポイントと言えよう。そして、少しでも多くの人にとって過ごしやすく、様々な他者との共生を目指すことが、観光まちづくりで考えていかなければいけない福祉的対応である。そして、誰もが同じ空間で観光行動ができる環境整備を図ることが必要なのである。

12-5　補助犬を巡る新たなる問題点

　日本では 2002 年に身体障害者補助犬法（以下、補助犬法）が成立し、補助犬ユーザーの社会参加は保障されているが、いまだ周知が十分とは言えない状況が続いている。（第 9 章「身体障がい者補助犬の対応」参照）そんな中、昨今のインバウンドの観点から「海外から障がい者の来日増加」が考えられる中

で、海外の補助犬ユーザーの受け入れ問題が浮上した。国内の補助犬ユーザーには、補助犬の行動管理、衛生管理等の責任が課せられているが、海外から来日する補助犬ユーザーにも日本の国内法である補助犬法に準拠した責任を担っていただくことが必要である。また、2020年の東京オリンピック・パラリンピック競技大会に向けて、海外から来日する補助犬ユーザーの増加も見込まれる中、補助犬法と障害者差別解消法の順守は今後の国内における補助犬の受け入れと補助犬ユーザーの社会参加促進にとって重要である。しかし、補助犬に関する明確な定義と認定を公的に有している国や州は少なく、定義が曖昧であるため、日本で定義される補助犬以外のサービス・ドッグ（表12-2）の増加やペット犬との区別の問題などが顕在化してきている。したがって、国内外での補助犬使用者と補助犬の社会的な受け入れに関する現状と問題点を把握することは急務であり、国内外に向けての最新の情報発信が重要である。

　2017年5月より厚生労働省（以下、厚労省）補助犬情報サイトに「英語版補助犬ポータルサイト」を開設し、訪日を考えている海外の補助犬ユーザーに対して、身体障害者補助犬法の概要や日本の補助犬に関する情報を発信している。

　補助犬を同伴した来日時に、最も重要となってくるのが検疫の問題である。2010年に農林水産省にて動物検疫所における「犬等の輸入検疫制度の見直し」が行われたことにより、それ以前に存在した「補助犬の検疫に関する特例措置としての自宅係留検査」が廃止され、補助犬であるなしに関わらず、すべての

表12-2　各国の補助犬の範囲

国・地域	補助犬の分類				国／州レベルの認定	訓練基準
	盲導犬	介助犬	聴導犬	サービス・ドッグ		
日本	○	○	○	×	○	○
アメリカ／ハワイ	○	○	○	○	×	×
オーストラリア	○	○	○	○	△／○	△／○
スペイン	○	△	△	△	△／○	△／○
イギリス	○	○	○	○	×	×
台湾	○	○	○	×	○	○

（出典）帝京科学大学生命環境学部 山本真理子「諸外国の補助犬実態および補助犬の輸入検疫に関する現状調査」

犬に関する検疫ルールは一本化された。

　最も重要な観点は、日本は世界に残された数少ない狂犬病清浄国（狂犬病が発生していない国・地域）のため、狂犬病や他の病気の侵入を防ぐ完璧なルールが必要となる。農林水産大臣が指定している日本以外の狂犬病の清浄国・地域は、2013 年 7 月現在、6 地域（※アイスランド、オーストラリア、ニュージーランド、フィジー諸島、ハワイ、グアム）のみである。つまり、多くの場合が、指定地域以外の国からの来日になると考えられるため、手続きとしては、マイクロチップの埋め込みと共に、1 回目の狂犬病予防注射から 180 日以上経過していること等の厳しい条件の申請が必要となる。これは、個々の動物を守ることはもちろんのこと、国家を守るためにも必要な手続きである。これらの手続きが完了して初めて、日本に犬を持ち込むことが許されることとなる。

　最も重要な検疫をパスしたとして、次のチェックポイントは、補助犬であるかどうか？である。検疫をパスすれば入国することはできるが、ペットはもちろんのこと、海外の補助犬に関しても、その瞬間から「補助犬同伴のアクセス権」が無くなるということになってしまう。なぜなら、日本の補助犬法は国内法であるため、日本国内で認定を受けた補助犬にのみ法的根拠のあるアクセス権が存在する。インバウンドが注目される中、「海外の補助犬ユーザーの受け入れ課題」に関し、厚労省では平成 29 年度 障害者総合福祉推進事業の中で調査研究を行い、受け入れに関するガイドラインが示された。

　来日を希望する補助犬ユーザーは、正規の検疫申請を進めると共に、来日前に日本国内にある補助犬法上の認定指定法人に連絡を取り、書類等のやり取りにより、国内法である補助犬法上の補助犬と同等の質の担保（イギリスと同様に IGDF（International Guide Dog Federation）または ADI（Assistance Dogs International）の認定資格を取得していること）を証明することで、期間限定証明書を発行されることとなる。（図 12-11）その証明書を携帯し表示することにより、厚労省からは「身体障害者の自立と社会参加の観点から、証明書のある使用者については、日本の補助犬同様、施設等への同伴を拒まない等、ご理解とご協力をお願いいたします。」という呼びかけがされている。

　そこで問題となってくるのが、日本では補助犬として認められないサービス・ドッグ（表 12-2）に関する対応である。日本では、身体障害者手帳保持が補助犬ユーザーの条件となっているが、障害者手帳制度はもちろんのこと、

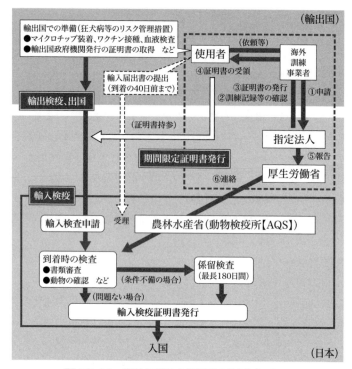

図 12-11　海外の補助犬使用者の入国プロセス
(出典) 厚生労働省「海外から渡航してくる補助犬使用者への対応ガイドライン」より

社会福祉制度自体が国ごとに様々なため、統一的な見解・線引きは非常に難しい。日本の補助犬法が認めるのは、盲導犬（視覚障害）、介助犬（肢体不自由）、聴導犬（聴覚障害）の3種の身体障がいに対応する犬に限られているが、世界的に見ると、精神疾患、てんかん、糖尿病、自閉症、PTSDなど対象となる障がいの種類は多様である。しかしながら、日本のような公的認定のある国は少なく、ユーザー等のモラルに委ねられている部分が大きいため、同時に多数のトラブルも発生している。特に米国での偽補助犬問題は社会現象化しており、「Fake Service Dog」と検索すると非常に多くのサイトがヒットする。特に昨今問題となっている「Emotional Support Animal」は、インターネットでライセンスが購入できるとの報道がされるなど物議を醸している。2018年には「孔雀」をEmotional Support Animalと称して飛行機に搭乗しようとした人が、航空会社から断られた記事が話題になっていた。

表 12-3　身体障がい者補助犬に関する海外との比較

	法律	所管	対象・課題・実働数	訓練・認定基準	罰則
日本	身体障害者補助犬法 2002 年〜	厚生労働省	対象：障害者手帳に基づき、対象を身体障害者（視覚障害者・肢体不自由者・聴覚障害者）に限定。盲導犬・介助犬・聴導犬のみが補助犬として認められる。課題：補助犬法施行から 11 年が経った今も認知度は低く同伴拒否あり。実働数：盲導犬＝ 941 頭、介助犬＝ 65 頭、聴導犬＝ 68 頭（2019.3.31 現在）	あり厚生労働大臣指定の法人で認定	無し
アメリカ	The Americans with Disabilities Act（ADA 法）	DOJ*アメリカ合衆国司法省	対象：ADA 法は、2011 年に改正****があり Service Animal（補助動物）→ Service Dog（補助犬）に限定したが、対象者は身体障害の他、自閉症児、てんかん、糖尿病、精神疾患等 非常に幅広い。（障害者認定制度なし）課題：DOT と HUD は Emotional Support Animals（情緒障害サポート動物）まで を受け入れの対象にしているので、混乱が生じており、偽補助犬も多発。連邦法と州法の乖離もあり（州により種類指定。例：アラバマ州は介助犬×）混乱が生じている。育成団体 70 以上あり、質の担保できず。訴訟問題多発。実働数：盲導犬＝約 10000 頭、介助犬＝約 3000 頭、聴導犬＝約 4000 頭 ※登録制度が無いため、正式な数は不明。	無し（障害者の包括的な権利法）訓練事業者が自認、又は個人が訓練し自認する事も可	○補助犬同伴の権利を保障。人権擁護違反として初犯＝ 5 万ドル再犯＝ 10 万ドルの罰金
	The Air carrier Access Act（航空アクセス法）	DOT**アメリカ合衆国運輸省			
	The Fair Housing Act（公正住宅法）	HUD***アメリカ合衆国住宅都市開発省			
カナダ	カナダ人権法視覚障害権利法		各州が『視覚障害者権利法』『人権法』などの州法で、盲導犬使用者が公共施設を利用する権利を保障。	無し（障害者の包括的な権利法）事業者・個人の自認	○州法による有罪判決は 200 ドル未満の罰金
イギリス	障害者差別禁止法		タクシー運転手が盲導犬・聴導犬の同伴者を乗車拒否することを禁じている。他の施設を利用する権利は「行為準則」で保障。実働数：盲導犬＝約 4000 頭 聴導犬＝約 1500 頭 ※登録制度が無いため、正式な数は不明（ペット犬の社会参加 OK）	無し（障害者の包括的な権利法）事業者・個人の自認	×
フランス	家族・社会援助法典		対象：障害者カード保持者の盲導犬利用を保障。（ペット犬の社会参加 OK）実働数：盲導犬＝約 1500 頭 ※登録制度が無いため、正式な数は不明。	無し（障害者の包括的な権利法）事業者・個人の自認	○

(出典) 筆者（橋爪）作成

　米国で 1990 年に制定された ADA 法の中に書かれているサービス・アニマル（Sarvice Animal：S・A）については、2011 年に法改正があり、S・A＝「犬」のみに限定された。また、定義としてエモーショナルサポート（Emotional Support）やセラピー犬（Therapy Dog）は S・A ではない、とされたにもかかわらず、いまだに問題がなくならない背景には、連邦法や州法が複雑に入り組んでいる状況がある。（表 12-3）

上記のように、ADA法（アメリカ合衆国司法省）の中ではサービス・ドッグ（Service Dog）に限定したが、同じく連邦法である航空アクセス法（アメリカ合衆国運輸省）と公正住宅法（アメリカ合衆国都市開発省）の中では、Emotional Support Animalsまでを受け入れの対象としているので、混乱が生じており、偽補助犬問題も多発している。

現状の米国法のもとでは、日本の補助犬法以外のサービス・ドッグ の来日は避けられないため、「日本の国内法である補助犬法」の存在と内容の事前周知が何よりのリスク管理であり、それに応じた手続きを取り、来日後の動きに関しても、ペット同様に「ペット可レンタカー」や「ペット可レストラン・ホテル」等の利用手配が必要になることを周知する必要がある。厚労省も他省庁との連携により、受け入れ事業者となる公共交通機関を初めとし、様々な事業者に対しての事前告知の協力を要請している。動物検疫所「犬、猫を輸入するには」サイトにも、2018年度より厚労省「補助犬の輸入について」のリンクが追加され、各方面への周知に力を入れている。

インバウンドの促進は今後も力を入れていく必要があるが、その中には、両国間の法的根拠の違いにより、様々なリスクを含んでいることを忘れてはならない。日本が誇る真の「おもてなし」を実現するためには、両国間の法的根拠を理解したうえで、目の前にいらっしゃる「人」であるお客様の想いや旅に込める願い等を大切にしていただきたい。

補助犬を取り巻く課題からは様々な問題が見えてくる。国内外に関わらず、障がいがある方々や様々なサポートが必要な方々への対応には、常に柔軟な対応が迫られる。何より重要なのは目の前の「その人」が今必要としているサポートは？情報は？何なのか？まずはその方に聴くことから、すべてが始まる。是非、「どのようにお手伝いしましょうか？／May I help you? 」その一言から始めていただきたい。

【参考文献】

・"Assistance Dogs for Persons with Physical Disabilities" Portal Site
https://www.mhlw.go.jp/english/policy/care-welfare/welfare-disabilities/assistance_dogs/index.html
2019年3月31日アクセス
・動物検疫所サイト「指定地域（農林水産大臣が指定する狂犬病の清浄国・地域）」
http://www.maff.go.jp/aqs/animal/dog/rabies-free.html

2019 年 3 月 31 日アクセス
・動物検疫所サイト「犬、猫の日本への入国（指定地域以外編）」
　http://www.maff.go.jp/aqs/animal/dog/import-other.html
　2019 年 3 月 31 日アクセス
・国内外の身体障害者補助犬使用者への対応に関する調査研究報告書（平成 29 年度 障害者総合福祉
　推進事業）https://www.mhlw.go.jp/content/12200000/000307904.pdf
・海外から渡航してくる補助犬使用者への対応ガイドライン
　https://www.mhlw.go.jp/content/000417061.pdf
・Bringing your pet dog, cat or ferret to the UK
　https://www.gov.uk/take-pet-abroad/guide-dogs
　2019 年 3 月 31 日アクセス
・海外から来日される補助犬使用者への対応について
　https://www.mhlw.go.jp/content/000415068.pdf
・ADA 2010 Revised Requirements, U.S. Department of Justice, Civil Rights Division, Disability Rights
　Section
　https://www.ada.gov/regs2010/service_animal_qa.html
　2019 年 3 月 31 日アクセス
・*DOJ（Department of Justice）　http://www.ada.gov/service_animals_2010.htm
　**DOT（Department of Transportation）　https://www.transportation.gov/airconsumer/service-
　animal-guidance
　***HUD（Department of Housing and Urban Development）　https://www.hud.gov/program_
　offices/fair_housing_equal_opp/assistance_animals
　****ADA 法改正　http://www.ada.gov/service_animals_2010.htm
・動物検疫所「犬、猫を輸入するには」
　http://www.maff.go.jp/aqs/animal/dog/import-index.html　2019 年 3 月 31 日アクセス

---

1) 戦後、GHQ による航空活動禁止が解禁されると、日本には続々と航空会社が誕生した。そしてそ
　れらの航空会社は高度成長期の競争によって日本航空と全日空、日本国内航空、東亜航空の 4 社
　に集約されていた。ここで政府は路線や運賃を政府が調整し競争を抑制することで、各航空会社
　を保護育成しよう考えた。これに基づき、1970（昭和 45）年の閣議了解と 1972（昭和 47）年
　の運輸大臣通達が行なわれた。この各々の和暦での年から「45-47 体制」と呼ばれるこの政策に
　よって、日本航空に国際線の一元的運航と国内幹線の運航を、全日空に国内幹線とローカル線の
　運航を、東亜航空と日本国内航空は合併して東亜国内航空（後の日本エアシステム）となり国内
　ローカル線の運航を担当し、体制が整えば幹線に参入するという体制が確立し、日本の航空市場
　における事業分野の住み分けが定められた。この体制はあまりにも硬直性が強かったことから
　「航空憲法」と呼ばれていた。
　　しかし、1980 年代に入ると、世界的な自由化の流れの中での日本の割高な航空運賃への批判が
　高まり、1985（昭和 60）年に撤廃。その後の航業業界の自由化政策の第一歩となった。（国土用
　語の基礎知識より）

おわりに

　第1章で述べたとおり、ユニバーサルデザインとは、文化・言語の違い、老若男女といった差異、障がい・能力のいかんを問わずに利用することができる設計（デザイン）を指す。対象を障がい者に限定せず、すべての人にとって利用できるものとする。そして、産業福祉における「福祉」という熟語の意味は、それぞれの字義の原点に戻り、「すべての人々が幸せに生きていくことができる状態を作り上げること」を指す。本書ではこの考え方に立脚し、福祉の対象を介護・介助の必要とされる高齢者・障がい者等に限定せず、すべての人々に対する幸福追求の試みとしてとらえてきた。福祉の対象を限定しないですべての人々の幸せととらえるこの考え方は、現在の日本でも広がりを見せつつある。

　しかし、ここにきて、「すべての」人々とすることで、いま目の前でまだ苦しんでいる人を助けることが疎かになってはいないだろうか。特に障がい者が生き辛さを感じずに生きていくことができる環境の実現には、まだまだ越えなければならないハードルが山積しているように思われる。

　サービス介助士の資格付与業務を行っている公益財団法人 日本ケアフィット共育機構は、マイノリティの立場を理解するために、以下のようなワークショップを実施している。

　「もし、世界の85％の人が車いす利用で、二足歩行者の方がマイノリティだったら」

　例えば、天井が車いす利用者にあわせて大変低く設計されていたり、レストランでは車いすの人はそのままテーブルに車いすのまま着ければいいので、フロアにはテーブルだけが備え付けられていていすはなく、二足歩行の人が来たら、わざわざ店員に申し出ていすを持ってきてもらったりする…等々、いろいろなシチュエーションで、車いすの人が基準に考えられていて、いつもお願い事をしながら生きていかなければいけないという窮屈さを感じるワークショップとなっている。このワークショップを体験することで、自分がいかに当事者意識を持っていない、または障がい者に寄り添えていないことがよくわかるとのことである。

　本書では第11章で、新しいホスピタリティの概念を敢えて提示した。今ま

262　おわりに

でのホスピタリティの概念だと、いわゆる“ホスピタリティあふれる”対応だったとしても、それは相手を対象と見て、相手との関係性の構築に終始していたように思われる。関係性は、利がどちらに属するかを重視し、利他性が最終的には自己の利益のための手段となることも考えられてきた。自分を安全地帯に置き、上から目線で対応することも、その関係性において否定はされていない。しかし、本当にいま困っている人と一体関係となってものごとを考えたとき、それとは違った景色が見えるのではないだろうか。

　第11章で紹介した石川（1992）は、障がい者が犬食い（顔を皿につけて直接食べる行為）をする権利を主張している。

　スプーン、フォーク、箸などのカトラリーを使えない障がい者は、今まで介助者から食事介助を受けるのが普通だった。石川は、「つつましく貧しくひそやかに、ボランティアに頼って受け身に暮らすのが障害者らしい生き方」であるとし、「障害者には、愛やヒューマニズムを喚起し触発するようにふるまうこと」が期待されている。愛らしくあることが障害者役割だという。

　一方、犬食いは、一瞬周りの人を戸惑わせる。マナーとしていかがなものかと思ってしまう。食事介助を受けながら食事をする障がい者には愛情あふれる視線が降り注がれ、犬食いをする障がい者には、眉をひそめられる。

　しかし、犬食いだと、介助者はいらない。自分の意志で、自分の力で、自分の食べたいタイミングで、食事をすることができる。食事介助を受けるのと、犬食いと、どちらが人間らしいかと考えると、犬食いが決して人間らしくないと言いきれないのではないか。

　確かに日本ではお椀を片手に持ち、もう片方の手に箸を持って食べるマナーもあるので、こうなるとさらにハードルは高くなる。その高いハードルを越えられない人は、すべて食事介助を受けるべきなのだろうか。

　例えば、カトラリーを使わず手で直接食事をしたらマナー違反なのか。でも、インドでは手で食事をする。インド人はマナー違反なのか。また、日本人は麺類をズルズルズルとすするが、これは逆に欧米人には忌諱される。私たちはマナー違反でみっともない食べ方をしているのか。

　結局、マジョリティとマイノリティの違い以外のなにものでもないのではないか。安全地帯にいるマジョリティ側がマイノリティ側を貶めるその排除の論理こそが、世間全体を生き辛くさせている元凶なのではなかろうか。マジョリティもマイノリティもない、そんな真の意味ですべての人々が幸せに生きるこ

とができる社会づくりのために、まず、この国に蔓延するすべての人の無関心の除去から始めたい。

　2019 年 9 月

島川　崇

索　　引

欧文索引（和欧混合含む）

ABLE ART ······························· 209
Accessible Tourism ················· 3
ADA（法）：Americans with Disabilities
　Act of 1990 ················· 3, 10, 257
ADI：Assistance Dog International ··· 255
ANA ···························· 69, 91, 110
Art Brut ································ 202
CIQ ····································· 246
Emotional Support Animal ··········· 256
ＦＳＣ→フルサービスキャリア ········ 70
Fake Service Dog ···················· 256
Gerontology ···························· 180
H.I.S ···································· 52
Hospitality Mind ······················ 179
IGDF：International Guide Dog
　Federation ························ 255
JAL ···························· 69, 91, 110
JALPAK ·································· 126
JATA ···································· 49
JTB ····································· 59
ＬＣＣ→ローコストキャリア ····· 70, 111
LGBT ···································· 241
MEDA：Medical Case ················· 93
MEDAフォーム ························· 93
MEDIF：Medical Information Form ··· 93
NAA：Narita International Airport
　Corporation ························ 85
Outsider Art ···························· 202
PBB：Passenger Boarding Bridge
　······································ 73, 87
PBL ····································· 12
QOL：Quality of Life ············· 8, 179
Service Dog ···························· 257
TASKAL ································· 178
TIAT：Tokyo International Air Terminal

Corporation ·························· 85
UNWTO：The World Tourism
　Organization of the United Nations
　→国連世界観光機関
　··································· 3, 152
WCHC（Wheelchair for Cabin Seat）
　······································ 94, 99
WCHR（Wheelchair for Ramp）··· 94, 99
WCHS（Wheelchair for Steps） ··· 94, 99
Welfare ································· 10

和文索引

【あ行】

アート ································· 200
アール・ブリュット ··················· 202
アウトサイダー・アート ··············· 201
アクセシビリティ ··················· 3, 240
アクセシブル ························· 152
アクセシブル ツーリズム ····· 3, 46, 153
アクセス権 ················· 191, 197, 255
安心保証関係 ························· 229
石川准 ································· 237
移動弱者 ····························· 148
糸賀一雄 ····························· 205
インクルーシブ ······················· 8
インクルーシブ・デザイン ············· 216
インクルージョン ······················ 8
インテグレーション ···················· 8
インバウンド（訪日外国人） ············ 78
ヴォルフェンスベルガー ················ 3
うたばす ····························· 126
エイブル・アート（可能性の芸術）
　······························· 201, 209
近江学園 ····························· 204
大江戸温泉物語 ······················· 143

266　索　引

【か行】

介護‥‥‥‥‥‥‥‥‥‥‥‥‥‥‥ 8
介護保険制度‥‥‥‥‥‥‥‥‥‥‥ 171
外出支援専門員‥‥‥‥‥‥‥‥‥‥ 58
介助‥‥‥‥‥‥‥‥‥‥‥‥‥‥‥ 8
介助犬‥‥‥‥‥‥‥ 94, 190, 192, 256
介助犬シンシア‥‥‥‥‥‥‥‥‥‥ 196
介助の有償化‥‥‥‥‥‥‥‥‥‥‥ 236
格安航空会社‥‥‥‥‥‥‥‥‥‥‥ 111
価値の共創‥‥‥‥‥‥‥‥‥‥‥‥ 62
可動式ホーム柵‥‥‥‥‥‥‥‥‥‥ 115
観光の五つの力‥‥‥‥‥‥‥‥‥‥ 39
観光のリーケージ効果‥‥‥‥‥‥‥ 20
観光まちづくり‥‥‥‥‥‥‥ 149, 252
感染症‥‥‥‥‥‥‥‥‥‥‥‥‥‥ 91
基準客室‥‥‥‥‥‥‥‥‥‥‥‥‥ 130
客室乗務員‥‥‥‥‥‥‥‥‥‥‥‥ 109
狂犬病清浄国‥‥‥‥‥‥‥‥‥‥‥ 255
共用化‥‥‥‥‥‥‥‥‥‥‥‥‥‥ 5
空港ターミナルビル‥‥‥‥‥‥‥‥ 81
空港旅客施設バリアフリーガイドライン
‥‥‥‥‥‥‥‥‥‥‥‥‥‥‥‥ 78
グレーチング‥‥‥‥‥‥‥‥‥‥‥ 158
車いすヨーロッパの旅‥‥‥‥‥‥‥ 151
京王プラザホテル‥‥‥‥‥‥‥‥‥ 134
蹴り込み‥‥‥‥‥‥‥‥‥‥‥‥‥ 119
健康寿命‥‥‥‥‥‥‥‥‥‥‥‥‥ 175
公益財団法人　日本ケアフィット共育機構
‥‥‥‥‥‥‥‥‥‥‥‥‥‥‥‥ 171
公共の福祉‥‥‥‥‥‥‥‥‥‥‥‥ 1
航空機搭乗用車いす‥‥‥‥‥‥‥‥ 77
航空局ガイドライン‥‥‥‥‥‥‥‥ 78
交通バリアフリー法‥‥‥ 14, 78, 154, 172
公民権法‥‥‥‥‥‥‥‥‥‥‥‥‥ 9
合理的な配慮（合理的配慮）‥‥ 18, 188, 195
高齢化社会‥‥‥‥‥‥‥‥‥‥‥‥ 174
高齢化率‥‥‥‥‥‥‥‥‥‥‥‥‥ 174
高齢社会‥‥‥‥‥‥‥‥‥‥‥‥‥ 174
口話‥‥‥‥‥‥‥‥‥‥‥‥‥‥‥ 186
「声かけ・サポート」運動‥‥‥‥‥ 173

声かけボランティア活動‥‥‥‥‥‥ 174
国際観光ホテル整備法‥‥‥‥‥‥‥ 129
国際障害者年‥‥‥‥‥‥‥‥‥‥‥ 14
国連障害者の10年‥‥‥‥‥‥‥‥‥ 14
国連世界観光機関→ＵＮＷＴＯ‥‥ 3, 152
心のバリアフリー‥‥‥‥ 15, 17, 137, 187
コミューター航空‥‥‥‥‥‥‥‥‥ 70
コンコース‥‥‥‥‥‥‥‥‥‥‥‥ 72

【さ行】

サービス・アニマル‥‥‥‥‥‥‥‥ 257
サービス介助士‥‥‥‥‥‥‥‥‥‥ 171
サービス介助士資格取得講座‥‥‥‥ 178
サービス・ドッグ（Service Dog）‥‥ 254
サステナブル・ツーリズム‥‥‥‥‥ 22
差別的取り扱い‥‥‥‥‥‥‥‥‥‥ 18
三方一両得‥‥‥‥‥‥‥‥‥‥‥‥ 23
産業福祉‥‥‥‥‥‥‥‥‥‥‥‥‥ 1
3Ｃ‥‥‥‥‥‥‥‥‥‥‥‥‥‥‥ 241
ジェロントロジー‥‥‥‥‥‥‥‥‥ 180
視覚障害者誘導用ブロック‥‥‥‥‥ 115
式場隆三郎‥‥‥‥‥‥‥‥‥‥‥‥ 204
自己の計算‥‥‥‥‥‥‥‥‥‥‥‥ 35
地元産業へのリンケージ効果‥‥‥‥ 19
社会的弱者‥‥‥‥‥‥‥‥‥‥‥‥ 40
ジャン・デュビュッフェ‥‥‥‥‥‥ 201
ジャンボジェット（ボーイング747）‥ 69
住民運動‥‥‥‥‥‥‥‥‥‥‥ 150, 153
宿泊（事）業‥‥‥‥‥‥‥‥‥‥‥ 128
受注型企画旅行‥‥‥‥‥‥‥‥‥‥ 36
手話‥‥‥‥‥‥‥‥‥‥‥‥‥‥‥ 186
しゅわ旅なかま‥‥‥‥‥‥‥‥‥‥ 53
障害者差別解消法‥‥‥‥ 17, 77, 154, 177
障害者のアクセス権‥‥‥‥‥‥‥‥ 197
障害者の可能性（エイブル）‥‥‥‥ 201
障害者の権利に関する条約‥‥‥‥‥ 17
障害者役割‥‥‥‥‥‥‥‥‥‥‥‥ 237
障害の個人（医学）モデル‥‥‥‥‥ 188
障害の社会モデル‥‥‥‥‥‥‥‥‥ 187
障害を持つアメリカ人法‥‥‥‥‥ 3, 10
消費者保護‥‥‥‥‥‥‥‥‥‥‥‥ 34

情報アクセシビリティ………………54
身障者割引運賃………………………11
身体障害者補助犬（補助犬）………190
身体障害者補助犬法（補助犬法）…190, 253
新羽田空港ガイドライン……………77
ステップレス搭乗橋…………………87
ストレッチャー（キャスター付き簡易
　ベッド）………………… 13, 77, 102
スパイラルアップ……………………17
全ての人の平等………………………6
スロープ…………………………… 118
生活の質→QOL …………………… 8, 179
全日本空輸………………………………69
相互信頼関係……………………… 231
創齢学……………………………… 180
ソフトレガシー…………………… 210
ソーシャル・インクルージョン ……… 213
ソーシャル・エクスクルージョン ……… 214
ソーシャル・ロール・バロリゼーション… 3

【た行】

ターミナル（terminal）…………… 72, 73
高山市……………………………… 155
多機能トイレ…………………………84
タスカル…………………………… 178
タビアト………………………………62
タビマエ………………………………62
誰にでもやさしいまちづくり構想…… 162
誰もができる観光………………… 152
チェックインカウンター………………87
チックトラベルセンター………………66
知的障害者の権利宣言…………… 203
着地型観光………………………… 149
着地型旅行商品…………………… 242
中部国際空港（セントレア）…… 81, 244
超高齢社会………………………… 174
聴導犬…………………… 94, 190, 193
手配旅行………………………………36
東京国際空港ターミナル株式会社
　→ＴＩＡＴ……………………………85
東京国際空港ユニバーサルデザイン・ガイ

ドライン……………………………85
搭乗橋→ＰＢＢ……………………… 73, 87
特別特定建築物…………………… 14, 131
特別補償………………………………34
トラベルヘルパー………………………58

【な行】

那覇バス…………………………… 126
成田空港ユニバーサルデザイン基本計画
　………………………………… 85, 88
成田国際空港株式会社…………………85
ニーリエ…………………………………2
ニーリング機能…………………… 122
偽補助犬問題……………………… 256
日本航空………………………………69
日本補助犬情報センター………… 197
日本旅行介護士協会……………………57
日本旅行業協会→JATA …………………49
ノーマライゼーション………… 2, 152, 180
ノンステップバス………………… 121

【は行】

ハートビル法……………… 14, 78, 154, 172
ハードレガシー…………………… 210
白杖………………………………… 185
パッセンジャー・ボーディング・リフト
　→PBL………………………………12
発地型旅行商品…………………… 241
バランスドッグ…………………… 192
バリアフリー……………………………3
バリアフリー滝行………………… 242
バリアフリーたびのわ…………………53
バリアフリーツアー……………… 242
バリアフリーツーリズム………… 152
バリアフリーデザイン…………………3
バリアフリー法（バリアフリー新法）
　………………… 14, 78, 131, 154
バンク・ミケルセン………………………2
ハンディキャップ対策…………………77
被介助者（障害者）……………… 235
東日本大震災……………………………71

標準旅行業約款······················ 12, 32
福祉観光都市···························· 155
プライオリティ・ゲスト··········· 95, 113
プライオリティ・ゲスト・カード····· 113
フルサービスキャリア··················70
訪日外国人······························78
ボーディング・ブリッジ（搭乗橋)···73, 87
ホームドア···························· 115
ホールオブライフ···················· 49, 63
星加良司···························· 235
募集型企画旅行······················ 32, 36
補助犬······························ 94, 190
補助犬同伴Welcome ·················· 197
ホスピタリティ························ 228
ホスピタリティ・マインド·············· 179
ぼったくり······························22
ホテル································ 128
ホテル雅叙園東京（目黒雅叙園)····· 137
ほほえみの宿 滝の湯 ·················· 142
香港国際空港························ 246

【ま行】

マイレージ・プログラム··········· 95, 110
マスツーリズム···················· 22, 149
まちづくり···························· 149
メンタルヘルス··························89
メンタルマップ························ 191
盲導犬······························ 94, 190
モニターツアー························ 156

【や行】

山下　清···························· 203
八幡学園···························· 203
ユニバーサルツーリズム········· 6, 37, 152
ユニバーサルデザイン··········· 4, 40, 133
ユニバーサルデザイン2020行動計画 ···61
ユニバーサルデザインの7原則··········· 5
ユニバーサルトイレ···················· 139
４５・４７体制························ 245

【ら行・わ行】

欄干のない橋···················· 116, 173
リソース活用························ 210
リハビリテーション法··················· 9
リフト車···························· 123
リフト付き車両··························66
リフト付き（大型）バス··········· 77, 125
旅館業································ 128
旅館業法···························· 128
旅行業法························ 12, 31
旅行サービス手配業者（ランドオペレーター)···························· 32, 241
旅行業約款························ 31, 32
リレーションシップ····················63
るんびにい美術館···················· 224
レモン市場···························· 229
ローコストキャリア····················70
ロジャー・カーディナル·············· 203
ロナルド・メイス·············· 4, 6, 40
ワンストップサービス·················· 35, 63

【執筆者略歴】

島川　崇（しまかわ たかし）編者、【第 1 章、第 3 章、第 4 章、第 5 章、第11章、第 12章、コラム】

東洋大学国際観光学部教授。1970 年愛媛県生まれ。国際基督教大学卒業、ロンドンメトロポリタン大学院 MBA（Tourism & Hospitality）修了、東京工業大学情報理工学研究科情報環境学専攻博士後期課程満期退学。日本航空株式会社、財団法人松下政経塾、株式会社日本総合研究所、東北福祉大学を経て、東洋大学着任。著書は、「観光につける薬」（同友館）「航空会社と空港の福祉的対応」（福祉工房）「観光交通ビジネス」（成山堂書店）等。サービス介助士、総合旅行業務取扱管理者。

米谷光正（よねたに みつまさ）【第 1 章】

東洋大学大学院法学研究科私法学専攻博士後期課程満期退学、東北福祉大学総合福祉学部福祉行政学科教授。

竹内敏彦（たけうち としひこ）【第 2 章、第 12 章】

JTB トラベル＆ホテルカレッジ主任講師。東洋大学大学院国際地域学研究科国際観光学修士課程修了。(株)日本交通公社（現 JTB）に入社し、企画造成・営業に携わる。ロイヤルロード銀座「旅彩々」支配人として、年齢を限定した旅行商品「50 歳からの海外旅行」を発表し、熟年専門商品における市場特性を顕在化させた。ALLJTB 社長賞表彰 3 回・営業本部長表彰 2 回、他に第 12 回ツアーオブザイヤーJATA 特別賞・スタークルーズベストセールス功労賞を受賞。2008 年より現職。旅行産業経営塾 4 期生、総合旅行業務取扱管理者、クルーズコンサルタント、サービス介助士。

伊藤　茂（いとう しげる）【第 3 章、第 4 章】

東洋大学大学院 国際地域学研究科国際観光学専攻 博士後期課程在籍中。

徳江順一郎（とくえ じゅんいちろう）【第 6 章、第 12 章】

東洋大学国際観光学部准教授。1972 年東京都生まれ。上智大学卒業、早稲田大学大学院商学研究科修士課程修了。大学院在学中に起業し、飲食店の経営やブランディングのコンサルテーションを手がけつつ、長野経済短期大学、高崎経済大学、産業能率大学、桜美林大学などの非常勤講師を経て、2011 年に東洋大学に着任。編著書は、「ホテル経営概論」「ホスピタリティ・マネジメント」（同文舘出版）、「ホスピタリティ・デザイン論」「ブライダル・ホスピタリティ・マネジメント」「ホテルと旅館の事業展開」（創成社）、「セレモニー・イベント学へのご招待」（晃洋書房）、「サービス＆ホスピタリティ・マネジメント」「ソーシャル・ホスピタリティ」「数字でとらえるホスピタリティ」（産業能率大学出版部）など。

安本宗春（やすもと むねはる）【第 7 章、第 12 章】

追手門学院大学地域創造学部講師。1986 年神奈川県生まれ。トラベルジャーナル旅行専門学校卒業、共栄大学卒業、東洋大学大学院国際地域学研究科国際観光学専攻修了（修士 国際観光学）、日本大学生物資源科学研究科生物資源経済学専攻修了（博士 生物資源科学）。株式会社旅工房、株式会社チックトラベルセンター、東北福祉大学非常勤講師を経て現職。サービス介助士、総合旅行業務取扱管理者。

冨樫正義（とがし まさよし）【第8章】

公益財団法人日本ケアフィット共育機構運営委員、インストラクター。桜美林大学大学院老年学研究科前期博士課程修了、法務事務所、不動産関係会社、人事コンサルタント、専門学校講師等を経て、2011年より公益財団法人日本ケアフィット共育機構にて事務局として勤務。サービス介助士、防災介助士認定インストラクター。公益財団法人日本サッカー協会施設委員、東洋大学国際観光学部国際観光学科非常勤講師

橋爪智子（はしづめ ともこ）【第9章、第12章】

特定非営利活動法人 日本補助犬情報センター 専務理事兼事務局長。京都市生まれ。同志社大学商学部卒業。東京海上日動火災保険、京都大学経済研究所を経て、2002年身体障害者補助犬法成立の年より現職。米国 Pet Partners 協会 AAT（Animal Assisted Therapy）Coordinator Course／Facility Evaluator Course 修了、スカイツリータウン施設 UD アドバイザー、日本ファンドレイジング協会准認定ファンドレイザー／社会貢献教育ファシリテーター、国土交通省交通事業者向け接遇研修プログラム作成等のための検討会議委員。共著「よくわかる補助犬同伴受け入れマニュアル」

増子美穂（ますこ みほ）【第10章】

東洋大学国際観光学部准教授。東京都生まれ。国際基督教大学卒業、成城大学大学院文学研究科修了。ニューオータニ美術館学芸員、パナソニック汐留ミュージアム主任学芸員を経て現職。主な著書に『マティスとルオー　友情の手紙』（共著、みすず書房）、『ルオーとフォーヴの陶磁器』（共著、美術出版社）、『ジョルジュ・ルオー　サーカス　道化師』（共著、青幻舎）ほか。展覧会に「モローとルオー　聖なるものの継承と変容」（2013）、「マティスとルオー」（2017）など多数。

（コラム執筆者）

谷　麻衣香（たに まいか）

株式会社チックトラベルセンター勤務。東洋大学国際地域学部国際観光学科卒業。サービス介助士取得後、福祉観光に関心をもち、まち歩きや障がい当事者を招いた学習会などを積極的に実施。

松本　彩（まつもと あや）

特定非営利活動法人　湘南バリアフリーツアーセンター理事。事務局に従事。1986年神奈川県鎌倉市生まれ。ワタミの介護株式会社にて、ケアスタッフとして4年間勤務した後、人の生き方、最期のあるべき姿に疑問を持ち、松下政経塾に入塾。人の生きがいを地域に作ることが最も大切だと考え、バリアフリービーチを皮切りに、仲間とともに湘南バリアフリーツアーセンターを立ち上げる。

板垣崇志（いたがき たかし）

社会福祉法人光林会るんびにぃ美術館アートディレクター。1971年岩手県生まれ。東京学芸大学で神経心理学、岩手大学で銅版画を学ぶ。国内外で個展・グループ展を開催するなど美術家としての活動を経て、2007年から現職。震災被災や虐待などを体験した子どもたちを支援する任意団体「心輝く造形あそびプロジェクトからふる」副代表。岩手県文化芸術振興審議会委員。

観光と福祉

定価はカバーに表示してあります。

2019年10月18日　初版発行

編著者	島川　崇
発行者	小川典子
印　刷	三和印刷株式会社
製　本	東京美術紙工協業組合

**発行所 株式
会社成山堂書店**

〒160-0012　東京都新宿区南元町4番51　成山堂ビル
TEL：03(3357)5861　FAX：03(3357)5867
URL　http://www.seizando.co.jp

落丁・乱丁本はお取り替えいたしますので，小社営業チーム宛にお送りください。

© 2019 Takashi Shimakawa
Printed in Japan　　　ISBN978-4-425-92931-3 C3065

成山堂書店の観光・交通関係書籍

観光交通ビジネス

塩見英治・堀雅通・島川崇・小島克己　編著
A5判・304頁・並製カバー　定価 本体 2,800 円（税別）

観光の基本的要素である交通（陸・海・空）について、ビジネス、サービスの視点で解説、新たな観光のスタイル、観光需要を増やすためのマーケティングや人材育成、まちづくりといった業界の理論と実務、現状と展望も紹介する。産業としても重要性を増している観光とそれに関わる交通の概略を学ぶことができるテキスト。

台湾訪日旅行者と旅行産業　インバウンド拡大のためのプロモーション

ユメック・プランニング代表　鈴木尊喜　著
A5判・216頁・並製カバー・定価 本体 2,600 円（税別）

親日台湾のインバウンド拡大のプロモーションを新しい視点で解説。台湾人のインサイトを各種意識調査や歴史的背景から分析し、台湾現地訪日旅行産業を理解することで、これからの台湾訪日旅行者への対応、現地旅行会社との接触手法、効果的なプロモーションのあり方などを考察する。日本のインバウンド研究者や事業関係者必読の一冊。

クルーズポート読本

一般社団法人 みなと総合研究財団クルーズ総合研究所　監修
A5判・232頁・並製カバー　定価 本体 2,600 円（税別）

増加を続けるクルーズ人口。国は「2020年にクルーズ訪日旅客数500万人達成」を目標として掲げている。それを踏まえて実施された「クルーズポート・セミナー」の講演内容をベースにクルーズの歴史、各港の取り組みや国内外の現状や課題について、クルーズ船受け入れのための「ガイドライン」や「関係用語集」「Q&A」などの資料を交えて概説する。